Peter Fiebag, geboren 1958, ist Studienrat und Diplom-Handelslehrer. Er studierte Philologie, Wirtschafts- und Kommunikationswissenschaften. Linguistische Fragen führten ihn zu der Beschäftigung mit der Entzifferung der Maya-Hieroglyphen. Zusammen mit seinem Bruder Dr. Johannes Fiebag schrieb er den Bestseller »Die Entdeckung des Grals«.

Bildnachweis

C./J./P. Fiebag: 1, 3, 4, 7, 9, 12, 13, 14, 15, 16, 17, 18, 19, 20, 21,
22, 23, 24, 25, 26, 27, 28, 29, 33, 34, 38, 40, 41, 42, 43, 44,
45, 46, 47, 48, 49, 50, 51, 52, 53, 54, 56, 58, 59, 60
NASA: 2, 5, 8
E. v. Däniken: 6
G. Buschan: Die Sitten der Völker. Stuttgart o. J.: 10, 55, 57
D. Holthaus: 30
Middle American Research Inst., New Orleans: 31
M. Schmidt: 35
K. Grün: 36, 37

Vollständige Taschenbuchausgabe Mai 1997
Droemersche Verlagsanstalt Th. Knaur Nachf., München
Copyright © 1995 by Albert Langen / Georg Müller Verlag
in der F. A. Herbig Verlagsbuchhandlung GmbH, München
Umschlaggestaltung: Wolfgang Heinzel
Umschlagfoto: The Image Bank, München
Druck und Bindung: Ebner Ulm
Printed in Germany
ISBN 3-426-77248-5

2 4 5 3 1

Peter Fiebag

Der Götterplan

Außerirdische Zeugnisse
bei Maya und Hopi

Mit 60 Farbfotos und 38 Zeichnungen

Für

Claudia Fiebag

(die mich auf fernen Pfaden
durch Mesoamerika
begleitet hat)

Inhalt

Auftakt

Andächtig berührt der prachtvoll gekleidete Maya-König den heiligen Gegenstand. Direkt aus dem Himmel stammt das rätselhafte Objekt. Daran gibt es keinen Zweifel. Vor lang zurückliegenden Zeiten hatten die göttlichen Gesandten es den Ahnen der Maya übergeben: als Zeichen ihres Bundes, als Zeichen, daß die Himmlischen bei den Menschen gewesen waren. Der König kann nur die äußere Hülle des Bündels genau erkennen. Wie eine Rolle, die sich in vielen Tüchern befindet, sieht das Ding aus. Doch öffnen kann er es nicht. Keine Naht, keine Lücke ist zu sehen.

»Psióm K'ak'ál«, »Verhüllte Kraft«, so wird es von seinem Volk genannt. Die Aufgabe des Königs ist es, Weihrauch vor dem göttlichen Bündel zu verbrennen, denn es ist der einzige Beweis, daß vor vielen Generationen weise Lehrer aus dem Weltall zur Erde gekommen waren; sie gaben es seinen Vorvätern, damit es ihnen in Not und Gefahr beistehen und ihre Gebete zu Balam-Quitzé, dem Anführer der Himmlischen, senden konnte. Denn die Besucher aus dem unendlichen All waren wieder aufgestiegen vom Berg Hacavitz, sie waren zurück in ihre kosmischen Gefilde gegangen.

Science-fiction? Nein. Realität, die keine 500 Jahre zurückliegt, aufgezeichnet im geheimen Buch der Quiché-Maya, dem »Popol Vuh«.

300 Jahre zuvor ziehen die legendären Azteken quer durch Amerika. In ihrer Obhut befindet sich ein Idol, »Huitzilopochtli«. Dieser eigenartige Gegenstand spricht mit ihnen, gibt Anweisungen und Prophezeiungen für die Zukunft. Und auch ihr Gott Quetzalcoatl enthüllt ihnen Ereignisse entfernt liegender Zeiten. Und dann, um das Jahr 1519, als die Spanier in Mittelamerika eintreffen, erfüllen sie sich tatsächlich.

Der »Codex Florentino« ist einer der frühesten schriftlichen Aufzeichnungen aztekischer Überlieferungen, der kurz nach der Ankunft der Spanier erstellt wurde. In ihm wird uns von einer unheilvollen »Selbstentzündung des Heiligtums des Huitzilopochtli« berichtet, dessen Feuer nicht mit Wasser zu löschen war, sondern statt dessen – wie bei Chemikalien – noch mehr entflammte, und von einem »Feuerschlag«, der den Tempel des Feuergottes traf, obwohl sich »weder Blitz noch Donner zeigte«. Ferner beschreiben die Azteken einen prophezeiten und eingetretenen Vorfall, der uns wie der Flug von Düsenjägern erscheinen muß: Drei Streifen zogen am Himmel dahin und schütteten einen roten, heißen Funkenregen aus. Auch von einem vogelähnlichen Wesen mit einer Art Spiegel, der dem Aztekenkaiser Moctezuma II. den Himmel und die Sternbilder zeigte, wird berichtet, von eigenartigen Männern mit zwei Köpfen, die sich unsichtbar machen konnten, und von einer feuerspeienden Pyramide:

»Zehn Jahre bevor die Spanier ankamen, zeigte sich zum erstenmal am Himmel eine Art unheilvolles Vorzeichen, wie ein Feuerbüschel, wie eine Feuerflamme, wie eine Aurora, die ausgestreckt war, indem sie sichtbar wurde, gleichsam in den Himmel stach. Sie war an der Basis breit, oben spitz. Bis in die Mitte des Himmels (in den Zenit), bis in das Herz (das Innerste) des Himmels reichte sie ... Nachdem sie gekommen war, erhob sie sich ein volles Jahr lang ... Und wenn sie sich zeigte, erhob sich großer Lärm.«

Die »Historia de Tlaxcala«, ein alter Geschichtsbericht der Tlaxcalteken, bestätigt diese Darstellung. Ein Komet als Erklärung für das seltsame Ereignis scheidet aus. Er hätte auch in Europa beobachtet werden müssen. Was aber stand dann »wie eine große Flammensäule« und strahlte Blitze und glänzende Funken aus, »fraß sich am Himmel fest wie eine Pyramide«, besaß eine Grundfläche auf dem Boden von ungeheurer Breite und eine hochaufragende Spitze, die Wolken berührte? Ein Raumschiff?

4000 Kilometer nordwestlich. Es ist der 30. April 1960. Der Dorfhäuptling vom Bären-Clan der Hopi-Indianer, Tawákwaptiwa, liegt im Sterben. Der unverbesserliche Rebell mit den scharf geschnittenen Gesichtszügen bewahrt eines der größten Geheimnisse seines Volkes in seinem Herzen. Es ist das Wissen um den Verbleib zweier rätselhafter, heiliger Platten. Vor vielen Generationen hatten die göttlichen Lehrer aus dem Weltraum seinen Urvätern diese Tafeln gegeben. Und auf geheimnisvolle Weise tragen sie in ihrem Inneren die Daten der langen Wanderung der Hopi durch den amerikanischen Kontinent,

Landkarte vom »Mayaland«.

Prophezeiungen über die Ankunft der Weißen und eine mysteriöse Botschaft für die weitere Zukunft.

Sein großes Geheimnis nimmt er mit ins Grab, aber er hat Sorge dafür getragen, daß die Tafeln an einen sicheren Ort gelangen werden. Und jene, in deren Besitz sie nun sind, entziffern vielleicht zu dieser Stunde ihre kodierte Nachricht. Jahrtausendealt und von fernen Planeten, wie die Hopi versichern.

Alle drei Vorgänge verbindet eine Behauptung wie ein roter Faden: Die indianischen Völker Mittel- und Nordamerikas hatten Kontakt mit Wesen aus dem Weltraum. Bis heute sind sie im Besitz von Aufzeichnungen und Gegenständen mit geheimnisvollem Inhalt, die Auskunft geben können über die Besucher aus dem Weltraum, die Beweise liefern werden, daß außerirdische Intelligenzen Einfluß auf ihr und unser Schicksal genommen haben und noch immer nehmen.

Können wir diese Artefakte aufspüren? Können wir sie der Weltöffentlichkeit präsentieren? Können wir ihre Botschaften entziffern und wissenschaftlich exakt belegen, daß extraterrestrische Raumfahrer seit Äonen auf unserem Planeten landen? Unsere Suche ist eine aufregende Fahndung, die Jahrtausende umfaßt und im Jahre 1995 enden wird, ein Abenteuer, das uns zu den Hochkulturen Mesoamerikas und in die Welt der Indianer des Nordens führt und ein uraltes, weltumspannendes Projekt sichtbar werden läßt – einen Plan, den wir jetzt erstmals zu verstehen beginnen ...

1
Das Rätsel der Götter

> »Wir können nur das Naheliegende erkennen oder das
> Vergangene, nicht aber das Zukünftige. Wie alle, die
> vor uns kamen, sind wir an unseren historischen
> Blickwinkel gebunden, der erst unseren Nachfahren
> verständlich sein wird – und der breitet einen Schatten
> über den Spiegel, in dem wir das Gesicht der
> klassischen Maya zu erkennen suchen.«
>
> – Mary E. Miller, Linda Schele –

*Wie würden Sie reagieren, wenn Ihnen heute um
15 Uhr Gott auf dem Marktplatz begegnen
würde? Sie wissen es nicht? Dann werden Sie überrascht sein, wie Menschen vor einem Jahrhundert han-
delten, als ihnen genau das in Mexiko passierte. – Die
Mythologien der antiken Maya berichten übrigens
über ähnliche Vorfälle. Damals allerdings scheinen die
fliegenden Götter und herabstürzenden Himmelsvögel
keine übernatürlichen Wesen, sondern außerirdische
Besucher gewesen zu sein. Neueste Erkenntnisse und
Expeditionen in die alten Maya-Reiche vermitteln uns
einen Eindruck davon, wie sie ausgesehen haben.*

Chamula: Ein Gott schwebt vom Himmel

Es ist nicht leicht, ein Gott zu sein. In Chamula schon gleich gar nicht. Chamula, das ist ein kleines Indianerdorf im südlichen Hochland von Mexiko. In die Kirche des Ortes hat sich schon seit langer Zeit kein Priester mehr getraut. Denn die hier lebenden Nachfahren der Maya zelebrieren in ihrem Tempel eigene, uralte Rituale, die nur mit einem faden Hauch von Christentum getarnt sind.

Chamula erreicht man heute bequem mit Minibussen von San Cristóbal de las Casas aus, einer Stadt reich an Kirchen und Klöstern und reizenden kolonialen Patio-Häusern, unweit der Grenze zu Guatemala. In die Schlagzeilen der Weltpresse geriet San Cristóbal, als im Januar 1994 bewaffnete Indio-Bauern eine Rebellion gegen Armee und Großgrundbesitzer entfachten, um auf die soziale Misere der Indianer Chiapas und gegen Übergriffe der Behörden auf die Rechte der Maya zu protestieren. Durch bewaldete Höhen und sorgsam gehegte Mais- und Weizenfelder, vorbei an Pfirsichbäumen geht in friedlichen Zeiten die Fahrt nach Chamula. Der Ort liegt in einer romantisch schönen Landschaft, das Klima ist angenehm und mild.

Kaum ein Reisender, den es hierher verschlägt, ahnt, welche dramatischen Vorgänge sich an dieser Stelle vor knapp 150 Jahren abgespielt haben. Den Touristen bietet sich ein trügerisches buntes Bild aus bestickten Röcken, Ponchos und weißen Hemden, aus Körben, Kisten und vielfarbigem Gemüse, gackernden Hühnern und zerbrechlicher Kleinkunst, wenn sie auf den Markt vor der Kirche von Chamula treten und der Duft von Tacos und Bananen herüberzieht.

Und doch spüren sie mit jedem Schritt das tief verwurzelte Mißtrauen gegen die Fremden: »Nur die Götter wissen, was sie hier alle wollen, warum sie Tag für Tag in ihre Stadt kommen und mit diesen *magischen* Apparaten ihre Gesichter fotografieren wollen und so vielleicht ihre Seelen mit sich nehmen.« »Fotografieren verboten«, haben die Maya auf ein großes

Schild am Ortseingang geschrieben. Doch trauen sie weder der Redlichkeit der Besucher noch der Wirkkraft ihres Verbotes. Hastig und erschrocken drehen sie sich ab, verhüllen ihr Antlitz bis über die dunklen Augenbrauen mit einer der farbenfrohen Decken, wenn ein »Gringo« vorübergeht. Und Gringo ist hier wahrlich keine freundliche Bezeichnung!

Was mag es wohl für ein Gefühl sein, von solchen Menschen oder ihren Vorfahren als Gott verehrt worden zu sein? Denn genau dies war dem Mexikaner Sabino Escarreola im Sommer des Jahres 1865 passiert.[1]

Señor Escarreola war nicht nur Zirkusdirektor und Trapezkünstler, er war auch begeisterter Ballonfahrer. An einem herrlichen Tag war er aufgestiegen in den blauen Himmel Chiapas und ließ die bezaubernde Landschaft unter sich vorüberziehen. Sein Gondelkorb, geflochten aus Weidenruten, schwankte nur sacht, als er unter sich den Marktplatz mit der hübschen, weißgetünchten Kirche Chamulas ausmachte. Der einsame Aeronaut zog an der Leine, Gas strömte aus der Ballonkugel, ließ schrumpfend die Hülle kleiner werden. Nichtsahnend setzte Sabino Escarreola zur Landung an.

Plötzlich erfüllte ein Rufen, ein Johlen und Jubilieren die engen Gassen. Scharen von braungebrannten Indios stürmten in ihren bunten und weißen Gewändern auf den erstaunten Mann in seiner Gondel zu. Zwischen Freude und Schrecken mag Don Escarreola in diesem Moment geschwankt haben. Menschenaufläufe hatte er schon so manche gesehen, wenn er mit seinem Wundergefährt aus dem Himmel herabgeschwebt war. Aber das hier übertraf selbst seine kühnsten Träume. Die Indios griffen nach ihm, umarmten ihn, zerrten ihn mit sich fort. Wie eine Beute, wie eine Trophäe trugen ihn die Einwohner des Dorfes in Richtung Plaza, in Richtung Kirche. Ein Gott war zu ihnen herabgestiegen, leibhaftig und mit den Händen berührbar. Welch ein Triumph! Welch ein Augenblick!

Don Escarreola indes verstand kein Wort. Er verstand noch nicht einmal, was ihm hier zustieß. Fetzen einer unbekannten

Mayasprache drangen an sein Ohr. Gleichfalls verstanden auch die Indios ihren Gott nicht, was ihn aber in seiner ganzen Rätselhaftigkeit noch göttlicher erscheinen ließ. Der Kleider beraubt, die wie Reliquien davongetragen wurden, gelangten Escarreola und der freudentrunkene Siegeszug schließlich in die mystisch beleuchtete Kirche. Fast nackt setzte man den bedauernswerten Künstler auf einen der Altäre. Man betete ihn unter infernalischem Geschrei an, entzündete augenblicklich Unmengen rußender Kerzen, brachte dem zu Tode Erschrockenen glaubenseifrig Süßigkeiten und Blumen dar. Gott war aus dem Himmel zu den Indios von Chamula gekommen, daran bestand nicht der geringste Zweifel. Welche Gnade war ihnen gewährt worden! Jeder hatte dieses unfaßbare Wunder gesehen, wie er einer Wolke gleich ihre Dorfwiese berührt hatte. Nun würde er ihre Bitten erfüllen, ihre Not lindern, Kranke heilen. Ein Zeitalter des Glücks würde hereinbrechen!

Escarreola war von San Cristóbal aus gestartet. Mit an Bord war sein treuer Hund gewesen. Bevor er selbst, oft an einem Gondeltrapez schwingend, zur Landung ansetzte, ließ der Pilot seinen vierbeinigen Gefährten an einem Fallschirm herab zur Erde schweben. So auch diesmal. Bellend und klagend war der Hund in San Cristóbal ohne seinen Herrn angekommen. Die Leute des Kolonialstädtchens kannten das eigenartige Gespann gut. Irgend etwas mußte dem Ballonfahrer zugestoßen sein. Unverzüglich schickten sie einen Reitertrupp in Richtung des vor Stunden davongeschwebten Luftgefährts aus.

In Chamula angekommen, ahnten die Reiter noch nicht, was sich hier gerade abspielte. Nur das infernalische Rufen aus der Kirche ließ sie Verdacht schöpfen. Völlig irreal wird ihnen die Szenerie in der mit Grasbüscheln ausgelegten heiligen Stätte vorgekommen sein. Da saß – gottgleich – Don Escarreola auf dem steinernen Altar, mehr tot als lebendig, und wurde als der Erlöser und Erretter geheiligt. Aus dem unbeschreiblichen Tohuwabohu, diesem gläubigen Wirrwar aus Weihrauchrausch und frenetischem Seelentaumel, befreiten sie in einer Attacke den völlig Verängstigten.

Was wäre wohl dem bedauernswerten Sabino Escarreola noch alles widerfahren, wenn er die Gebete seiner Indios nicht hätte erfüllen können? Es ist nicht schwer, dies auszumalen. Ihre in der Kirche aufgestellten Heiligenfiguren werden getreten und verachtet und schließlich mit der Machete verstümmelt. Strafe muß sein, wenn die Bittgebete keine Erhörung finden.

Tief war die Enttäuschung in den verstört zurückgelassenen Indios gewesen. Wie tief, läßt sich daran ermessen, daß sie ein halbes Jahrhundert später in einer Art Rachefeldzug die Propellermaschinen der ersten Chiapas-Fluglinien mit einem Pfeilhagel angriffen, die sie zwischen die Propeller schossen, um sie zum Absturz zu bringen. Aber diesmal reagierten die himmlischen Flieger eher in der Sodom- und Gomorrha-Manier Gottes: Sie warfen Bomben über den Köpfen der Indianer ab. Auch wenn die Piloten keine Götter waren, so waren sie doch die Herren über den Tod.

Ein kurioser Vorfall. Aber es ist keineswegs der einzige seiner Art. Was sich in Chamula zugetragen hat, ist nur die Spitze eines rätselhaften Eisberges. Alle Religionen der Welt kennen solche oder ähnliche Überlieferungen, ja sie alle bauen zu einem wesentlichen Teil ihre eigene Berechtigung auf parallelen Erlebnissen auf. »Menschenähnliche Wesen« kamen in »schwebenden Geräten« vom Himmel. Sie wurden als Götter verehrt, weil sie unseren Ahnen so unendlich überlegen waren. Sie kamen wie der Blitz und der Donner, sie gaben ihnen Geschenke und wünschten Opfergaben. Was sie taten, wirkte wie Magie. Was sie lehrten, wurde Auslöser für blühende Hochkulturen. Aber waren das wirklich Götter? Oder ging es unseren Vorfahren, die noch in einem technischen Niemandsland lebten, ähnlich wie den überraschten Einwohnern von Chamula? Doch was waren das dann für Wesen, die aus dem Himmel zur Erde kamen, die angebetet und vergöttert wurden?

Götter, Forscher, Astronauten

Für eine noch primitive Welt, wie sie ohne Zweifel vor Jahrtausenden ausschließlich auf der Erde existierte, gibt es nur eine glaubhafte Annahme, wer und was diese Götter waren: intelligente Wesen von fernen Planeten.

Wenn es aber in der Geschichte der Menschheit Besuche und Eingriffe kosmischer Intelligenzen gegeben hat, sollte es möglich sein, Hinweise darauf zu finden. Eine derartige Suche ist in den letzten 30 Jahren bereits in Angriff genommen worden, meist allerdings nicht von Wissenschaftlern, sondern von Laien, die sich für das Thema interessierten. Die Konsequenz war, die Suche wurde weitgehend ohne eine wissenschaftliche Methodik vorgenommen und Spekulationen häufig aufgrund mangelhafter Indizien durchgeführt. Die daraus abgeleiteten Schlüsse waren wiederum für die wissenschaftliche Gemeinschaft so abenteuerlich, daß sie nicht gewillt war, sich überhaupt näher mit der Thematik zu beschäftigen.

Es gibt jedoch bemerkenswerte Ausnahmen. Insbesondere in jüngster Zeit versuchen zunehmend auch Wissenschaftler, mit kritischen und erprobten Methoden der Frage nach einem Besuch fremder Intelligenzen auf der Erde nachzuspüren.

Den Philosophie-Professor Dr. Luis E. Navia[2] von der New York University traf ich vor einigen Jahren in München. Er hat sich mit der ETH (Extraterrestrische Hypothese) in mehreren Seminaren, Vorlesungen und Schriften beschäftigt. Sein Resümee:

»Ich bin zu dem Schluß gekommen, daß die Theorie der prähistorischen Astronauten in genügendem Ausmaß den wissenschaftlichen Bedingungen entspricht. Ich sage sogar: Diese Theorie wirft mehr Licht auf die gesammelten Unterlagen menschlicher Frühgeschichte als manche andere erklärende Hypothese. Mit dieser Theorie haben wir ein außergewöhnliches Werkzeug in Händen und können so den roten Faden durch das verwirrende Labyrinth der menschlichen Entwicklung auf diesem Planeten erkennen.«

Ein Lehrstück darüber, wie richtig die Annahme ist, daß primitivere Lebensgemeinschaften zwangsläufig jede höherentwikkelte Technik vergöttlichen und als magisch ansehen, liefern uns die sogenannten »Cargo-Kulte«, die immer dann auftraten, wenn z.B. Europäer oder US-Amerikaner mit Primitiven zusammenstießen.

Eine im nachhinein derart aggressive Verhaltensweise, wie wir sie aus Chamula kennen, ist dabei jedoch die Ausnahme. Wie sich Eingeborene nach dem Verschwinden der Weißen verhalten, konnte man insbesondere bei den Melanesiern und Tasaday studieren (beide Völker sind auf Inseln des südlichen Pazifik beheimatet). Letztere hatten während des Zweiten Weltkrieges zum ersten Mal Kontakt mit alliierten Luftlandeeinheiten. Lutz Gentes hat aus der umfangreichen Literatur dazu einen Ablauf der Ereignisse zusammengestellt:

1. Phase: Europäer und Amerikaner werden als Götter oder übermächtige Geister aus dem Himmel oder dem Ahnenreich angesehen, Flugzeuge und Schiffe werden zu ihren Boten.
2. Phase: Der Expeditionsleiter wird zum Gott gemacht.
3. Phase: Im Verlauf von etwa einem Jahrhundert findet eine mythische Verklärung der Geschehnisse statt. Das Schiff oder das Flugzeug, mit dem die »himmlischen Abgesandten« ankamen, genießt zunehmend ebenfalls göttliche Verehrung.
4. Phase: Es entwickelt sich eine Art unbedingter Gehorsam gegenüber den vergöttlichten Besuchern, ihre »Gebote« werden eifrig befolgt, und glühende Liebe und ein unerschütterliches Vertrauen wird ihnen entgegengebracht. Dies geht bis zur Bereitschaft, alle Nahrung, Tiere, Schmuck, ja sogar das eigene Leben, diesem Gott zu opfern.
5. Phase: Sehnsüchtig wird die Rückkehr des »Gottes« erwartet und eine Vorstellung konstruiert, wonach der Stammesangehörige nach dem Tode als Europäer wieder inkarniert wird.

Parallel entwickelt sich der Glaube, die Weißen würden einst mit Schiffen und Flugzeugen voller *Cargo*, also Geschenken, zurückkehren. Die Wiederkehr werde durch apokalyptische Naturkatastrophen wie Erdbeben, flammendem Petroleumregen, Flutwellen und Finsternis angekündigt. Nur wer festen Glaubens an die Wiederkehr der »Götter« sei und den Priestern des Stammes Folge leiste, würde dieses Ereignis überleben.

6. und letzte Phase: An einmal errichteten Glaubenssätzen wird dogmatisch festgehalten, und zeitlich nicht erfüllte Prophezeiungen über die Rückkehr der Fremden festigen diesen Glauben nur. »Aus der Geschichte ist eine Heilsgeschichte geworden. Die historischen Anlässe haben einen ›Gemeinde-mythos‹ freigesetzt, der in der Folgezeit über die Fakten dominierte«, schreibt der Theologe Dr. Friedrich Steinbauer.[3] Künstlerische Aktivitäten zeichnen die Schlüsselszenen nach: bei den Tassaday z.B. ein gelandeter US-Armee-Hubschrauber mit den Fremden in der Mitte. Magisch-rituelle Imitationen des äußeren Erscheinungsbildes der Ankömmlinge und deren Funktionen werden nachvollzogen, ihre Geräte (z.B. Gewehre, die als »Feuerlanzen« bezeichnet werden) nachgebaut. Heilige Räume entstehen dort, wo die »Götter« einst erschienen waren. Eine straffere Organisation der Kultgemeinde und eine rituelle Identifizierung mit den sozialen Status und Dienstgraden der ehemaligen Besucher durch die Priester, die den neuen Ritus der »hölzernen Funkmasten« und »gerodeten Landebahnen« zelebrieren, ist das Ergebnis.

In Mesoamerika, im geheimnisvollen Land der Maya, Olmeken und Azteken, scheinen genau solche Cargo-Kulte nicht erst seit 1865 in Chamula aufgetreten zu sein. Die gesamte Kultur der antiken Maya ist von allem Anfang an förmlich durchdrungen von der Verehrung fliegender Götter aus dem Weltraum. Die Basis dieser frühen Hochzivilisation ähnelt einem geradezu gigantischen Cargo-Kult. Damit stehen wir vor der

Frage: Gründen die Mythen und religiösen Anschauungen der Maya auf Kontakten mit außerirdischen Intelligenzen? »Es ist eine bequeme Methode und nicht mehr als eine konventionelle Weise des Denkens, frühe Überlieferungen als mythologisch oder legendär abzustempeln«, schreibt Professor Berthold Laufer. »Dies ist eine scholastische Phrase, die wenig Gewinn einbringt und aus der keine greifbare Bedeutung erwächst. Ein wißbegieriger Geist beschäftigt sich mit der Enträtselung der Struktur eines Mythos und sucht nach dem Zeitpunkt seines Ursprungs. Wenn es den Mythos gibt, wie konnte dieser plötzlich entstehen? So, wie es eine Logik des menschlichen Urteilens gibt, so gibt es auch eine Logik der menschlichen Einbildungskraft. Die Imaginationskraft des menschlichen Geistes kann sich keine Dinge ausdenken, die in der Realität überhaupt nicht vorhanden sind. Ein Produkt unserer Imagination wird immer erst hervorgebracht durch etwas, das existiert oder worüber wir Grund haben zu glauben, daß es existiert.«[4]

Im Reich des steinernen Gottes von Xuantunich

135 Kilometer südwestlich von Belize-City, der alten britisch-honduranischen Hauptstadt an der Karibikküste, befindet sich die erst teilweise freigelegte Maya-Ruinenzone von Xuantunich. Nicht weit entfernt von der guatemaltekischen Grenze befördert den Reisenden eine schrottreife Fähre zur urwaldüberschlungenen nördlichen Uferseite des Belize-Rivers. Der Fährmann notiert in einem zerfledderten Heft peinlichst genau, wen er übersetzt. So wirkt sein Notizbuch wie eine geschichtenträchtige Trophäe.

Ruhig landet das Boot an. Von nun an schlängelt sich ein staubiger Dschungelweg, schlaglochübersät und verwachsen, der antiken Stätte entgegen. In den letzten Jahren fanden auf diesem Pfad mehrmals bewaffnete Überfälle auf Besucher statt. Die Straßenräuber kommen über die nahe Grenze aus Guatemala, bedrohen die Besucher und plündern sie aus. Selbst die Militärstreifen können sie nicht wirkungsvoll davon abhalten. Man muß schon ein gesundes Maß an Abenteuerlust und Risikobereitschaft mitbringen, um sich auf diese Strecke zu wagen. Unser Ziel ist es indes, den Spuren antiker Cargo-Kulte nachzuspüren und Orte zu finden, an denen vermutlich vergöttlichte außerirdische Intelligenzen verehrt wurden.

Dort, wo aus dem wuchernden Wald ein hoher Bergrücken herausragt, krönt ein 42 Meter hoher Pyramidensockel die Landschaft, El Castillo genannt. Um das zweithöchste Gebäude Belizes gruppieren sich Herrschaftswohnungen, ein vorgeschichtlicher Ballspielplatz und mehrere behauene Stelen des Maya-Klassikums. Die Stadt war wegen ihrer Lage am direkten Weg von der Königsstadt Tikal zur karibischen Küste und der landwirtschaftlichen Möglichkeiten, die sich durch Terrassierung der Berghänge zum Fluß hin ergaben, ein wichtiges religiöses und wirtschaftliches Zentrum.[5]

Die Sensation dieser verlassenen Stadt: Weithin sichtbar und beherrschend blickt von der Hauptpyramide der uralte Sonnengott über sein versunkenes Reich. Wie ein moderner Astronaut mit Helm und mikrophonähnlichem Artefakt in Mundhöhe stellten ihn die Maya vor Jahrhunderten dar.

Ist dies nur eine zufällige optische Ähnlichkeit? Die Schriftsprache der Maya ist uns erst seit kurzem in ihren vielfältigen Aspekten einigermaßen verständlich geworden. Und sie bestätigt die augenfälligen Übereinstimmungen präzise: Das gigantische Stuckrelief ist umgeben mit kosmischen Symbolen; Sonnenzeichen, Monddarstellungen und Venusmotive zeigen einen eindeutigen Bezug der Darstellung zum All.[6]

Das auf dem astronomischen Fries modellierte Gesicht gilt als »Maske des Sonnengottes«. Die Bezeichnung »Maske« ist in diesem Zusammenhang eigentümlich. In dem Wort spiegelt sich ein langer Streit in der Mayaistik wider.[7] Manche Wissenschaftler sind sogar soweit gegangen zu behaupten, die Maya hätten keine Götter gehabt, sondern lediglich Tanzmasken, also Kostümierungen, die sie dann auch in Stein abbildeten. Diese Theorie findet heute allerdings kaum noch Anhänger, obgleich überzeugend dargelegt wurde, daß Herrscher der Maya göttliche »Kostüme« trugen bzw. sich in solchen darstellen ließen, um so ihre enge Verbindung zu einem Gott aufzuzeigen.[8]

Mythologische Szene mit einem geflügelten Wesen, das einen helmartigen Geierkopf trägt. Grabgefäß, Yucatán, um 800/900 n. Chr.

»Ein Mensch trägt die Maske eines Gottes. Die Maske ist ... die ›Abkürzung‹ einer Gottheit«, stellt der Altamerikanist N. Hellmuth treffend fest, und weiter: »Jedes Kostüm besitzt offensichtlich ein theologisches Vorbild, eine Art ›Modell‹. Es existiert ein übernatürliches Wesen hinter bestimmten Kostümen.«[7]

Was für eigenartige »Götter-Kostüme« wurden hier dem Volk vorgeführt? Warum war es bei den Itzá-Maya bereits zur Tradition geworden, wie in dem alten Maya-Manuskript »Chilam Balam« nachzulesen ist, eine Parade gerade mit diesen »Gesichtern der Götter« zu veranstalten? Warum bildeten die Masken für die Itzá einen Aspekt der Göttlichkeit?

Natürlich handelt es sich um Symbole. Aber um Symbole wofür? Wenn wir von der Annahme ausgehen, Künstler und Priester-Fürsten der Maya hätten extraterrestrische Intelligenzen in Raumfahreranzügen gesehen, dann wird deutlich, warum »Götter-Kostüme« die »Götter« selbst symbolisierten bzw. sich ihre Träger göttlich wähnten, dann wissen wir, welches »theologische« Vorbild hier »Modell« war, dann erkennen wir, daß kein »übernatürliches« Wesen, sondern ein außerirdisches repräsentiert werden sollte und warum soviel Wert auf die helmähnlichen Gesichtsmasken gelegt wurde.

Als exzellenter Vergleich stehen uns abermals die Cargo-Kulte unseres Jahrhunderts zur Verfügung, bei denen magisch-rituell das äußere Erscheinungsbild angeblicher »Götter« imitiert wurde, wie dies Eingeborene im Inneren Neuguineas 1943 taten. Damals entdeckten Forscher einen noch in der Steinzeit lebenden Stamm, der mit »Antennen« aus Bambusstöcken, mit »Drähten« aus Pflanzenfasern, mit »Isolatoren« aus Bambusblättern, mit »Mikrophonen« aus Holz hantierte. Tag und Nacht saßen »Wächter« an einer primitiven »Landepiste« und suchten unentwegt den Himmel ab. Des Rätsels Lösung für das eigenartige Imitationsverhalten: Die Eingeborenen hatten während des Zweiten Weltkrieges US-Soldaten einer Militärbasis beobachtet.

Auch die kosmische Dimension, die bei steinernen und irdenen Relikten der Maya-Epoche angedeutet wird, erhält nun einen tragenden Sinn. Der »Sonnengott«, wie er in Xuantunich dargestellt ist, als Gott des Alls,[9] kann so einer sinnvollen Lösung zugeführt werden: Das Vorbild war ein extraterrestrischer Besucher, genauso wie Jahrhunderte später US-Piloten das Muster für die neuen Götter auf Neuguinea abgaben.

Zurück zu den Quellen

Aus Tulum (Mexiko), das zeitlich in seiner heutigen Prägung Jahrhunderte nach Xuantunich einzuordnen ist, sind uns beispielsweise Darstellungen von »herabstürzenden Göttern« bekannt, wie sie schwerelos schwebend, mit langen »Luftschläuchen« (?) umgeben, von »oben« herabkommen. Unter Heranziehung weiterer Darstellungen, wie sie uns im mesoamerikanischen Raum durch verschiedene Epochen begleiten, kann hier der Ansatz für eine umfassende Erklärung der Maya-Religion liegen. Der Altamerikanist Nicholas Hellmuth vertritt in ähnlichem Zusammenhang die beachtenswerte Meinung, daß »es nicht bekannt (sei), was diese Masken repräsentieren, da sie noch nie eingehend studiert worden sind. Ihre Bedeutung sollte nicht aufgrund eines Modells von vornherein festgelegt sein, sondern sorgfältig erarbeitet werden.«[7]

Deshalb müssen wir zurück zu den Quellen gehen, d.h. zu den allerersten Bildsäulen, den Stelen der Maya bei Izapa, im Hochland von Guatemala. Zu diesem Kulturkreis gehört zum Beispiel El Baul am Pazifischen Ozean mit einer Gestalt, die erstaunlich astronautenähnlich aussieht. Von der Mayaistik wird die abgebildete Person versimplifizierend als »Ballspieler« apostrophiert. Sie trägt jedoch einen Helm, aus ihrem Mund tritt feuerförmig der Atem hervor, sie ist gänzlich von einem Anzug umgeben, auf ihrem Rücken befindet sich ein luftflaschenähnlicher Gegenstand.

Die Frage ist auch hier: Was bedeutet die Darstellung dieses Wesens? Es gibt durchaus Gemeinsamkeiten zu den Ballspielern der Maya. Aber wer oder was waren deren Vorbilder? Die mythischen Zwillinge, Hunahpú und Ixbalanqué, von denen im heiligen Buch der Maya, dem »Popol Vuh«, berichtet wird, sie hätten in der Unterwelt Ball gespielt? Wohl kaum. Denn als diese Mythe entstand, dürfte das Spiel ja schon bekannt gewesen sein. Oder wurden hier technische Artefakte in eine schon existierende oder im Entstehen begriffene Religion integriert, und wurden einer unverstandenen Technik magische Aspekte zugeschrieben, die bereits existierende Mythen vorgaben, so wie dies bei den Cargo-Kulten geschieht?

In Izapa selbst befinden sich Darstellungen von schwebenden Gegenständen, in denen Menschen sitzen. Durch eine falsche Perspektive könnte es sich um ein Boot handeln. Doch betrachtet man weitere Details auf den Stelen, so stößt man unweigerlich auf die protoklassischen Vogelmenschen, die die Szene von oben beherrschen. Schwebende Gestalten befinden sich direkt darunter. Was wollte der Künstler zeigen? Haben wir es mit der symbolischen Darstellung eines Fluggerätes zu tun, in dem menschenähnliche Wesen auf der Erde landeten, die von den Grenzen des Kosmos kamen, die die Schwerelosigkeit des Alls kannten und einen Kontakt mit den Vorfahren der Maya hatten? Einen Kontakt, der so nachhaltig und so tief in der Mythologie der Maya Verwurzelung fand, daß er sich bis zum Zusammentreffen mit den Europäern vor 500 Jahren richtungsweisend auswirkte?

Olmekische Gottheit. Flügel symbolisieren eine Verbindung zum Himmel und die Fähigkeit des Fliegens. Prä-Klassik, Oxtotitlan, Guerrero.

Und noch weiter führen uns die Spuren: zurück bis in die prä-klassische Zeit der Olmeken, der Mutterkultur der Maya und der Völker Mesoamerikas. Dort tritt in Oxtotitlan eine der frühesten dieser Gestalten, quasi ein Prototyp, hervor. Monu-mental blickt eine polychrome Malerei an einem Felsen über einem Höhleneingang dem Betrachter entgegen. Die Zeich-nung entstand zwischen 800 und 700 v. Chr.[10] Auf einem Jaguarthron sitzt eine Person in ungewöhnlich dynamischer Pose. Ein Anzug umschließt hermetisch den Körper. Das Gesicht wird auch hier von einem Helm geschützt. Federn an den Armen scheinen eine enge Beziehung zum Fliegen anzudeuten. Die linke Hand weist nach oben, hinauf zum Kosmos.

Da ist er also, ganz am Anfang der Kultur von Olmeken und Maya: der »Vogelgott«, der mit Symbolik und Körpersprache auf den Kosmos verweist. Über die Jahrhunderte und die Land-schaften hinweg wandelt er seine Darstellungsweise, nicht jedoch sein Wesen. Und selbst zu der Zeit, als die Hochkultur der Maya ihr Ende nimmt, tritt er uns noch entgegen: gereinigt von seiner Abstrahierung im Klassikum, als die schwebende Gottheit des Anbeginns, als der »herabstürzende, fliegende Gott« von Tulum. Sein Abbild befindet sich über dem Eingang zu der einzigen Kammer des Gebäudes, dessen Innenwände einst mit einem bemerkenswerten Wandbild geschmückt waren. Es zeigt den nächtlichen Himmel, durchzogen von der Venus und erleuchtet von Sternen, dazwischen die Abbildun-gen der heiligen Schlange.[12]

Es gibt aus jener Zeit erstaunlicherweise gehäufte Darstellun-gen von fliegenden Göttern, die vielleicht auf einen Kontakt mit Außerirdischen in diesem Zeitraum hindeuten. Mitten in Flores, der Destrikthauptstadt des guatemaltekischen Bezirkes »Petén«, befindet sich beispielsweise eine überaus interessante Stele. Ich entdeckte sie, als sie gerade vom gelblich mil-den Licht der untergehenden Sonne beschienen wurde und so zwei fliegende Götter des Maya-Kosmos plastisch hervortreten ließ. Es handelt sich nach herkömmlicher Deutung um sogenannte »Paddler-Götter« in »sakralen Voluten«.

Die Stele zeigt die gutausgeprägte Abbildung zweier Wesen, die über dem Herrscher in eigenartiger Hockhaltung schweben. Die Hände, als griffen sie nach Hebeln, die Augen wie beobachtend auf Instrumente gerichtet. Die Stele gehört zu den letzten behauenen Steinsäulen, die vor dem großen Niedergang der Maya-Kultur entstanden: 879 n.Chr. Im selben Jahr wird auch im benachbarten Tikal und der kleinen Stadt Jimbal eine Stele errichtet, auf der das gleiche Motiv wiederkehrt. Ebenso in Ucanal, das gleichfalls im südlichen Maya-Tiefland liegt. Unweit von Xuantunich wurde das Bildnis eines menschlichen Wesens, in einer schlangenartigen Windung liegend und am Himmel über zwei Würdenträgern schwebend, in ein steinernes Relief geschlagen. Waren es Götter, waren es Astronauten?

In Hieroglyphentexten aus Chichén Itzá, der imperialen Maya-Metropole Yucatáns aus der Zeit des Endklassikums (um 900 n.Chr.), wimmelt es förmlich von fliegenden Wesen:

- Da ist im *Tempel der vier Linteln* ein gerade gelandeter »Messerflügel-Vogel« zu sehen. Aus einem helmartigen Kopf schaut ein menschliches Gesicht – ein rundes Schild, das den Leib markiert, wird von Flügeln umgeben.
- Im oberen Jaguartempel wird »Hauptmann Sonnenscheibe« abgebildet, er sitzt in kugelförmigen Gerätschaften, die Aureole ist von dreieckigen Vorsprüngen umgeben, die eine Verbindung zum Zentralgestirn unseres Planetensystems darstellen.
- Ihm gegenüber befindet sich »Hauptmann Schlange«, der in den Windungen einer fliegenden Federschlange liegt.
- Weitere Gestalten mit gefiederten, fliegenden Schlangen und Wolkenvoluten sind im unteren Jaguartempel verewigt worden.
- Schließlich existiert ein Wandgemälde, das die stilisierte

Sonnenscheibe symbolisiert, an deren Diagonalachsen Schlangen herauswachsen.

Die fliegenden Wesenheiten der Maya tauchen zum Beginn und verstärkt wieder in ihrer Endphase auf. Beeinflußten sie Aufstieg und Zerfall einer ganzen Kultur? Mythen berichten noch von ihnen – und die Steine. Abgelegen von den Touristenwegen, auf abenteurlichen Pfaden, hinweg über Flüsse, durch das Gebiet der Widerstandskämpfer hindurch, stand ich oft vor rätselhaften Monumenten. Sie zu entziffern ist keine einfache, aber fraglos eine lohnende Aufgabe. Nicht daß wir den Fehler begehen und uns die »Maya zurechtbiegen sollten«, wie der Ethnologe Hellmuth kritisch seinen eigenen Kollegen entgegenhält. Aber wir sollten es auch nicht hinnehmen, daß eine sehr reale Möglichkeit schlichtweg übersehen und aus dem Realitätsbild der Maya-Forschung ausgeklammert bleibt: die Möglichkeit eines Kontaktes mit extraterrestrischen Wesen, die eine spätere Vergöttlichung erfuhren.

Der Himmelsvogel der Maya oder Die Exegese einer Gottheit

Es ist schon fast eine Binsenweisheit, daß Bildinhalte sich ändern können, obwohl die Darstellung dieselbe bleibt, bzw. kann die Bedeutung gleichbleibend sein, während sich die Darstellung entwickelt. Eine der auffälligsten metaphorischen Bilder der Maya ist der sogenannte »Himmelsvogel«. So wie er uns auf vielen Monumenten entgegenprangt, wirkt er verdächtig wie das Symbol eines Fluggerätes.

Aber bloße optische Ähnlichkeiten können zu Trugschlüssen führen.[13] Bei unseren Studien müssen wir daher die inhaltliche Aussage ebenso wie die räumliche und zeitliche Distanz von Mythos und Bild berücksichtigen.

Das Zurückverfolgen des geheimnisvollen »Himmelsvogels« ist nicht ganz einfach.[7] Spätestens seit der »Altmeister der Mayaistik« Thompson in den 30er Jahren erste Untersuchungen vorlegte, wissen wir, daß die vogelgestaltige Figur eine äußerst bedeutende Rolle in der Mythologie der Maya spielte.[14] Die Darstellungen reichen von der vorklassischen Periode (1100 v.Chr. bis ca. zur Zeitenwende) über die Klassik (bis ca. 900 n.Chr.) bis hin zur Postklassik (bis ca. 1500/1697).[15] Anthropomorphe Vogelmonster, halb Mensch, halb Tier, sind u.a. in der Maya-Metropole Tikal zu finden; sie tragen die Yax-Glyphe auf dem Kopf, die »wertvoll« bedeutet. Grundmotiv ist immer ein Wesen mit Flügeln, oft stark in typischer Maya-Art stilisiert. Dann sind wieder die metamorphoseartigen Vogelmenschen zu erkennen, die hoch durch die Luft fliegen.[7]

Sind dies tatsächlich Darstellungen von göttlichen Wesen? Die Maya-Forschung hat sich eine Antwort auf diese Frage nie ganz leichtgemacht. Ständig wechselten ihre Hauptvertreter die Meinungsrichtung oder begingen eklatante Fehler, die an jüngste Wissenschaftsskandale denken lassen.[16] Gegen Ende des letzten Jahrhunderts brauchte nur einmal andeutungsweise etwas als »Gott« bezeichnet worden zu sein, schon wurde es fortan als solcher betrachtet. Es folgte eine Zeit, in der man zu der Ansicht gelangte, es gebe nur sehr wenige klassische »Götter«.[17] Der große Forscher J. Eric S. Thompson suchte sich z.B. zur Festigung seiner Göttertheorie passende Attribute heraus, fügte einige hinzu oder ließ andere ganz weg.[9] Spinden und Morley führten dann jene verhängnisvolle Annahme von der »Personifikation der Natur«[18] ein, der eine falsche Interpretation der Mythologie des Maya-Stammes der »Manche Chol« durch die Spanier zugrunde lag. Schließlich machte Tatjana Proskouriakoff den Vorschlag, bei der klassischen Periode von dem Gedanken der Götter ganz abzusehen.[19] Heute existiert ein eigentümliches Konglomerat-Modell. Demnach werden zum Teil Götter, zum Teil vergöttlichte Ahnen, zum Teil maskierte Verkörperungen von Gottheiten abgebildet.

Welche Theorien auch immer gehandelt werden, die Maya der vergangenen Jahrtausende ändern sich dadurch natürlich nicht, »sondern der Autor verändert sich. Der Autor selbst erschafft ›die Maya‹«, wie N. Hellmuth anmerkt.[7]

Festzuhalten bleibt, und dies dokumentiert die Ethnographie, die beschreibende Völkerkunde, daß der Brauch, Räucherharz zu verbrennen und Blutopfer darzubringen, generell die zwei wichtigsten Bräuche bei der Anbetung von Gottheiten sind. Und wir haben verschiedene Merkmale, die uns beim Erkennen eines göttlichen Wesens behilflich sind: »bekannte, uniforme (standardisierte), übernatürliche, im ganzen Maya-Bereich auftretende Charaktere, denen Verehrung zuteil werden mag«.[7]

Die »Oberste Vogelgottheit« ist in dieser Hinsicht besonders interessant. Auf einer Schale aus Grab 72 in Tikal ist sie in einem frühklassischen Bildprogramm aufgemalt, der Federstil entstammt jedoch dem Spätklassikum. Ohne Veränderung überdauerte dieses Motiv somit selbst den zeitweisen Zusammenbruch der Maya-Kultur im Raum von Tikal in der zweiten Hälfte des 6. Jahrhunderts n. Chr. Und immer wird über die Zeitspannen hinweg der hohe Rang des geflügelten »Monsters« betont.

Eine dieser Abbildungen befindet sich auf einem spätklassischen Gefäß. Dynamisch, aber kompliziert zeigt es zwei felide, katzenartige Wesen, die hoch oben auf einem Baum sitzen und auf eine Gruppe von Göttern und mythischen Persönlichkeiten hinabblicken. Der Maya-Wissenschaftler Dr. Hellmuth schreibt dazu:

»Neue Entdeckungen erlauben einen Einblick in eine Welt, die so bizarr ist, daß hier mit unseren Gesetzen der Realität im Moment kein Modell angefertigt werden kann. Im Kosmos der Maya werden die Grenzen menschlichen Vermögens und tierischer Kräfte überschritten. Die Maya-Forschung ist nun an einem Punkt angelangt, wo das Studium der Gefäßscherben nicht mehr ausreicht, um neue Antworten zu finden.«[7]

Wirklich nicht? Vielleicht gibt es doch eine, wenn auch den Rahmen der bisherigen Mayaistik sprengende Antwort darauf. Und vielleicht läßt sich trotz allem auch mit unseren Gesetzen der Realität ein Modell anfertigen, von dem, was hier wiedergegeben wird. Der gottähnliche Vogel wird beispielsweise auf zwei erst 1987/88 zur Veröffentlichung freigegebenen Abbildungen zusammen mit »Gott D« (alphabetische Zählung) dargestellt. Der Vogel trägt sogar dessen Kopfschmucksymbol. Zwischen Gott und göttlichem »Flugzeug« besteht somit ein unmittelbarer Bezug.

Wer war dieser »Gott«? Der russische Hieroglyphenforscher Yurii Knorozov entzifferte seine Namensglyphe als Itzamna.[20] Er muß der ältesten Göttergeneration zugerechnet werden und ist wahrscheinlich mit dem Schöpfergott identisch. Itzamna thront oft auf dem »Himmelsband«. Dieses besteht aus rechteckigen Hieroglyphen, die Himmelskörper und -phänomene bezeichnen: kin = Sonne, akab = Nacht, ek = Stern, caan = Himmel, uh = Mond usw. Itzamna kam aus der Region der Sterne, dem Kosmos, so verkünden die Inschriften. Dort residierte er, dort war seine Heimat.[21]

Was wollte der antike Künstler mit der Kombination des Himmelsvogels und des Gottes, der im Kosmos lebt, zum Ausdruck bringen? Vielleicht dasselbe, was die Voladores zeigen wollen? Voladores, das sind die »fliegenden Menschen« Mexikos, Indios, die sich von einem hohen Mast an Seilen kreisend kopfüber zum Boden hinablassen. Sie symbolisieren das Herabkommen, den Flug menschenähnlicher Wesen aus dem Himmel – und ihre Landung auf der Erde.

Auf einer aus dem 18. Jahrhundert stammenden Zeichnung von Clavigero[22] wird ein Detail gezeigt, das bei den heutigen Vorführungen nicht mehr zu sehen ist: Zusammen mit den Indios wurden damals noch große Vögel zur Erde hinabgelassen. Die Verbindung zu den »fliegenden Menschen« ihrer Vorfahren und der »Vogelgottheit« wird hier augenfälliger denn je.

Metamorphoseartiger Körper mit Flügeln, Vasenbildnis.

Izamna, der Schöpfergott der Maya, der auf einem »Himmelsband« sitzt. Die Hieroglyphen sprechen von Himmelsphänomenen und -körpern. (Zeichnung nach Robicsek/Hales, 1981).

»Bei menschlichen Tänzern und Herrschern sowie anderen historischen Figuren auf Monumenten, Wandmalereien und Keramiken sollten die Kostüme möglicherweise auf die Metamorphose hinweisen. Das Studium der kostümierten menschlichen Gestalten vermittelt ebensoviel Information wie jenes der eigentlichen Götter, weil das kultische Schauspiel der Maya ein Ausdruck ihrer Religion war« und der Flügel eher als »ein Attribut« denn als »ein funktioneller Körperteil« gewertet wird.[7]

Ein Flügel ist logischerweise ein Attribut für das Fliegen. In Verbindung mit verschiedenen anderen Symbolen, wie dem

33

Zeichen für »Dunkelheit« und der Kin-Glyphe, die für »Sonne« steht, ist der Bezug zum Weltraum überdeutlich.

Auf welchem Ereignis basierte dann das »kultische Schauspiel« der Voladores und die Religion der Maya? Vergleiche mit den in Cargo-Kulten unserer Tage rituell nachempfundenen Kontakten mit Fliegern sind nicht nur legitim, sie scheinen derzeit sogar zwingend zu sein. Diese bestätigen, daß es sich bei den geflügelten Kreaturen und ihren »Piloten« um technisch weit überlegene Wesen gehandelt haben muß, die aus Unwissenheit für Götter gehalten wurden.

Einer der grandiosesten solcher Kulte scheint sich im mexikanischen Palenque vor über 1000 Jahren abgespielt zu haben. Auf der Grabplatte eines hohen Maya-Herrschers könnte die Abbildung eines Raumschiffes eingraviert worden sein. Spannend wird diese Frage, weil wir seit kurzem über 80 Prozent aller Textzeichen der Maya-Schrift entziffern können. Dies versetzt uns nun zum ersten Mal in die Lage, diese heiß umstrittene Theorie konkret zu überprüfen. Es ist ein erstaunliches Ergebnis, das den erwartet, der direkt vor Ort dem Geheimnis von Palenque nachgeht.

2
Begegnung mit einem Gott

> »Wenn sich uns die Hierarchie des Universums erst
> einmal langsam zu offenbaren beginnt, werden wir der
> entmutigenden Tatsache ins Auge blicken müssen:
> Sollte es irgendwelche Götter geben, deren
> Hauptanliegen der Mensch ist, so können es keine sehr
> bedeutenden Götter sein.«

– Arthur C. Clarke, Schriftsteller –

Seit fast drei Jahrzehnten streiten sich Menschen in aller Welt über die rätselhafte Sargplatte des Königs von Palenque. Viele sehen in dem eingeprägten steinernen Relief die Umrisse eines modernen Raumschiffes. Ingenieure bestätigten diese Vermutung. Doch seit kurzem können wir auch die meisten Hieroglyphen des Totentempels lesen. Widersprechen oder belegen sie diese Annahme? – Rätselhaftes schwebt über Palenque und seinem Herrscher. Denn wie konnte der König achtzig Jahre leben, obwohl sein Skelett nur 40 Jahre alt ist? Und welches Geheimnis umgibt seinen Sohn, der sechs Finger an seinen Händen hatte? Jetzt steht fest: Sie wurden in wahrhaft ungewöhnliche Ereignisse verwickelt.

Eine Rakete im Steingewölbe

März 1990. Vor uns liegt Palenque, die Stadt der Maya-Götter, wie sie von Altamerikanisten bezeichnet wird. Üppig wuchert der Dschungel seit Jahrtausenden, malerisch und schön. Nach Norden hin fällt das Hochland von Chiapas abrupt ab und weitet sich zu einer langgedehnten Ebene bis hin zur Golfküste. Als die Maya der Spätklassik hier lebten, war es das bedeutendste Zentrum des westlichen Tieflandes.

Und hier regierte auch der bekannteste, der legendärste, der geheimnisvollste Priester-König der Maya: Pacal.

Wie viele vor und nach uns steigen wir die Treppen des »Tempels der Inschriften« hinauf, gehen vorüber an den 617 Hieroglyphen, die das Volk der Maya hier einst gegen den Strom der Zeit eingemeißelt hat. Dann betreten wir die Innentreppe, die uns 22 Meter tief in den Tempel hinabführt. Feuchte, heißschwüle Tropenluft lastet auf jenen, die diesen Weg beschreiten, auf glitschigen, ausgetretenen Stufen.

»Es war ein unbeschreiblicher Augenblick, als ich hinter den Stein schlüpfte und mich in einem gewaltigen Gruftgewölbe befand«, schreibt A. Ruz Lhuillier über seine Entdeckung am 15. Juli 1952. »In einem Gewölbe, das aus dem Felsen gehauen zu sein schien – oder eher aus dem Eis, denn ich stand vor einem Vorhang aus Stalaktiten, und das jahrhundertelang einsickernde Wasser hatte die Wände mit einem Kalküberzug versehen.«[1]

Und genau dort stehen nun auch wir. Vor uns der sechs Kubikmeter mächtige Monolith. »El Astronauta«, flüsterte eine Frau neben uns. Aber ist es wirklich ein Astronaut, der hier abgebildet wurde?

Auf der Oberfläche des behauenen Steines findet sich ein Relief, das vermutlich einerseits die Person zeigt, die im Sarkophag bestattet wurde, andererseits umfangreiche symbolische und ikonographische Elemente enthält, die u.a. technisch interpretiert wurden. Erkennbar sind: ein von Mayaisten als

»Lebensbaum« oder »Kreuz von Palenque« bezeichnetes Objekt, an seiner Spitze eine anthropomorphe (menschenähnliche) Vogelgestalt, das Symbol für das »Erdmonster«, sowie verschiedene Hieroglyphen.

Der Bestsellerautor Erich von Däniken hatte 1968 in der Fachwelt ein größeres »Beben« ausgelöst, als er seine Interpretation des Palenque-Motivs in die Öffentlichkeit brachte. In seinem Haus in Solothurn in der Schweiz hat von Däniken heute ein riesiges Replikat des Steines hängen. Während er in seinem Garten die besten Steaks der Welt grillt und hervorragenden kalifornischen Rotwein aus seinem Keller bringen läßt, erläutert er mir seine Sicht des ungewöhnlichen Reliktes:

»Ich bin der Meinung, die Grabplatte zeigt eine Raumfahrerkapsel in technisch perfekter Manier. Erkennen kann ich ein nach vorn geneigtes menschliches Wesen, das einen komplizierten, technisch anmutenden Kopfputz trägt, von dem doppelspurige Schläuche rückwärtig verlaufen – nach Archäologenmeinung eine Haartracht. Das Wesen stupst fast mit der Nase auf ein Gerät, an dem es mit beiden Händen (an irgendwelchen Knöpfen oder Hebeln) manipuliert – nach Archäologenmeinung hockt das Wesen vor dem ›Lebenskreuz‹.«[2]

1985 initiierten mein Bruder, Dr. Johannes Fiebag, und ich ein Projekt,[3] bei dem wir Wissenschaftler und Ingenieure aus aller Welt baten, aus ihrem jeweiligen Fachbereich heraus eine Antwort darauf zu suchen, ob wir zum gegenwärtigen Zeitpunkt Spuren fremder Intelligenzen finden könnten, die die Erde einst besucht haben. Der ungarische Diplom-Ingenieur Làszlo Tóth rekonstruierte im Rahmen dieses Projektes – basierend auf der Darstellung der Grabplatte von Palenque – ein Raumschiff:

»In Gedanken entfernen wir die reinen Symbole ..., zeichnen nach den Gesetzen der technischen Zeichnung die sichtbaren Kanten und Konturen nach, ziehen wir die Mittellinie (da das Raumschiff ein Drehkörper ist) und setzen den Piloten in den Sitz. Das Bild ändert sich sofort: eine technische Zeichnung, auf der wir den Querschnitt des ganzen Raumschiffes in den richtigen Maßverhältnissen sehen. Auf einen 1,80 Meter großen Durchschnittsmenschen bezogen ist der Durchmesser des Raumschiffes ungefähr vier Meter und die Höhe ungefähr neun Meter. Das Raumschiff ist einstufig und hat keinen Wärmeschutzschild. Aus beiden Erkenntnissen können wir weitgehende Schlußfolgerungen ziehen ...

Der Raketenantrieb dürfte theoretisch folgendermaßen funktionieren: Zwischen die doppelten Wände der Düse wird flüssiger Wasserstoff geführt, der sich dort erwärmt und verdampft. Das Wasserstoffgas wird sodann in den Plasma-Umformer und dann in den Kernfusionsreaktor geleitet, in dem durch Felder einer Magnetspule ... das Wasserstoffplasma

Pacal der Große, dargestellt in einem stilisierten Raumflugkörper oder auf dem Weg in die Unterwelt? Die Schriftzeichen können die Vermutung bestätigen, daß hier ein Flug durch die Milchstraße dargestellt wird.

auf 100 Millionen Grad erhitzt wird und Helium entsteht. Das glühende Heliumplasma wird schließlich von den magnetischen Feldern der Antriebsaggregate ausgestoßen, und zwar mit sehr hoher Geschwindigkeit.

Am mittleren Teil des Torus (Ringfläche) befindet sich der mit einem Supraleiter umwickelte Generator, der die elektrische Energie für die ›Zündung‹ des Kernreaktors liefert ... Aber was liefert die Energie für den Generator? Vermutlich ein kinetischer Energiespeicher, der sich hinter dem Astronauten befindet. Jener ist eigentlich eine große, mit etwa 15 000 bis 20 000 Umdrehungen je Minute rotierende Metallscheibe, die sich in den Feldern supraleitender Magnete und im Vakuum dreht. Sie hat also keine Berührung mit anderen Maschinenteilen, und es gibt nichts, das die Bewegung hemmt. So kann sie über lange Zeit rotieren und behält 98 Prozent ihrer kinetischen Energie bei. Die Energie wird von einer magnetischen Kupplung entnommen und dem Generator übergeben ...« [4]

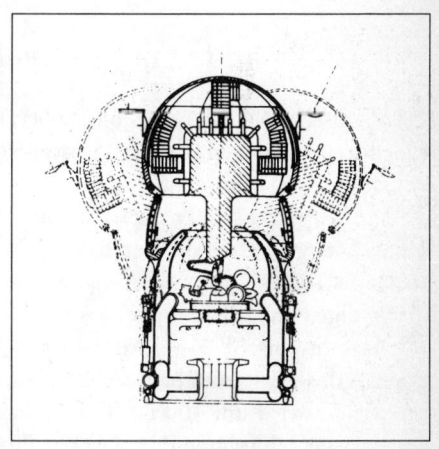

Technische Skizze des Sarkophag-Reliefs von Palenque. Richtungsänderungen des Raumschiffes könnten durch die Verschiebung des Massenmittelpunktes aus der Drehachse vorgenommen worden sein. (Zeichnung: L. Thót).

Zu einer ähnlichen Rekonstruktion gelangte unabhängig auch der amerikanische Flugingenieur John Sanderson,[5] der – ähnlich wie Thót – Parallelen zu den zeitgleich geformten »Stupas« oder »Dagobas« der Insel Java zieht, in denen Buddha-Figuren gleich dem »Fliegenden Gott von Palenque« sitzen.

Aber ist dieser Gedanke, die Gravur der Platte gebe eine Art Raumschiff wieder, überhaupt zulässig, gerade heute, da wir hinsichtlich der Maya-Forschung in einer wirklich revolutionären archäologischen Epoche leben? In den letzten Jahren wurden weit über 80 Prozent aller Schriftzeichen der antiken Maya entziffert. Durch die Möglichkeit, Text in großem Umfang verstehen zu können, muß man sich zwangsläufig die Frage stellen, ob die Gravur der Platte – ähnlich den Cargo-Kulten – tatsächlich ein idealisiertes und mythologisch überprägtes »Raumschiff« zeigt oder ob nicht die Dechiffrierungen abgebildeter Schrift- und Bildsymbole einer solchen Annahme diametral entgegengesetzt sind? Die Antwort ist verblüffend.

Pacal: Herrscher von Palenque

Entschlüsseln wir als erstes das Leben Pacals, des Ahaus von Palenque, wie die Maya ihre Priester-Könige nannten. In dem prachtvollen Sarkophag wurde seine Leiche bestattet. Was wissen wir derzeit über diese Persönlichkeit? Im Grunde eine ganze Menge. Durch die Entzifferung der Maya-Hieroglyphen liegt uns für Palenque eine ungewöhnlich vollständige Herrscherfolge vor.[6] Die königliche Ahau-Dynastie reicht zurück in die fast mythische Zeit um 500 v. Chr. »K'ix Chan« soll damals das Königtum begründet haben.

Greifbarer wird um 400 ein Herrscher namens Bahlum K'uk. Sechs Regenten folgten ihm. Die patrilineare Linie wird erst im Jahre 583 n.Chr. durchbrochen, als offenbar kein männlicher Thronfolger zur Verfügung stand und die Tochter Chan Bahlums I. (Kanal-Ikal) das Amt übertragen bekommt. 20 Jahre später folgt deren Sohn »Ak K'an«, der Großonkel Pacals. Da auch dieser keine männlichen Nachkommen zu haben scheint, wird seine Nichte zur Königin proklamiert. Aus ihrer Ehe mit dem adligen »Kan Bahlum Mo'« geht Pacal hervor. Im Alter von nur zwölf Jahren besteigt er 615 n.Chr. den Thron und regiert Inschriften zufolge 68 Jahre bis zu seinem Tod 683 n.Chr.

Unter Pacals Anleitung entstehen die detailreichsten schriftlichen Ausführungen zum Schöpfungsmythos der Maya, zur Erschaffung des Alls, zur Religion im allgemeinen. Wie der Altamerikanist Sharer meinen auch andere Wissenschaftler, daß so der Herrschaftsanspruch hätte gerechtfertigt werden sollen, da die väterliche Abstammungslinie unterbrochen war.

Ist damit die starke Betonung des Kosmischen zu erklären? Ist damit zu erklären, daß Pacal – und auch sein Sohn Chan Bahlum II. – als göttliche oder gottgleiche Wesen verehrt wurden, als Wiedergeburten mythologischer Götter? Wohl kaum. Denn zur Behauptung ihres Status hätten sie lediglich auf den historischen Präzedenzfall des Jahres 604 n.Chr. verweisen müssen, der bei Pacals Inthronisation gerade elf Jahre zurücklag. Hinzu kam, daß mit der Regentschaft Pacals ein Goldenes Zeitalter für Palenque anbrach, womit der Segen und unmittelbare Erfolg seiner Herrschaft deutlich wurde.

Warum also in den Inschriften der Bezug zu den Göttern? Wäre dies nicht einem Frevel gleichgekommen? Daß Ahnen vergöttlicht wurden, ist bekannt. Aber durften sich lebende Könige für Götter halten?

Oder liegt der Grund dafür woanders? Ist es derselbe Grund, warum der berühmte Sarkophag von Palenque mit jenem rätselhaften Relief verziert wurde?

Bis heute gibt es keine einheitliche offizielle Meinung zur »Lesart« des Sargdeckels:

- Marcel Brion vermutet das Porträt eines Toten, der auf einer großen Maske ruht, die den Gott der Erde und den Tod darstelle.
- Pierre Ivanoff sieht in der sitzenden Gestalt den jungen Maisgott als Inkarnation der keimenden Natur.[7]
- Miloslav Stingl[8] dagegen ist der Ansicht, es handele sich nicht um eine konkrete Person, sondern die Menschengattung

schlechthin werde hier dargestellt. Ein Kreuz wüchse aus dem Körper, das den Mais, den Spender des Lebens, symbolisiere. Unter ihm sei das Antlitz des Todes, das abstoßende Haupt eines phantastischen Tieres.

– Paul Rivet vermutet in der Darstellung die stilisierten Barthaare des Wettergottes.

– Hans-Henning Pantel sieht den Fürsten »Adlerklaue«, der in einem Föhnsturm umgekommen sei.

– Schele und Freidel[9] vertraten 1990 die Ansicht, die Künstler hätten den Herrscher am Stamm »des Weltenbaums in den offenen Rachen der Unterwelt hinabsinkend« zeigen wollen. Gleichzeitig sei jedoch das Wiedergeburtsmotiv aufgenommen worden.

»Dem fallenden Pacal ist ein halb skelettiertes Monsterhaupt beigesellt, das eine Opferschale mit der Sonnenglyphe trägt. Diese spezielle Glyphe, die Sonne an der Grenze zur Unterwelt, im Übergang vom Leben zum Tod, darstellend, ist das Zeichen von außerordentlicher Symbolkraft. So wie die Sonne würde auch der König Xibalba (die Unterwelt, Anm. d. Verf.) durchwandern, um am Ende seiner Reise am östlichen Horizont wieder aufzutauchen.«

– Prof. Jeremy Sabloff[10] argumentiert 1989: »Erich von Däniken hat spekuliert, daß die Deckplatte des Sarkophags des Herrschers Pacal ... einen Astronauten früherer Zeiten an den Kontrollinstrumenten eines Raumschiffes darstellt. Seine Idee basiert auf der anscheinenden Ähnlichkeit der Position eines modernen Astronauten in einer Raumkapsel ... Wurde also die Zivilisation Mexikos beeinflußt von Wesen von anderen Planeten? Pech für von Däniken ist, daß die Ikonographie übereinstimmend anzeigt, daß Pacal nicht die Schwerkraft überwindet, so, als starte er, sondern er steigt hinab in die Unterwelt.«

– Demgegenüber stellt Ruz Lhuillier,[2] der Entdecker der Kammer, fest: »Wir erblicken auf dem fraglichen Stein einen Mann, umgeben von astronomischen Zeichen, die den

Himmel bedeuten, die räumliche Begrenzung der Menschen-
erde und die Götterheimat, in welcher die unwandelbare
Bahn der Gestirne den unerbittlichen Rhythmus der Zeit
kennzeichnet.«

Auf der Sarkophagplatte und am Rand des Deckels befinden
sich zwei der insgesamt vier Königslisten von Palenque, die
Geburts-, Todes- und Inthronisationsdaten der Herrscher zeigen. Pacals Mutter verschmilzt hier vermutlich mit der Urmutter der Götter und Könige, der Gebärerin der drei Zentralgott-
heiten der Maya-Religion. Gleichzeitig wird Pacals Gottnatur
verdeutlicht. Mayaisten folgern daraus , daß die Konsequenz
logisch sei, Pacal zur Nachkommenschaft der ersten Göttin zu
zählen, und er somit von gleicher Art wie jene höheren Wesen
war.[6]
Vor über 1000 Jahren entstand auf der gemeißelten Grabplatte
ein Bild, das Pacal mit einem »rauchenden Beil« in der Stirn
zeigt. Die Altertumsforscher sind der Ansicht, daß ihn dies als
Inkarnation des Zweitgeborenen der Urmutter, Gott GII, aus-
weist. Da es sich bei dem »Inkarnationsgedanken« um eine
Interpretation handelt, sollte vorsichtiger formuliert werden:
Es wird hier eine sehr enge Beziehung zu Gott GII aufgezeigt.
Die Vertreter der Ansicht, daß außerirdische Wesen in irgendeiner Weise Einfluß auf den Verlauf der Geschichte genommen
haben (Paläo-SETI-Theorie), halten dagegen: Es könnte sich
bei vielen als »Götter« bezeichneten Wesen um extraterrestrische Intelligenzen (ETI) handeln. Denn sie alle weisen ähnliche Attribute auf: Sie kommen von »oben«, aus dem Weltall,
sie benutzen Fluggeräte zur Fortbewegung, sie bringen Wissen
und Fortschritt in eine noch primitive Welt. Demnach würde
das Sarkophag-Bild Pacals auf ein ungewöhnliches Ereignis im
Zusammenhang mit außerirdischen Wesen hindeuten. Etwa
im Sinne eines Cargo-Kultes. Welche Auffassung ist nun richtig?

Sternenformation und Himmelsmonster

Was sagt uns die Symbolik auf der Platte? Pacal liegt, so wird angenommen, im kreuzförmigen Weltenbaum, der sogar als Raumschiff interpretiert wurde. Seine Namensglyphe lautet Wacah Chan, »Sechs Himmel« oder »erhobener, aufgerichteter Himmel.«[6] Er stellt in der Mythologie der Maya die Zentralachse des Kosmos dar. M. Miller,[11] Schele und Freidel[6] vermerken:

»Entlang dieser Achse steigen die Seelen der Toten und die Götter aus dem Jenseits auf, wenn sie im Visionsritus herbeibeschworen wurden, und auf demselben Weg kehrten sie auch wieder dorthin zurück.«

Wie und auf welche Weise Götter in einem Visionsritus imaginiert wurden, ist derzeit umstritten. Wieso Götter auf der Zentralachse *des Kosmos* aus dem Jenseits (!) kommen sollen, ist ebenfalls erklärungsbedürftig. Mir scheint die Annahme, hier solle ausgesagt werden, die »Götter« kämen unmittelbar aus dem Kosmos, seien von dort zur Erde herabgestiegen und anschließend wieder dorthin zurückgekehrt, das naheliegendste. Aber es paßt eben nur schlecht in das verkrustete Weltbild mancher Forscher.

Ziehen wir zu Vergleichszwecken auch hier wieder die Cargo-Kulte heran. Dort zeichnen künstlerische Aktivitäten die Schlüsselszenen nach, dort werden die europäischen und amerikanischen Besucher aufgrund überlegener Technologie zu Geisterwesen aus dem Ahnenreich, ihre Flugzeuge zu Boten. Wie bei den Maya war und ist man noch heute bereit, sogar das eigene Leben für die »Überirdischen« zu opfern.

Im mittleren Bereich des »Wacah Chan« befinden sich die Glyphen für »Baum« (te), für »heilig«/»sakral«, für »hell« (bzw. Spiegel), das Symbol für Blutschale und die »juwelenbesetzte Schlange«. Man kann die Darstellung somit herkömmlicherweise auf den heiligen »Weltenbaum« beziehen. Eine Deutung, die eine technische Interpretation der Gesamtkonfiguration zum Ausgang hat, könnte für sich folgende Assoziation geltend machen: Hier wird ein baumähnlicher (hoher, schlanker, in den Himmel aufragender) Gegenstand dargestellt, der hell strahlt wie ein Juwel und als heilig verehrt wurde. Das Zeichen der Schlange wird sowohl im Maya-Bereich, der Olmeken-Kultur sowie rund um den Globus mit ähnlichen (raumschiff-artigen, göttlichen) Gegenständen in Verbindung gebracht (Signal vielleicht für Gefahr, Zischen, Schnelligkeit etc.). Ferner ist bei den Maya die Aussprache der Wörter für »Schlange«, für »Himmel« und für »vier« fast identisch. Dies trifft sowohl für den yucatekischen Dialekt zu, wo das Wort »can« gebraucht wird, wie auch für den Cholan-Dialekt, wo es »chan« heißt. Die Schriftforscher sind sich darin einig, daß es somit völlig legitim gewesen sei, als Metapher für das Himmelsgewölbe eine Schlange abzubilden. »Auch in Namen und Titeln wurden die Glyphen ›Himmel‹ und ›Schlange‹ von den Maya-Künstlern synonym gebraucht. Da beide Glyphen beim Lesen mit identischem Ergebnis in die gesprochene Sprache rückübertragen wurden, war es gleichgültig, welche von bei-den man beim Schreiben verwendete.«[6]

Zwei »Köpfe«, schräg vor und unter der dargestellten zentra-len Person der Grabplatte symbolisieren zwei Götter: »Gott GII« und »Gott Narr«. Letzterer ist eines der frühesten Sym-bole der Maya für Herrschaft, Macht, Energie, der andere ist der Letztgeborene der Göttertrias von Palenque, der in enger Verbindung zu dem Herrscher Pacal stand.[13,14]

Am Ende des Weltenbaumes ist das sogenannte Himmelsmon-ster dargestellt. Dieses Zeichen symbolisiert im allgemeinen die Bewegung von Venus und Sonne – sowie in einem weiten Sinne auch die der anderen Planeten durch die Sternenforma-tionen der Nacht und über das Himmelsfirmament bei Tag. Schele und Freidel schreiben hierzu: »Mit seiner Existenz an den äußersten Grenzen des Alls verkörpert das kosmische Monster den Verbindungsweg zwischen natürlicher und über-natürlicher Welt.«[6]

Wenn das sogenannte »kosmische Monster« an den äußersten Grenzen des Alls existiert, so läßt dies an Stelle der Vermutung, hier sei ein Verbindungsweg zur übernatürlichen Welt angedeutet, genausogut – oder vielleicht sogar mit mehr Berechtigung – die These zu, hier wurde der generelle Weg ins All, vorbei an Sonne und Planeten, symbolisiert. Schon R. Lhuillier[2] schrieb, die Oberfläche des Steines zeige eine von *astronomischen* Zeichen umgebene symbolische Szene.

Auf der Spitze einer u. a. als »Weltenbaum« gedeuteten Abbildung kann man unschwer ein vogelähnliches Wesen sitzen sehen. Es ist die höchste Vogelgottheit oder auch der Himmelsvogel, das »Symbol des Fliegens«.[15] Sollte es sich bei dem »Weltenbaum« jedoch um den postulierten stilisierten Raumflugkörper handeln, würde die Abbildung des Vogels als Symbol für den Flug in den Himmel diese Aussage unterstreichen. Besinnen wir uns auf das Verhalten von Eingeborenen. 1926 ereignete sich auf Neuguinea ein Vorfall, von dem einer der Eingeborenen später berichtete:
»Ich war noch ein Kind. Mein Vater hatte mich auf die Jagd mitgenommen, da sahen wir den ersten weißen Menschen. Ich war zu Tode erschrocken und fing zu weinen an. Woher mochte er kommen? Etwa vom Himmel oder aus dem Fluß? Wir waren ganz durcheinander.«
Ein anderer erinnert sich an das Geschehen: »In unserem Dorf verbreitete sich die Nachricht, daß Blitze gekommen seien. Wir hielten diese Weißen für Blitze vom Himmel. Andere sagten, das sind unsere Vorfahren, die aus dem Reich des Todes zurückgekehrt sind.«
Die Landung des ersten Flugzeuges in diesem Gebiet muß für viele der Eingeborenen ein nur schwer zu verkraftendes Erlebnis gewesen sein. Eine alte Frau berichtete, während der Landung des »riesigen Vogels« hätte sie sich zu Boden geworfen und ihr Gesicht in den Händen vergraben, andere seien weggerannt und hätten sich versteckt, manche vor Angst geschrien:

»Wir waren wie in Panik, denn wir wußten nicht, was da herunterkommt.« Nur zwei Jahre zuvor war auf Neuguinea dem Wasserflugzeug des Forschers Hurley jeden Abend ein Schwein geopfert worden, da man der Ansicht war, dieses Flugzeug sei selbst ein Gott.

Die zentrale Frage ist: Was zeigt die Grabplatte von Palenque: den Priester-Fürsten Pacal auf dem Weg nach Xibalba, der Unterwelt, oder ein mit Maya-Symbolik überprägtes Raumschiff? Haben wir es hier mit einem frühen Cargo-Kult zu tun? Sehen wir ein Raumschiff, das die Maya des 7. nachchristlichen Jahrhunderts gezeigt bekamen, damit sie es in einer Art Zeitkapsel zeichnerisch in die Zukunft transportierten, in eine Epoche hinein, in der man nach Spuren von Besuchern aus dem All zu suchen begänne?

Noch 1990/91 hatten Schele und Freidel[9] behauptet, es müsse eine Reise des Maya-Königs nach Xibalba zum »Ort der Angst« abgebildet sein. 1992 gelangten dieselben Wissenschaftler zusammen mit dem Ethnologen Parker zu der Erkenntnis, daß Xibalba nicht immer mit der Unterwelt lokalisiert wurde. Wörtlich schreiben sie:

»So wird noch heute der Weg nach Xibalba von verschiedenen Maya-Völkern mit der Milchstraße gleichgesetzt, eine Vorstellung, die noch aus klassischer Zeit stammt ... Für die Maya war der Himmel seit alters ein lebendiger Kosmos, innerhalb dessen sich die Taten göttlicher Wesen ... offenbarten.«

Auch der Archäologe Tedlock[16] ist der Überzeugung, daß die mythischen Götterzwillinge den »schwarzen Weg« einschlagen. Mit diesem »Weg« wurde ein schwarzer Spalt in der Milchstraße bezeichnet, der sichtbar ist, bevor die Milchstraße hinter den östlichen Horizont hinabtaucht. Dieser Spalt heißt daher bis auf den heutigen Tag »der Weg nach Xibalba«.

Dies korrespondiert hervorragend mit dem Hieroglyphenband, das die Gesamtdarstellung umgibt. Es ist in verschiedene Abschnitte unterteilt, in die Glyphenbezeichnung für Sonne,

Mond, Planeten oder andere Himmelskörper.[6] Dargestellt ist also das sogenannte »Himmelsband«.

Eine Interpretation der Grabplatte von Palenque läßt somit eine Reihe von Aussagen zu: Entgegen der Ansicht einiger Mayaisten ist sehr wohl ein starker kosmischer Bezug in der Symbolik der Grabplatte enthalten. Pacal wird auf dem Weg nach Xibalba abgebildet, und mit Xibalba kann der Weg in das All, zur Milchstraße, verbunden werden. In der kosmischen Weltsicht der Maya lebten dort die Götter. Diese Sichtweise wird schließlich durch die Symbolik der »obersten Vogelgottheit« und des »kosmischen Monsters« unterstützt. Die legitime Schlußfolgerung ist, daß somit in der Ikonographie des Grabes keine Widersprüche zu einem möglicherweise stilisiert dargestellten Raumschiff vorzufinden sind.

Der geheimnisvolle Priester-König

Es bleibt noch ein Problemkreis zu erkunden: War der Tote von Palenque, Pacal, selbst ein Außerirdischer? Über das Öffnen des Grabes im »Tempel der Inschriften« von Palenque berichtete Ruz:

»Soweit der Stein sich von der Stelle bewegte und hob, sah man, daß aus dem ungeheuren Block, der ihm als Fundament diente, eine Höhlung ausgehauen war. Diese Höhlung hatte eine überraschende Form, länglich und geschwungen, etwa wie die Silhouette eines stilisierten Fisches oder wie ein großes ... unten geschlossenes Omega. Die Höhlung war mit einer glänzend polierten Platte verschlossen, die genau hineinpaßte und vier jeweils mit einem Steinzapfen versehene Bohrlöcher aufwies. Als wir die Verschlußplatte hochhoben, sahen wir das Totenbehältnis.

Es war nicht das erstemal in meiner Archäologenlaufbahn, daß ich bei der Entdeckung eines Grabes zugegen war, aber noch nie hatte ich einen derart tiefen Eindruck empfangen. Der

Anblick der fast überall mit Jadeschmuck bedeckten menschlichen Reste – mit vollzähligen, wenn auch beschädigten Knochen – innerhalb der zinnoberroten Aushöhlung, die als Sarg diente, war von stärkster Wirkung. Man konnte die Umrisse des Körpers erkennen, der in diesem maßgeschneiderten Sarkophag bestattet worden war, und die Schmuckstücke verliehen ihm gewissermaßen Leben ... Man konnte sich auch leicht vorstellen, daß es eine hochgestellte Persönlichkeit gewesen sein mußte, die auf ein Mausoleum von so eindrucksvoller Pracht Anspruch erheben konnte.

Wir waren erstaunt über die Körpergröße des Toten – er war höher gewachsen als der Durchschnittsmaya von heute – wie auch darüber, daß seine Zähne weder zugefeilt waren noch eingelegte Verzierungen aus Pyrit oder Jade zeigten, obwohl das doch (ebenso wie die künstliche Verformung des Schädels) bei Angehörigen höherer Gesellschaftsschichten üblich war ... Schließlich einigten wir uns darauf, daß es sich bei dem Toten wohl nicht um einen Maya handelte, obwohl er offensichtlich als einer der Könige von Palenque gestorben war. ...

Als er begraben wurde, trug der Tote eine prächtige Maske aus Jademosaik über dem Gesicht, deren Augen aus Perlmutt waren ... Von den Hunderten von Fragmenten hafteten einige noch am Gesicht, ... aber der größere Teil lag links vom Kopf, offenbar, weil die Maske beim Begräbnis heruntergerutscht war ... Die Maske war unmittelbar dem Gesicht des Toten angepaßt worden, wobei die Mosaikteilchen in eine dünne Stuckschicht eingesetzt waren; die Überbleibsel dieser Stuckschicht entsprachen der Form des menschlichen Gesichts ...«[13]

Der russische Skulpturexperte Andanik Dshagarjan[17] fertigte vor einigen Jahren mit Hilfe der Jademaske eine Rekonstruktion des Gesichts des Toten an. Wie schon die Vorderseite der Maske, das Gesicht auf dem Sarkophagdeckel sowie diverse Stuckmasken in Palenque zeigen, muß der hier Bestattete eine anatomisch ungewöhnliche Nase besessen haben oder sie künstlich so moduliert haben. Sie beginnt bereits über den Augenbrauen und teilt die Stirn sozusagen in zwei Hälften. Ein derartiges Rassenmerkmal, sagen die Anthropologen, ist auf der Erde unbekannt.

Die Herkunft des Toten von Palenque ist bis heute nicht gänzlich geklärt. Seine Bemühungen, sich göttlicherseits zu legitimieren, mögen damit zusammenhängen. Hier aber an einen leibhaftigen Außerirdischen zu denken, ist wohl etwas zu spekulativ. Eindeutig ist der Knochenbau menschlicher Natur. Und die Nase? Vielleicht liegt hier ein genetischer Defekt vor, ähnlich wie bei seinem Sohn Chan Bahlum. Vielleicht sollte aber auch mit der Maske Cargo-ähnlicher »Zauber« von »eigenartigen Wesen«, die er einmal gesehen hatte, auf den toten Herrscher übertragen werden.

Daß solche Cargo-Handlungen nicht unwahrscheinlich sind, läßt sich bei den Einwohnern der Südseeinsel Tanna studieren. Sie behaupten, von einem Gott namens John Frum besucht worden zu sein. Ein amerikanischer Soldat war vermutlich in den zwanziger Jahren auf die Insel verschlagen worden. In der Folgezeit entstand ein seltsamer Kult: Die Insulaner tätowieren sich die Buchstaben USA auf die Haut, sie halten Amerika für das »Gelobte Land«, Geldmünzen Frums werden als »Reliquien« verehrt, der damalige Häuptling, dem Frum angeblich im Traum erschien, wird als großer Prophet angesehen. Später entstand ein »Mischkult«: Neben einem Jesus-Bild findet sich heute in der kleinen Kapelle des Hauptdorfes ein Foto des amerikanischen Astronauten Neil Armstrong auf dem Mond: John Frums »Bruder«, der im Himmel lebt.

Das Zeit-Paradox des Pacal

Auf den Hieroglyphentafeln der »Pyramide der Inschriften« stehen die historischen Daten Pacals des Großen verzeichnet. Auf dem westlichen Paneel wurden das Geburtsdatum und der

Inthronisationstag vermerkt: Im Kalender der Maya ist der Tag der Geburt »8. ahau 13 Pop«, was den 22. März (+/– 1 Tag) des Jahres 603 bezeichnet; zwölf Jahre und 125 Tage später wird der junge Prinz mit einer glanzvollen Zeremonie in seine Stellung als neuer Herrscher über Palenque eingeführt. Mit 23 Jahren vermählt sich Pacal mit Ahpo-Hel, einer Frau aus einem der höchsten Adelsgeschlechter, das ebenfalls bis in mythologische Zeiten zurückreicht. Seine Gattin verstirbt nach 46jähriger Ehe, zu einem Zeitpunkt, als Pacal selbst schon fast 70 ist. Im Alter von 80 Jahren und 158 Tagen stirbt schließlich auch der rätselhafte Herrscher selbst. Der Tag seines Todes ist uns durch zweierlei Datierungen gesichert, nämlich durch das eigentliche Datum und die Anzahl der Lebenstage. Der Berliner Maya-Experte Rudolf Eckhardt hat sich gründlicher als andere mit den Lebensdaten des Ahau von Palenque auseinandergesetzt. Er kommt zu folgender verblüffenden Erkenntnis:

»Das Todesdatum ist in der Maya-Tageszählung ... gesichert verankert ... Dennoch gibt es ein Pacal-Paradoxon. Sein inschriftlich verzeichnetes Alter steht in krassem Widerspruch zu den publizierten Altersschätzungen über die Person, die in Pacals Sarkophag bestattet wurde. Diese Schätzungen basieren auf der medizinischen Untersuchung des Skeletts, die unmittelbar nach der ersten Öffnung der Grabkammer im Jahre 1952 durchgeführt wurden. 1974 prüfte man die sterblichen Überreste erneut. Es bestand nicht der geringste Anlaß, die ursprüngliche Schätzung zu modifizieren. Beide Gutachten erbrachten das Resultat, daß das Skelett von einem Mann stammt, der in einem Alter von nicht mehr als 40 Jahren gestorben sein muß! Das Problem dieser sich widersprechenden Altersangabe ist bis heute nicht geklärt worden.«[18]

Vier Möglichkeiten führt Eckhardt an, um dieses Paradox zu deuten: erstens eine Fehlinterpretation der Geburts- und Todesdaten, zweitens einen Irrtum in der Lesart der Hieroglyphe »Tod« und »Begräbnis«, drittens einen Zweifel an der

Identität des Bestatteten und viertens »offiziell« gefälschte Daten der Maya-Priester. Alle vier Ansätze verweist er selbst jedoch in das Reich des Unglaubwürdigen, da es jeweils unabhängiges und reichhaltiges Vergleichsmaterial gibt.

Zeitbrüche

Wie gewagt ist in diesem Zusammenhang eigentlich die Idee, Pacal könnte während seiner Regentschaft einen Raumflug unternommen, sozusagen eine klassische UFO-Entführung miterlebt haben? Das ist zwar sehr spekulativ, aber der Effekt der Zeitdilatation, der in schnellen Raumschiffen auftritt, würde die lange Lebenszeit (80 Jahre) und das um die Hälfte jüngere Skelett erklären können.

Zeitverschiebungen treten bei sehr großen Geschwindigkeiten auf. Seit Einstein wissen wir, daß für einen Astronauten, der mit annähernd Lichtgeschwindigkeit (ca. 300 000 km/sek) durch das All rast, die Zeit langsamer als auf der zurückbleibenden Erde vergeht. Er selbst verspürt davon freilich nichts. Er ist z.B. der Meinung, es seien zehn Jahre vergangen, während in Wirklichkeit bereits 100 verstrichen sind. Je näher er der Lichtgeschwindigkeit kommt, desto größer ist die Zeitdehnung, so daß aus wenigen Tagen Tausende, aus wenigen Jahrzehnten Millionen von Jahren werden können.

Erstaunlich ist: Dieses Phänomen ist schon den alten Indern bekannt gewesen. Im »Wischnu Purana« ist eine verblüffende Begebenheit aufgezeichnet, die dies besonders gut veranschaulicht:

Einst war König Raibit der Herrscher von Kuschasthali. Seine Tochter Rebati war eine wunderschöne Frau, die jedoch keinen Bräutigam auf der Erde finden konnte. Da entschloß sich der König, zusammen mit seiner Tochter Gott Brahma zu besuchen und ihn um Rat zu fragen. Als sie den himmlischen

Wohnort Brahmas erreichten, lud dieser sie ein, einer göttlichen Musik zu lauschen.

Als die Darbietung geendet hatte, verneigte sich der König, küßte die Füße Brahmas und erzählte ihm den Grund seines Besuches. Er schlug die Namen irdischer Prinzen vor und bat den Herrn, den besten von diesen auszuwählen.

Der Gott hörte schweigend zu, dann lachte er und sagte: »Du kannst diese Prinzen vergessen. Jetzt, in diesem Moment, gibt es keine Spur ihrer Stämme mehr auf Erden. Während der kurzen Zeit, die du hier verbrachtest, sind auf der Erde vier Äonen vergangen. Es ist bereits das Dwapar, das Zeitalter des 28. Manu, angebrochen. Keiner deiner Freunde oder Verwandten lebt noch. Jedes der Dinge, die du kanntest, gehört bereits jetzt der Vergangenheit an. So bist du die einzige Person deines Zeitalters, die noch lebt. Aber nun kehre zur Erde zurück und finde einen Bräutigam für deine Tochter.«

Sichtlich erschrocken ob dieser furchtbaren Nachricht, sagte der König mit tränenerfüllten Augen: »Wenn dies der Zustand auf der Erde ist, wen soll ich dann für meine Tochter erwählen?«

Brahma antwortete: »Kuschasthali, das du in der Vergangenheit regiertest, wird jetzt Dwaraka genannt. Du wirst Balaram als Herrscher vorfinden. Er ist der beste Ehemann für deine Tochter. Gehe und gib sie ihm.«

Reibat kam zurück zur Erde und fand Kuschasthali vollkommen verändert. Genauso wie der wunderbare Stamm der Ikschaku gehörte auch der Stamm der Rebat der Vergangenheit an. Die menschlichen Wesen waren jetzt kleiner und weniger kraftvoll. Da er keine andere Möglichkeit fand, respektierte er Brahmas Worte und verheiratete seine Tochter mit Balaram.

Was uns hier in Form einer märchenhaften Legende erzählt wird, ist in Wirklichkeit genau die Erfahrung, die ein Raumfahrer haben würde, der nach einem langen Dilatationsflug zur Erde zurückkäme: Keiner seiner Freunde oder Angehörigen würde mehr leben, alle Dinge, an die er sich noch gut erinnern könnte, wären längst vergessen. Käme er gar, wie offenbar im obigen Fall, erst nach vielen Jahrtausenden zurück, könnte es durchaus sein, daß die menschliche Rasse sich biologisch verändert hat und dann »kleiner und weniger kraftvoll« wirkt. All dies also eindeutige Hinweise, Erfahrungswerte gewissermaßen, die man nicht als bloße Märchen beiseite schieben kann.

Es gibt hier einen recht interessanten Bezug zu dem UFO-Phänomen unserer Tage. Personen, die behaupten, von meist kleinen, grauen Außerirdischen entführt worden zu sein, klagen oftmals ebenfalls über einen unerklärlichen Zeitverlust. Ein typisches Beispiel widerfuhr dem Holzfäller Travis Walton.
Es ist der 5. November 1975. Travis Walton – und mit ihm mehrere Arbeitskollegen – befindet sich auf der Rückfahrt in den 18 Kilometer entfernten Ort Heber (Arizona, USA). Sie alle sind Holzfäller, und da es bereits dunkel wird, wollen sie eben den *Sitgreave-Apache National Forest* verlassen, in dem sie den Tag über gearbeitet haben. Plötzlich sehen sie hinter den Büschen und Bäumen ein eigenartiges Leuchten. Als sie jedoch näher kommen, stockt ihnen der Atem: Ein UFO schwebt nur fünf Meter hoch über einer lichten Waldstelle.
Dwayne Smith, Alan Dalis, Kenneth Peterson, Mike Rogers, John Goulette und Travis Walton beschwören später, daß ein scheibenförmiges Flugobjekt über dem Boden geschwebt sei, einen Durchmesser von sieben Metern aufwies und mit seinem Lichtschein die gesamte Umgebung in Helligkeit getaucht habe. Mike Rogers, der Fahrer des Wagens und Vorarbeiter der kleinen Gruppe, tritt geistesgegenwärtig auf die Bremse. Gebannt starren sechs Männer zu dem unheimlichen Objekt. Travis Walton faßt schließlich Mut und steigt aus dem Wagen aus, den Warnungen seiner Kollegen zum Trotz, um dem seltsamen Phänomen auf die Schliche zu kommen. Da durchstößt ein schriller Ton die Luft. Travis verliert augenblicklich das Bewußtsein, und ein heller, blauer Lichtstrahl hüllt seine Brust ein. Smith, Dalis, Peterson, Goulette und Rogers sagen bei getrennt erfolgten Vernehmungen übereinstimmend aus, daß

Walton wie von einem Starkstromschlag mehrere Meter zurückgeschleudert wird und sich dann in Nichts auflöst.

Panisches Entsetzen ergreift die Holzfäller. Sie geben Gas und fliehen in sichere Entfernung. Als das Licht verschwindet, überwinden sie ihre Angst und fahren zurück. Doch dort, wo das unidentifizierbare Flugobjekt über der Waldlichtung gestanden hatte, finden sie nichts mehr. Das UFO ist verschwunden. Mit ihm Travis Walton.

Die Arbeitskollegen fahren unverzüglich zur nächsten Polizeistation und geben eine Suchanzeige auf. Obwohl die Polizisten nicht recht wissen, was sie von dem ominösen Vorfall halten sollen, beginnen sie mit einer breitangelegten Suchaktion. Doch der Vermißte kann nicht gefunden werden.

Erst fünf Tage später taucht Walton wieder auf. Er ist erschöpft, verwirrt, mit Injektionsstichen übersät. Erinnern kann er sich nur noch daran, auf das UFO zugeschlichen zu sein. Sein Gedächtnis setzt erst wieder ein, als er sich auf der Straße, ca. zehn Kilometer vom Entführungsort entfernt, wiederfindet.

Ein Ärzteteam versucht in den nächsten Tagen, Licht in das Dunkel zu bringen, das Travis Walton für fünf Tage in seinem Gedächtnis antrifft. Die Ärzte Howard Kandell, Robert Gamelin, Joseph Saltz und Jean Rosenbaum führen den Mann in Hypnose an jene Stelle zurück, an der sein »geistiger Filmriß« eintrat. Nach acht Stunden Hypnoseregression ergibt sich folgendes Bild:

Walton erwacht aus seiner Ohnmacht auf einem eigenartigen Metalltisch liegend. Er verspürt in seinem Kopf und der Brust heftige Schmerzen. Nimmt er anfangs an, er befände sich in einem Krankenhaus bei einer Untersuchung, so wird er kurze Zeit später eines Besseren belehrt.

»Als mein Blick sich klärte, konnte ich drei Figuren erkennen. Es war höchst eigenartig. Sie waren keine Menschen. Sie erinnerten mich an Föten, waren etwa eineinhalb Meter groß, und sie trugen enganliegende braune Anzüge. Ihre Haut hatte die

Farbe von Champignons, und sie besaßen keine ausgeprägten Gesichtszüge.

Ich glaube, ich geriet in Panik. Ich ergriff ein durchsichtiges Reagenzglas und versuchte das eine Ende abzuschlagen, um es als Waffe zu benutzen. Doch ließ es sich nicht zerbrechen. Ich war vor Angst wie erstarrt. Ich wollte sie angreifen, doch sie wichen aus und verschwanden. Ich war ganz allein. Doch plötzlich erschien nur wenig von mir entfernt ein anderer Mann. Er sah aus wie ein Mensch, aber er tat nichts, als mich durch eine Art Helm anzulächeln ...«[19]

Als auch dieser »Besucher« sich plötzlich entfernt, wird Travis Walton neugierig. Er tastet an einem Hebel herum. Die Umgebung beginnt sich zu verändern. Das Objekt, in dem er sich befindet, bewegt sich fort. »Mir war klar, daß wir uns in einem Raumschiff befanden«, erklärt er später.

Dann wird er abermals ohnmächtig und wacht schließlich auf der Straße wieder auf.

Im Bericht der Ärzte wird vermerkt, daß Waltons Darstellung nach ihrem Ermessen wahr sein müsse.

UFO-Entführungen heute, gestern, vorgestern

Eine ähnlich ungewöhnliche Erfahrung mußte auch der 19 Jahre alte Frank Fontaine am 26. November 1979 in Frankreich machen. An diesem Tag verlädt er schon morgens um vier Uhr mit zwei Freunden Kleidung in einen Lastwagen, die von Clergy Pontoise zum Markt ins nahe Gisors gebracht werden soll. Sein kleiner Sohn und seine Frau schlafen noch im nahen Haus.

Als Frank Fontaine, Jean-Pierre Prevot und Saloman N'diaye zum Himmel aufschauen, entdecken sie ein helles, sich spiralförmig windendes Licht. Jean-Pierre und Saloman sprinten zum Haus, um den Fotoapparat zu holen. Frank springt in den Lkw und fährt in die Richtung, in der das Licht herunterkommen wird.

Die Freunde kommen noch gerade rechtzeitig, um zu sehen, wie ein helles Leuchten den Wagen erfaßt, einen Ring aus reinem Licht um ihn legt, während drei weitere Lichter hinzustoßen. Dann entschwindet das Licht, und Dunkelheit liegt über der unheimlichen Szenerie.

Der Motor des Lastwagens läuft noch, als die zwei Männer beim Wagen ankommen, und die Scheinwerfer erhellen die Straße vor ihm. Doch die Tür steht weit auf. Frank Fontaine ist spurlos verschwunden.

Die Polizei von Clergy Pontoise (Val d'Oiste) verhört die beiden Zeugen mehrmals. Handelt es sich nur um einen Scherz oder ist es gar ein Mordfall? Drogen und Alkohol scheiden schon nach den ersten Tests aus. Zeugenaussagen von Bekannten und aus dem Verwandtenkreis machen in den nächsten Tagen deutlich, daß die Männer nicht die Typen dafür sind, sich nur einen dummen Scherz zu machen.

Suchfotos werden versandt, aber ein Erfolg will sich nicht einstellen. Sogar Luftwaffenstützpunkte und Radarstationen werden um Mithilfe gebeten, der Lkw auf Radioaktivität hin untersucht, aber keine Spur führt die Verhandlungskommission weiter.

Es vergehen mehrere Tage. Doch am Morgen des 3. Dezember, kurz nach vier Uhr, ist Frank Fontaine wieder da. Er schimpft und ist außer sich, denn er glaubt, der Lastwagen sei ihm soeben auf der Straße gestohlen worden. Daß er eine Woche lang vermißt wurde, weiß er zu diesem Zeitpunkt nicht. Auch ahnt er nicht, daß er sich in den nächsten Tagen etlichen gezielten Verhören der Polizei wird aussetzen müssen, die einen Schwindel aufdecken möchten.

Die Verhöre erbringen lediglich, daß Fontaine eine Erinnerungslücke von einer Woche besitzt. Das letzte Ereignis, das er bewußt wahrnahm, war das Licht über der Straße, das von rechts auf ihn zugekommen war. Es erfaßte die Kühlerhaube des Wagens, während er ein heftiges Kribbeln in den Augen verspürte. Dann verließen ihn die Sinne. Inspektor Roger

Courcous aus Pontoise, der die Ermittlungen geführt hatte, schloß den ominösen Fall schließlich ohne einen sichtbaren Erfolg ab.

Derlei Geschichten, die einen Zusammenhang zu dem UFO-Phänomen unserer Tage aufweisen, gibt es in vielen Kulturen und Zeiten. Aus biblischer Epoche wird uns eine beachtenswerte Begebenheit um den Prophet Jeremia und seinen Freund Abimelech in der altjüdischen Schrift »Der Rest der Worte Baruchs« berichtet. Jeremia war von Gott gewarnt worden, daß die Stadt Jerusalem zerstört würde und das jüdische Volk in die babylonische Gefangenschaft verschleppt würde. Im Jahr 586 v. Chr. tritt diese Prophezeiung tatsächlich ein.

Kurz zuvor kann der Prophet Jeremia noch einmal mit seinem Gott sprechen. Er legt beim »Herrn« Fürbitte für seinen jungen äthiopischen Schützling Abimelech ein, auf daß dieser von den bevorstehenden Ereignissen verschont werde.

Als Abimelech am kommenden Tag Feigen von einem nahen Landgut holen will, verschwindet er urplötzlich. Selbst bemerkt er jedoch nur, wie ihm plötzlich schwindlig wird. Er schläft ein. Unter seinem Arm hält er den Korb mit den jungen Feigen.

Wenig später, wie er meint, wacht er auf. Schnell, um sich nicht den Ärger Jeremias zuzuziehen, geht er nach Jerusalem zurück, aber er erkennt die Stadt nicht mehr wieder. Alles ist völlig verändert. Abimelech ist erschrocken und verwirrt.

So setzt er sich außerhalb der fremden Stadt nieder. Da kommt ein alter Mann an ihm vorbei, der ihm bestätigt, daß dies Jerusalem sei. Jeremia, nach dem Abimelech fragt, sei schon vor sehr langer Zeit mit der gesamten Bevölkerung in die babylonische Gefangenschaft verschleppt worden.

Als Beweis, daß er nur kurze Zeit weg gewesen sei, präsentiert der Äthiopier die Feigen, die noch so saftig wie frisch gepflückt aussehen. Da sagt der Greis zu ihm: »Mein Sohn! Du bist ein Schützling Gottes. Siehe, heute sind es 66 Jahre her, seitdem das Volk nach Babylon verschleppt worden ist. Damit du siehst, daß dies wahr ist, schau auf das Ackerfeld. Die Samen keimen erst, die Zeit für Feigen ist noch nicht gekommen.«

In Japan gibt es im »Tango-Fudoki« einen Bericht, wie aus dem Dorf Tsutsukaha im Distrikt Yosa ein Mensch entführt wird, der zusammen mit einer Göttin den Himmel bereist, zum Sternbild der Plejaden und Hyaden gelangt und nach dreijähriger Reise zur Erde zurückkehrt. Aber sein Dorf existiert nicht mehr, und die Alten seiner Heimat können sich nur noch an eine Legende erinnern. Sie besagt, daß vor 300 Jahren ein Mann aus dem Ort spurlos verschwunden sei.

Ein letzter Fall. Edwin Hartlan hat ihn in seinem Buch »The Science of Fairy Tales« 1891 aufgezeichnet. Demnach verschwindet eines Tages der Farmerssohn Gitto Bach auf mysteriöse Weise. Zwei Jahre vergehen, da steht er wieder vor der Tür, völlig unverändert, mit dem Bündel unter dem Arm, das er vor vielen Monaten getragen hatte.

Man kann sich vorstellen, wie erschrocken die Mutter ist, als sie so den totgeglaubten Sohn vor sich stehen sieht. Auf vorwurfsvolle Fragen reagiert der junge Mann jedoch mit Unverständnis. Für ihn ist lediglich ein Tag vergangen.

Als Gitto Bach schließlich das Bündel öffnet, enthält dieses einen sonderbaren Gegenstand: einen Anzug aus einem papierähnlichen Material gearbeitet, ohne die Spur einer Naht.

War Pacal vielleicht in einen vergleichbaren Vorgang verwickelt gewesen? »Fehlen« ihm deshalb 40 seiner Lebensjahre? Da die Maya keinen neuen Ahau zum König ausrufen konnten, bevor nicht der alte verstorben war (dies galt zum Beispiel auch bei jahrelanger Gefangenschaft), ließe sich eine Thronvakanz durchaus erklären. Andererseits: Müßten wir dann nicht Aufzeichnungen über diesen seltsamen Vorgang in den Hieroglyphenschriften Palenques finden? Freilich sind bislang nur geringe Teile der Stadt freigelegt, vieles mag durch die unbarmherzige Natur des Dschungels vernichtet worden sein, und außerdem hat bislang noch niemand gezielt nach etwaigen Indizien für eine so gewagte Theorie wirklich gesucht.

Dieses Fragezeichen wird so lange über Pacal schweben, bis neue Analysen und eventuell auch Glyphenübersetzungen stattgefunden haben, die das Pacal-Paradoxon aufklären können. Oder eben auch nicht ...

Sensation im Tempel des Kreuzes

27. Mai 1992. Die Sensation ist perfekt. Ein Archäologenteam unter der Leitung von Arnoldo Gonzales und Rodrigo Lindo entdecken im Inneren des Tempels des Kreuzes von Palenque eine 1000 Jahre alte Grabkammer.[20] Lokalisiert wurde der Hohlraum bei Restaurierungs- und Konsolidierungsarbeiten an der mit Stufen und Ballustraden versehenen südlichen Pyramidenfassade, westlich der zentralen Treppe, etwa in halber Höhe der beeindruckenden Pyramide.

Spontaner Applaus und Hochrufe der sonst eher nüchternen Forschungsmannschaft schallten durch die Pyramide, als die ersten Lichtstrahlen der Scheinwerfer die Krypta auszuleuchten begannen. Die Freude über die Entdeckung wurde nur dadurch gedämpft, daß das Gewölbe etwa zur Hälfte mit flachen, schmalen Decksteinen verschüttet und der nördliche Teil unter einem etwa 1,50 mal 1,20 mal 1,80 Meter großen, herabgestürzten Monolith verborgen lag. Unter dem Stein machten die Archäologen das Skelett einer Person aus. Das Anheben und der Abtransport des Felsblockes gestaltete sich äußerst schwierig, da die Mauerung des Grabes einzustürzen und das Haupt und der Torso des hier Bestatteten zerstört zu werden drohte. Der Zustand der sterblichen Überreste wird als insgesamt äußerst schlecht beschrieben, da durch Risse in der Pyramide seit längerer Zeit Regenwasser in die Gruft eingesickert ist.

Besser erhalten sind dagegen die Grabbeigaben. Es wurde eine Totenmaske in Mosaikarbeit gefunden, die vom Haupt heruntergeglitten war, zwei mehrere Zentimeter lange, viereckige, mit Gravuren versehene Jadeperlen, die ein Pektoral bildeten, sowie weitere exzellent gearbeitete Ohrringe.

Um wessen Grab es sich hier handelt, steht noch nicht fest. Aufgrund der Position des Pyramidenraumes und der edlen Beigaben kann jedoch auf eine Person geschlossen werden, die zu Lebzeiten einen hohen politischen und/oder religiösen Status einnahm.

Der Kreuztempel von Palenque gehört zu einer Gebäudetrias, (Kreuz-, Blattkreuz- und Sonnentempel), die von dem Herrscher Chan Bahlum (635–702 n.Chr.) errichtet wurde. Chan Bahlum (»Schlangen-Jaguar«) war der erstgeborene Sohn und Nachfolger Pacals. Und er ist wie sein Vater geheimnisumwittert.

Aus dem Fundmaterial der Krypta des Kreuztempels kann nicht unbedingt darauf geschlossen werden, daß es sich hier um die Begräbnisstätte Chan Bahlums handelt. Warum nicht?

In Bildern und Hieroglyphentexten hatte dieser nämlich die Dynastiegeschichte von Palenque und seine eigene verewigen lassen. Er selbst wird dabei mit einer anatomischen Besonderheit dargestellt: Sein Fuß hatte sechs Zehen, seine Hand sechs Finger![21] Derartige Merkmale konnten bislang bei dem bestatteten Würdenträger nicht gefunden werden, weshalb die Annahme berechtigt erscheint, hier sei jemand anderes beerdigt worden. Vielleicht ist es der jüngere Bruder Chan Bahlums, Kan Xul, oder ein anderer Verwandter der Herrschersippe oder ein Priester, dessen Abbild stehend auf einer Hieroglyphe vor der Südseite des Tempels gefunden wurde.

Schauen wir uns aber einmal die Hinterlassenschaften des Königs von Palenque an. Chan Bahlum griff mit dem Pyramidenbau auf das Jahrhunderte zurückliegende vorklassische Architekturprinzip der Dreigliedrigkeit zurück, mit der er sowohl eine politische als auch eine religiöse Aussage verband. Der Blattkreuztempel befindet sich im Osten, der Sonnentempel im Westen, der höchste, der jetzt untersuchte Kreuztempel im Nordosten. Das Datum der endgültigen Fertigstellung des Tempels wird, umgerechnet in unseren Kalender, mit dem 23. Juli 690 angegeben.[22] Prächtige Stuckreliefs am Tempel des Kreuzes zeigen Chan Bahlum bei seiner Thronbesteigung (20. 1. 690 n.Chr.) und den pfeiferauchenden alten Gott »L«. Dies hat eine tiefe Bedeutung.

Die Dreiheit der Tempel entspricht der heiligen Göttertrias von Palenque.[23] Gott I, Gott II und Gott III waren die Kinder der Urmutter (die häufig als Mondgöttin in Erscheinung tritt) und des Göttervaters GI' (in der Mayaistik als G-eins-Strich gesprochen), die am Beginn der neuen, vierten und damit jetzigen Schöpfung stehen. Ihr Sohn GI wird dargestellt als anthropomorphes (menschenähnliches) Tierwesen mit einer Fischflosse an der Wange und Muschelschmuck an den Ohren. Er gleicht in erstaunlicher Weise dem kleinasiatischen Gott Oannes. Dieser hat nach der Überlieferung der heute in Afrika beheimateten Dogon diesem Volksstamm ein erstaunliches Wissen um das Sirius-Sternsystem vermittelt. Ein Wissen, das erst durch unsere modernen astronomischen Beobachtungsmöglichkeiten überprüft und bestätigt werden konnte. GII (Kauil) wird dargestellt mit einer Schlange anstelle des Beines und einem Obsidianspiegel an der Stirn sowie einem rauchenden Beil. GIII (Ahau Kin) schließlich ist der Jaguar-Gott.[24]

Die Beherbergung der Götter

Für uns von Interesse ist dabei, daß Chan Bahlum mehrmals auf die »Artgleichheit« zwischen der Göttin und seinem Vater, Pacal, hinweist und sie zu Wesen »aus ein und demselben heiligen Urstoff geschaffen« erklärt. Sich selbst setzt er in Verbindung mit GII, und seine Dynastie verknüpft er mit dem Titel des »reinen« oder »strahlenden Menschen«, ein Anspruch, der ebenfalls bis zur Urgöttin zurückreicht. Pacal und Chan Bahlum hielten sich also für unmittelbare Nachfahren der Sternen-

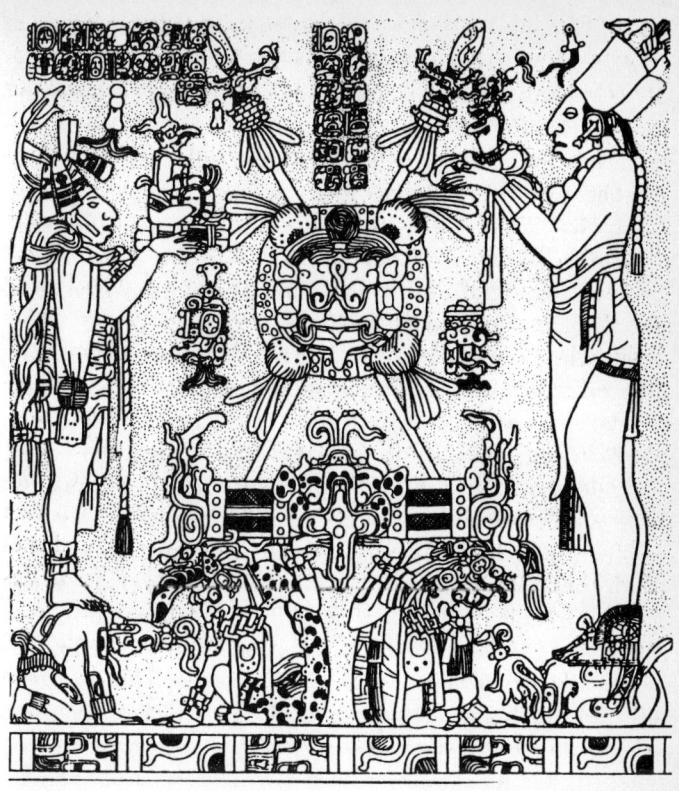

Bildprotokoll der Inthronisation Chan Bahlums (r.) am 20.1.690. Links sein verstorbener Vater Pacal, der ihm – gekleidet in das Totengewand – symbolisch die Königswürde überträgt.

götter. Dies teilten sie ihrem Volk mit, dies teilen sie uns mit. Was veranlaßte sie zu diesem unerschütterlichen Glauben? Hatten sie beide Kontakt mit Raumfahrern gehabt?

Die Weihe der drei Tempel fand an drei Tagen im Juli 690 statt, als Jupiter, Saturn, Mars und Mond im Sternbild Skorpion (das die Maya ebenfalls so benannten) in Konjunktion standen

und ihr Winkelabstand jeweils weniger als fünf Grad betrug.[25]
Der Kreuztempel wurde dabei unter den Schutz von GI gestellt,
der Blattkreuztempel GII und der Sonnentempel GIII anemp-
fohlen. Die sogenannte »Beherbergungs«-Handlung wurde
den Inschriften zufolge von den Göttern *selbst* durchgeführt.
Auf das Verb »beherbergen« folgt der Eigenname des bezeichneten Heiligtums. Das Schriftzeichen für »u pib nail« (sein
unterirdisches Haus) schließt sich an. Wie aber konnten die
Götter selbst die Ausführenden der Handlung gewesen sein.
Hierauf gibt es zwei mögliche Antworten:
Linda Schele meint, daß sich die Götter den König als Medium
ihrer Handlung aussuchten. »Wir besitzen zwar keine genaue
phonetische Lesart des betreffenden Verbs, nehmen jedoch an,
daß es besagt, daß jeder der Trias-Götter am fraglichen Tag in
sein *pib na* einkehrte, um die Tempel der Kreuzgruppe mit der
Kraft aus dem Jenseits zum Leben zu erwecken.«[22]
Von der theoretischen Basis der Paläo-SETI-Forschung ausgehend, könnte das »Beherbergen im unterirdischen Haus« wörtlich zu verstehen sein. Extraterrestrische Intelligenzen zeigten
sich an diesem Tag in Palenque real oder als Projektionen.[1,2]
Die verschiedenen Hinweise auf den Himmel und die Planeten,
auf den mythischen Himmelsvogel, die Milchstraße usw.
mögen als weitere Indizien einer solchen Annahme dienen.
Einer solchen Idee widersprechen Textinterpretationen anderer Hieroglyphenreihen nicht. Da wird beispielsweise im
Kreuztempel auf ein Ereignis hingewiesen, das »yoch-te k'in-
k'in« lautet: »Er wurde zur Sonne«, und Schele und Freidel
schreiben zusammenfassend:
»Ja, sogar das Weltall hatte sich verschworen, um Chan Bah-
lums Verbundenheit mit den Göttern zu bekräftigen. An dem
Tag, an dem er mit der Weihe seiner Bauwerke begann, die den
Lauf der Weltgeschichte symbolisierten, versammelten sich
Frau Biest und ihre Kinder zu einem Familientreffen am Him-
mel über dem freien Platz südlich der Kreuzgruppe.
Eineinhalb Jahre später, am Tag von Chan Bahlums achtem

Sonnenjahr-Jubiläum im Amt, nahmen die Gottheiten der Trias ›Herberge‹ in ihren Tempeln ...«[22]

Tiefenbohrungen fanden bislang in Palenque eher zufällig statt. Es kann daher nicht ausgeschlossen werden, daß sich weitere Kammern in, unter oder neben den Pyramiden befinden. Auf mögliche Grüfte wies bereits Prof. Linda Schele[4] 1986 hin. Ihre Vorhersage für den Kreuztempel hat sich jetzt bestätigt.

Denn Grabkammern unter den Tempeln von Palenque, dies legt nicht nur dieser Fund, sondern auch eine im Mai 1994 nur wenige Meter westlich der »Pyramide der Inschriften« gemachte Ausgrabung nahe, kommen augenscheinlich häufiger vor, als bislang angenommen wurde. Möglicherweise handelt es sich hierbei um eine Tradition, die schon aus den Anfängen der Stadt stammt. Weitgehend unbeachtet von der Öffentlichkeit hatte bereits 1954 Heinrich Berlin mit Ausgrabungen an Tempel XVIII-A begonnen. Während der folgenden Arbeiten wurden drei Grabkammern aus der Frühklassik entdeckt.

Mein Verdacht ist, Chan Bahlums Bestattungskammer könnte sich unter dem Tempel des Blattkreuzes befinden. Dieser Bau ist insbesondere Gott GII gewidmet. Chan Bahlum lag offensichtlich viel daran, eine äußerst enge Verbindung zu GII seinem Volk deutlich zu machen. So wurde er selbst in den Götterstatus erhoben und mit dem typischen Schlangenbein der Gottheit dargestellt; in seiner Stirn findet sich die gleiche rauchende Beilklinge, wie wir sie von GII kennen. Es liegt nahe, daß er sich den prachtvollen Blattkreuztempel als Ruhestätte aussuchte. Ob er für seine Gruft eine seinem Vater Pacal ebenbürtige Grabkammer und einen ebenbürtigen Sarkophag anfertigen ließ, bleibt nun abzuwarten. Wenn wir sein Bauprogramm betrachten, ist dies nicht unwahrscheinlich. Wünschenswert wäre es nicht nur für die Paläo-SETI-Forschung, der Suche nach Spuren von extraterrestrischen Intelligenzen in vorgeschichtlicher und historischer Zeit. Denn vielleicht wissen wir dann, warum Chan Bahlum vergöttert wurde, wieso die Götter selbst verborgene Räume in den Pyramiden in ihren Besitz nahmen, und vielleicht eröffnen uns steinerne Sargreliefs noch einmal völlig neue Perspektiven ...

Die Zukunft wird noch manch interessanten Fund bereithalten. Vielleicht läßt sich dann auch klären, warum die Palenquanos so viel Wert auf das Festhalten weit zurückliegender Ereignisse legten, wie z. B. den 14. Oktober 3113 v. Chr.

Doch vielfältige Fährten schlängeln sich durch Mesoamerika, die es nur aufzuspüren gilt. Eine Quelle des Wissens, den Kosmos umspannender Ideen, lag fern im Westen von Palenque, in Teotihuacán. Genau dort scheint sich in weit zurückliegenden Zeiten Erstaunliches ereignet zu haben. Machen wir also einen kleinen Abstecher Richtung Mexico City!

3

Auf der Straße der Sterne

»Blicke umher:
sieh, wie's lebendig wird ringsum
Beim Tode! Lebendig
Wahr spricht, wer Schatten spricht.«

– Paul Celan (1920–1970) –

Wenn die Völker Mesoamerikas tatsächlich Berührung mit extraterrestrischen Wesen hatten, hinterließen diese dann vielleicht eine Botschaft für die Nachwelt? Im göttlichen Teotihuacán, dem Zentrum einer der Gründerkulturen Amerikas, stießen Wissenschaftler auf ein phantastisches Informationssystem, das uns die Kontaktaufnahme zu Außerirdischen möglich machen könnte. Gigantische Pyramiden und geheime Höhlen weisen uns die Straße zu den Sternen.

Der Ort, wo man zum Gotte wird

Bunt-mexikanisches Treiben, seltsam sprechsingende Straßenverkäufer, meist Mestizen oder Indios in farbenfrohen Kleidern: Mexico City, die größte Stadt der Welt. Nicht weit entfernt dieses fiestafrohen Lebens erheben sich still und majestätisch Stätten aus alter Zeit. Karussellwinde tragen tänzelnd Myriaden feinster Sandpartikel und trockene Gestrüppflusen über das breite, weite und trockene Land. Wirbelnd ziehen Staubfahnen einsam die »Straße der Toten«, die »Miccaotli«, entlang. Der 40 Meter breite und mehrere Kilometer lange Prozessionsweg verschwimmt in der Ferne mit bläulich schimmernden Bergketten. Hier ist der »Ort, wo die Götter wohnen«, hier ist der »Ort, wo man zum Gotte wird«: Teotihuacán.

Die einstigen Ausmaße dieser Stadt waren so gewaltig, daß sie selbst das antike Rom übertrafen. Keine westliche Stadt der vorindustriellen Zeit kann sich mit ihrer Größe und ihrem Alter messen. In der Hochblüte Teotihuacáns lebten hier an die 200 000 Menschen. So beeindruckt wie der deutsche Forschungsreisende Alexander von Humboldt sind die Besucher dieser Metropole auch heute noch. Die Azteken, die viele Jahrhunderte später dieses Land durchzogen, verliehen ihr ehrfürchtig ihren jetzigen Namen und sahen in ihr das Symbol legitimer Machtansprüche.

Teotihuacán hatte viele Jahrhunderte eine beherrschende Stellung in Mesoamerika innegehabt. Erst um 500 n. Chr. ging ihr Einfluß zurück.

Um die Kultur der Maya zu verstehen, um ihren Untergang, ihre unglaublichen Leistungen, ihre Religion und möglicherweise auch Eingriffe außerirdischer Weltraumbesucher besser zu begreifen, ist das Eindringen in das Wissen der Teotihuacanos notwendig. Machen wir also einen kleinen Ausflug in die Ausläufer des Tals von Mexiko.

Der amerikanische Forscher Hugh Harleston jr.[1] vermutet in Teotihuacán ein kosmisches Diagramm. Der US-Ingenieur erkannte nach einer Reihe von Berechnungen ein einheitliches Maß für alle Bauten Teotihuacáns, das 1,059 Meter beträgt und das seitdem *hunab*, also »Einheit«, genannt wird. Verblüffenderweise entspricht 1,059 einer Konstanten im Bereich der Farbfrequenzen. Teilt man das sichtbare Licht in die sechs Grundfarben von Ultraviolett bis Ultrarot, ergibt sich die Frequenz der folgenden Farbe durch Multiplikation mit 1,059 oder seiner Quadratzahl.

Zufall oder nicht? Festzuhalten ist, daß alle ermittelten Daten der Stadt sich mit dieser Einheit aufschlüsseln lassen. Die Sonnen- und die Mondpyramide weisen die Höhen 21, 42 und 63 *hunab* auf. Es ergibt sich somit ein Verhältnis von 1 : 2 : 3 zueinander. Mit Hilfe spezieller Computerprogramme wurden an einem von den Spaniern »Zitadelle« genannten Bauwerk pythagoreische Dreiecke, die Zahl *Pi*, die Lichtgeschwindigkeitskonstante von 299 792 km/sek sowie – an der Grundrißkante der sogenannten Quetzalcoatl-Pyramide – eine Zahl entdeckt, die dem 100 000sten Teil des Polarradius entspricht.

Teotihuacán scheint außerdem eine astronomische Ausrichtung auf die Plejaden und den Sirius erfahren zu haben. Rund siebeneinhalb Kilometer von der Sonnenpyramide entfernt wurde ein bearbeiteter Stein freigelegt, auf dem die Sonne und verschlungene Ringe eingraviert sind. Durch eine theoretische Berechnung, die im Gelände jedoch visuell nicht durchgeführt werden kann, verlängerte man eine gedachte Peillinie von der Pyramide weg zu dem bearbeiteten Felsstein hin und weiter zum nächsten Hügel. Genau dort wurde man abermals fündig. Wiederum trafen die Wissenschaftler auf Steinritzungen und geometrische Linien, wie z. B. sich schneidende Kreise und ein Dreieck. Die Mittellinie der Kreise zielt genau auf die Pyramidenspitze. Von dort aus konnten die frühen Astronomen die Sonne bei Frühjahrsbeginn über den Stein hinweg anpeilen.

Rätselhaft ist dieses geometrisch-astronomische Wissen, rätselhaft Teotihuacáns Aufstieg, rätselhaft der Fall. Aus einer Ansammlung kleiner präklassischer Siedlungen erblühte urplötzlich eine gewaltige Metropole. Monumental ragt seitdem über die Gebäudemauern der Hauptstraße eines der großartigsten Bauwerke der antiken Menschheit: 63 Meter strebt die Sonnenpyramide in den strahlend blauen Himmel. Die strategische Lage mag eine Rolle bei der sich schnell entfaltenden Kultur gespielt haben. Handelsrouten zogen zur Golfküste hinüber und hinein ins nahe Tal von Mexiko. Obsidianvorkommen hielten einen begehrten Rohstoff bereit, aber dies alles kann wohl nicht den Ausschlag für die expansive Ausdehnung der Stadt gegeben haben.

Einem alten Manuskript zufolge, das der Leiter einer der frühen staatlich finanzierten Grabungsprojekte, Señor Batres, in einem Loch gefunden hatte, hieß die große, die Stadt optisch prägende Mondpyramide »Mond-Haus«, die noch gigantischere Sonnenpyramide »Leuchtendes Haus« und die Straße des Todes »Platz der leuchtenden Schlangen« bzw. »Straße der Sterne«. Was mag die Bewohner einst zu dieser Namengebung veranlaßt haben?

Der spanische Chronist Sahagún zeichnete kurz nach der Ankunft der Spanier eine uralte indianische Überlieferung auf, die uns vielleicht weiterhelfen kann:

»Sehr langsam, sehr gemächlich gingen sie,
kamen dorthin nach Teotihuacán, sich zu versammeln.
Dort gaben sie sich Anweisungen,
dort errichtete man die Herrschaft.
Die, die sich zu Herren machten, waren die Weisen,
die Kenner der geheimen Dinge, die Besitzer der Überlieferung.
Dann ließen sich dort die Erstgeschaffenen nieder ...
Und alle errichteten (dort) Heiligtümer für das Volk.
So nannte man es Teotihuacán,
weil dort die Herrscher begraben wurden, wenn sie starben.
Dann errichtete man über ihnen Pyramiden, die jetzt noch
  bestehen.
Eine Pyramide ist wie ein kleiner Berg,

nur daß er von Hand gemacht ist.
Dort gibt es Gruben, aus denen sie die Steine nahmen,
mit denen sie die Pyramiden errichteten,
und so machten sie sie sehr groß,
die (Pyramiden) der Sonne und des Mondes.
Sie sind wie Berge, und es ist nicht unglaubwürdig, daß man
sagt, daß sie von Hand gemacht wurden,
weil es damals noch an vielen Orten Riesen gab ...
Und sie nannten es Teotihuacán,
weil es ein Ort war, wo sie die Herrscher begruben.
Denn sie sagten: ›Wenn wir sterben, sterben wir nicht wirklich,
weil wir leben, auferstehen, weiterleben, erwachen.
Das macht uns glücklich.‹«[2]

Sahagún berichtet von den Weisen, den Kennern der geheimen
Dinge, die sich Anweisungen gaben und die all die Heiligtümer
erbauten. Viel wurde schon spekuliert, wer diese rätselhaften
Baumeister waren. Maya waren es nicht, wohl aber wirkte das
aufblühende Teotihuacán nachhaltig auf sie. Von einer letzt-
gültigen Antwort ist man noch weit entfernt. Niemand weiß,
woher die Teotihuacanos kamen, warum sie hier siedelten und
warum sie nach einem der phantastischsten Projekte der
Menschheitsgeschichte diesen Ort wieder verließen. Wir kennen nicht ihre sprachliche Zugehörigkeit und können nur zur
Kenntnis nehmen, daß sie noch nicht einmal eine entwickelte
Schriftsprache verwendeten, obwohl Nachbarvölker dies
bereits taten.
Die Leistung der sagenhaften Weisen und Erbauer der Stadt im
Seitental von Mexiko ist gigantisch. Unübersehbar ragt noch
heute die Sonnenpyramide aus dem flachen Land heraus. Diese
Pyramide ist nicht nur das massivste, größte und höchste Bau-
werk Teotihuacáns, es ist eigenartigerweise auch das früheste.
Die Archäologen haben ermittelt, daß der Beginn der städti-
schen Entwicklung um 500 v.Chr. liegt. Bis ca. 200 v.Chr.
besiedeln lediglich dörfliche Gruppen das Tal, insgesamt nicht

mehr als 6000 Menschen. Sie bestellen den Boden, versorgen sich mit Fisch aus dem nahen Texcoco-See und mit Wild aus dem Umland. Allmählich zeigen sich bescheidene Anfänge von Obsidian-Verarbeitung und kleinere Steinkonstruktionen. Die folgende Phase (als Teotihuacán-I oder auch Tzacualli-Phase bezeichnet) sieht einen urplötzlichen Aufschwung des Gebietes, und an ihrem Ende bewohnen an die 50 000 Menschen das Tal. Als Gesellschaftsform verwirklichten die Indianer wohl ein Gleichheitsprinzip, denn es wurden nur relativ ähnliche Gebrauchsgegenstände gefunden. Auch deutet manches darauf hin, daß die Teotihuacanos ihren Herrscher in einer Art demokratischer Abstimmung selbst wählten.

So gewaltig die Ausdehnung Teotihuacáns nun war, so mächtig wurde auch der Einfluß dieser Kultur aus dem Nichts. Die Sonnenpyramide scheint dabei eine geradezu magische Anziehungskraft entwickelt zu haben. Schon der Anthropologe René Millon, der ab 1970 ein breitangelegtes Projekt zur Bodenvermessung und Fotodokumentation startete, hatte die Vermutung geäußert, daß sich im Zentrum der Pyramide ein geheimer Platz befinden müßte. Und tatsächlich: Genau im Mittelpunkt unter dem Bauwerk existiert eine Kulthöhle, die 1971 von dem Archäologen Ernesto Taboado wiederentdeckt wurde. Eine Treppe führt schräg ins Erdreich hinab, die in einen Tunnel mündet, der durch die unterste Schicht der Sonnenpyramide verläuft. Kleeblattförmig öffnet sich eine Reihe von Kammern, die durch künstliche Wände unterteilt wurden. Die Bedeutung der Pyramiden-Höhlen-Konfiguration als Wallfahrtsort ist belegt. Ihre Ausstrahlungskraft wirkte in räumlich weit entfernte Teile Mesoamerikas und zeitlich in die Postklassik, bis ins 16. Jahrhundert, hinein. Und auch heute noch bringen gläubige, Nahuatl sprechende Nachfahren der Azteken bunte Blumengaben zur Pyramide und legen sie vor der Kulthöhle nieder, während ihre Gebete zu den Göttern aufsteigen.

Stadtplanung aus dem Computer

Daß wir uns an Teotihuacán in seiner ganzen Pracht, in seiner ganzen Dimension erinnern können, ist noch nicht lange möglich. 1865 hatte eine Expedition im Auftrag des mexikanischen Kaisers Maximilian die Stadt erkundet und eine erste Übersichtskarte der Topographie erarbeitet. Nur wenige der heute wieder sichtbaren Gebäude sind auf diesem Werk zu erkennen. Erst als Jorge Acosta, ein in China geborener mexikanischer Archäologe, zu Beginn der 60er Jahre die Mondpyramide und Teile der breiten alleeähnlichen Prozessionsstraße freilegte, zeichnete sich allmählich die Größe der Stadt ab.

Auffällig ist, daß die 25 Quadratkilometer große Metropole von ihren allerersten Anfängen an exakt durchgeplant gewesen sein muß. Die Hauptachse verläuft in Nord-Süd-Richtung, 15° 30' östlich der astronomischen Nordrichtung; und als überdimensionalen Bezugspunkt wählten die Städteplaner den erloschenen Vulkan Cerro Gordo, eine unüberschbare Geländemarke. Das Gesamtareal ist durch ein rechtwinkliges Rastersystem gegliedert, und ein kleiner Flußlauf wurde aus stadtplanerischen Gründen umgeleitet. Arthur Miller stellt fest:

»Die Bebauung des riesigen Geländes entstand natürlich nicht in einem Zuge, sondern im Verlauf von Jahrhunderten. Um so erstaunlicher ist die Tatsache, daß das strenge Planungsschema so strikt eingehalten wurde.«[4]

Es muß also eine schon existierende Organisation, ein hervorragendes Management mit Planungs- und Ausführungsinstanzen, Zulieferern von Baumaterial und Nahrung sowie eine hierarchisch gegliederte Gesellschaft existiert haben, um solch eine gigantische Gemeinschaftsleistung zu erbringen. Die Formen der Gebäude bestätigen, daß die Stadt von Menschen bewohnt wurde, die unterschiedliche Aufgaben für die soziale Gemeinschaft zu erfüllen hatten. Priester und Militär, Handwerker und Mitglieder der Administration und eine eigene Klasse von Bauern läßt sich für Teotihuacán nachweisen.

Woher kam diese unglaubliche »man-power«? Warum errichtete man Tempelplattformen und Pyramiden, Wohnkomplexe und Marktzonen, ja eigene Stadtviertel für »Ausländer«, für Angehörige fremder Völker? Wer erteilte hier Anweisungen über Jahrhunderte hinweg?

Die Wissenschaftler sehen in der kultischen Kombination von Höhle und Pyramide den Dreh- und Angelpunkt des Aufstiegs Teotihuacáns. Was mag dies für ein Kult gewesen sein, der Menschen zu solch monströsen Leistungen anspornte, der ein Fluidum erzeugte, das weit in die damals bekannte Welt hinauswirkte?

Erste exakte Erkenntnisse über eine »kosmische Universität« von Teotihuacán[2] sind zweifelsohne Harleston zu verdanken. Er bemerkte, daß die vierte Stufe der Sonnenpyramide leicht konvex gewölbt war und ein Dreieck mit 19,69 Grad im Winkel zur Senkrechten ergab. Genau dies ist aber die geographische Länge von Teotihuacán. Was dies bedeutete, wurde ihm augenblicklich klar. An den beiden Tagen im Jahr, an denen Tag und Nacht gleich lang sind, müßten die Strahlen der Sonne die Nordkante der vierten Ebene in einem Winkel von eben 19,6 Grad zur Senkrechten treffen.

Fasziniert ist noch heute jeder Reisende, der sich um 12.35 Uhr zur Tagundnachtgleiche in Teotihuacán einfindet. Wenn die Sonne ihren Höchststand erreicht hat, wird der bis dahin im Schatten liegende untere Teil der vierten Pyramidenstufe schlagartig von den glänzenden Strahlen beleuchtet. Nach genau 66,6 Sekunden ist das einzigartige Phänomen vorüber. Welche enorme mathematisch-astronomische Leistung müssen die Steinzeitmenschen von Teotihuacán erbracht haben, welche architektonisch-planerische Mammutaufgabe müssen sie – ohne Schrift – bewältigt haben, um im voraus geodätische Berechnungen optisch so geschickt zu inszenieren? Mit welch einem planerischen und computerunterstützten Aufwand würden heutige, universitär ausgebildete Architekten ein solch gigantisches Bauwerk mit einer so exakten Ausrichtung und Wirkung angehen? Es wird immer klarer: Hier kann in den herkömmlichen Erklärungen der Archäologen etwas nicht stimmen.

Aber dies ist erst der Anfang eines unglaublichen Wissensstandes derer, die Teotihuacán erbauten. Zwei weitere geodätische Punkte, die von den Teotihuacanos durch gravierte Steinplatten markiert wurden, scheinen im Zusammenhang mit Phasen des Mondes zu stehen. Die Frage drängt sich förmlich auf: Hatten die Azteken, die Jahrhunderte später das Gebiet von Teotihuacán durchzogen, noch immer ein verborgenes Wissen über die uralte, in Ruinen liegende heilige Stadt? Benannten sie die Pyramide der Sonne und die Pyramide des Mondes aufgrund ihrer astronomischen Ausrichtung? Teotihuacán wurde nach Sahagún nicht nur als »Ort, wo man zum Gotte wird«, bezeichnet, sondern zusätzlich auch als »Ort, wo man die Zeichen setzte«.

Und in der Tat, Zeichen wurden viele gesetzt. Weitere Markierungen hat man unterdessen 14 Kilometer südwestlich bei Cerro Chiconautla und 35 Kilometer nordöstlich gefunden. Bis zu 30 über die Landschaft verteilte Punkte werden in dieses eigenartige Bezugssystem eingerechnet, das bis zu einer Entfernung von mindestens 100 Kilometern reicht.

Harleston ging ein Gedanke nicht mehr aus dem Kopf:

»Es ist, als hätten die Menschen von Teotihuacán eine Unterrichtsmethode für kosmische Wahrheiten verewigen wollen, die so einfach ist, daß die Überlebenden einer unvorhergesehenen Katastrophe das Wissen aus dem Gedächtnis rekonstruieren können.«[3]

Universelle mathematische Gleichungen sind ideal dazu geeignet, solches Wissen kompakt zu befördern. Deshalb möchte ich Sie jetzt *warnen*. Es kommt eine »steife Brise« Mathematik auf Sie zu. Aber keine Angst, Sie werden bald merken, daß die *Ergebnisse* wichtig sind.

Abstecher in den Kosmos

Birgt Teotihuacán noch ein geheimeres Geheimnis? Verewigten die Baumeister, die »Kenner der geheimen Dinge«, hier ihr Wissen? 1988 veröffentlichte der deutsche Physiker Dr. Wolfgang Feix eine aufsehenerregende Arbeit, die ich an dieser Stelle zusammenfassend wiedergebe. Ich bin mir durchaus bewußt, daß seine Aussagen auf erheblichen Widerstand der Fachwissenschaft stoßen werden, aber ich bin gleichfalls davon überzeugt, daß man seine Berechnungen nicht einfach totschweigen darf. Gerade dann nicht, wenn sie von so immenser Tragweite sind. Der große Vorteil an den Postulaten von Dr. Feix ist: Sie lassen sich rechnerisch hervorragend überprüfen. Machen wir also einen kleinen Abstecher in die Welt der Mathematik.

Ich traf Dr. Feix zum ersten Mal 1987 auf der Frankfurter Buchmesse. Es kam fast einem Wunder gleich, daß die Verabredung in dem Gewühl von Menschen und dem Rauschen unzähliger Stimmen tatsächlich zustande kam. Was mich an ihm von Anfang an faszinierte, war die strenge Wissenschaftlichkeit, mit der er seine Thesen vortrug, sie untermauerte, aber auch selbstkritisch wieder und wieder beleuchtete. Sein eigentliches Forschungsgebiet war damals das aus der megalithischen Epoche stammende Stonehenge in England. Hier hatte er eine erstaunliche Entdeckung gemacht. In ausführlichen Diskussionen, wie und woran er seine Theorie unabhängig von Stonehenge überprüfen könne, entstand dann der Gedanke, auch die Cheopspyramide in Ägypten und die Sonnenpyramide in Mexiko anzuvisieren. Der erhebliche zeitliche und kulturelle Abstand aller drei Bauten spielte hierbei eine nicht unerhebliche Rolle.

Letzten Endes geht es bei den mathematischen Rekonstruktionen von Dr. Wolfgang Feix um die Frage, ob es einst Kontakte zu außerirdischen Intelligenzen von jenseits der Erde gab. Wenn dies der Fall gewesen sein sollte und wenn diese Wesen nicht nur zu einer kurzen Stippvisite hier waren, sollte angenommen werden, daß sie auch den ein oder anderen Hinweis auf ihre Existenz zurückließen. Wie könnte eine solche Botschaft besser formuliert sein als durch die Mathematik, und wo könnte sie erfolgreicher und dauerhafter deponiert werden als in den großen, nahezu »unvergänglichen« Bauwerken der Menschheit – etwa in der Großen Pyramide von Gizeh oder in der Sonnenpyramide von Teotihuacán?[5]

Auffällig ist in der ägyptischen Cheops-Pyramide die Einprägung der Zahl $\pi = 3,1415$, was fraglos als demonstratives Signal einer Intelligenz betrachtet werden kann, die die Fähigkeiten der ägyptischen Hochkultur bei weitem übertraf. Bisherige Deutungsversuche[6,7], das Vorhandensein dieser Zahl zu erklären, sind wenig überzeugend. Somit ergibt sich die Aufgabe, Herkunft und Sinn dieser (und anderer) vorhandenen Daten in der Pyramide des Cheops oder in den anderen Pyramiden zu klären. Wolfgang Feix schreibt dazu:

»Als Instrumente hierfür sollen Basisstrukturen einer schon in Umrissen definierten Kosmolinguistik benutzt werden. Elemente einer Kosmolinguistik für interstellaren Informationsaustausch sind schon seit langem vorgeschlagen, diskutiert und angewendet worden.[8,9,10] Sie basieren auf Prinzipien der Informations- und Kommunikationstheorie und der Nachrichtenübertragung. Dabei haben sich zahlreiche Grundstrukturen, Sende- und Horchprinzipien herausgeformt. Folgende sollen hier Betrachtung finden:

1. Der eigentlichen Botschaft wird ein Rufsignal hinzugefügt, um die Künstlichkeit, Intelligenz oder Technizität der Nachricht zu demonstrieren.
2. Die Kodierungsgrammatik der Botschaft sollte mathematische Struktur haben; natürliche Zahlen, Dualzahlen und Primzahlstrukturen stehen im Mittelpunkt.
3. Frequenzstrategien für einen Kontakt konzentrieren sich auf das »Wasserloch«, einen Bereich, in dem die Frequenz

des Hyperfeinübergangs im Wasserstoff (1,420 GHz entsprechend einer Wellenlänge von 21,106 cm) die prominenteste ist. Die 21-cm-Strahlung ist im Kosmos universell vertreten. Sie definiert eine kosmische Längenskala.

4. Entfernungs- und Richtungsstrategien für eine Kontaktaufnahme sind von größtem Interesse. Sie beeinflussen die Methoden und Medien des Informationsaustausches.

5. Um die Entdeckbarkeit einer Botschaft auch bei partiellen Zerstörungen der Träger zu ermöglichen, ist eine redundante Formulierung der Inhalte angeraten.

6. Als wesentliche Inhalte von Botschaften sind die Adressenangaben von Sender-Empfänger anzusehen, z.B. in Form von Sternkoordinaten.«[5]

Wolfgang Feix nimmt an, daß sowohl in Gizeh als auch in Teotihuacán eine solche Botschaft »versteckt« wurde. Dazu wäre eine einheitliche Längenangabe vonnöten. Diese Längenangabe ergibt sich logisch aus der Wellenlänge des Wasserstoffs l_o = 21,106 cm und ihren Vielfachen.

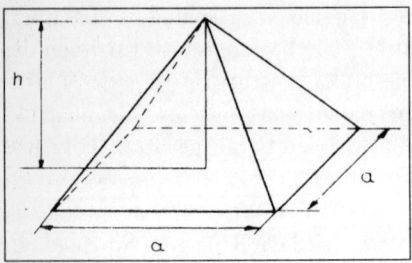

Die Cheopspyramide in Ägypten wies früher eine Höhe von 146,60 Meter und eine Basislänge von 230,38 Meter auf. In diese Maße wurde u.a. die Wasserstoffwellenlänge verschlüsselt.

Auch andere Werte lassen sich aus natürlichen Verhältnissen ableiten, etwa – für unseren Planeten – die Zahl der Tage eines Jahres (t_o = 365,2422), was symbolisch wiederum auch eine Längeneinheit (nämlich 1 Lichtjahr) darstellen kann. Um beide

Längeneinheiten miteinander zu verbinden und in den Monumenten darzustellen, bedarf es dann nur einer einfachen Multiplikation, nämlich $365{,}2422 \times 21{,}106$ cm, was zur Symbollänge $L_o = l_o \times t_o = 77{,}09$ m führt. Auch diese Symbollänge oder ihre Vielfachen könnten in den Bauwerken gespeichert sein.

Wie sieht dies nun in bezug auf die Große Pyramide von Gizeh aus? Tatsächlich scheinen diese Werte dort eingeprägt zu sein:

- $\pi/2$ beschreibt das Verhältnis von Pyramidenumfang zu Pyramidenhöhe und stellt das Rufsignal dar.
- $3\,L_o = 231{,}26$ m ist mit der Basislänge a der Cheopspyramide identisch. Sie ist die symbolische Darstellung der Längeneinheit »3 Lichtjahre (3 ly)«.
- Die Basis der Großen Pyramide von Gizeh trägt demnach ein doppeltes symbolisches Abbild sowohl für die Relativzahl $\pi/2$ als auch für die Einheit 3 ly.

Die ideale Basislänge für die Cheopspyramide beträgt $231{,}20$ m, die ideale Höhe $146{,}94$ m. »Ideal«, weil durch den stufenförmigen Quaderbau jeweils etwas verkürzte Längen auftreten und der ideale Wert dann erreicht wird, wenn man eine gedachte gerade Linie über die Eckpunkte der Quader hinweg nach oben und nach unten projiziert.

Es ist schon verblüffend, aber die Basislänge dieses Idealkörpers ist auf 6 cm Genauigkeit gleich der theoretischen Symbollänge $3\,L_o = 231{,}26$ m (s.o.). Multipliziert man nun diese Längeneinheit von symbolisch drei Lichtjahren mit dem gegebenen Rufsignal von $\pi/2$, so ergibt sich die Distanz von $4{,}712$ Lichtjahren.

Eine Botschaft von Alpha Centauri?

Was ist in $4{,}712$ Lichtjahren Entfernung? Heute – nichts. Aber es ist auffällig, daß unser Nachbarsternsystem Alpha Centauri (die Doppelsternkomponenten A und B) $4{,}34$ Lichtjahre von der Sonne entfernt ist. Zufall? Vielleicht.

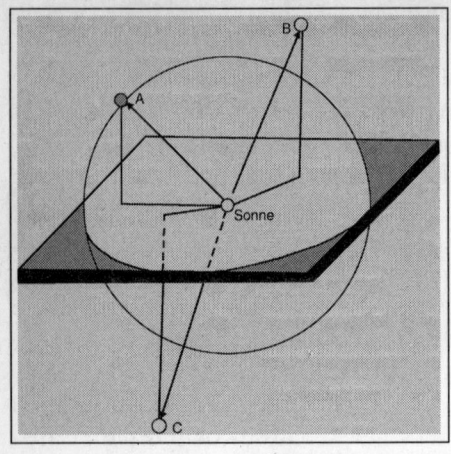

Radiusberechnung.

Aber ist es dann auch Zufall, daß zum geschätzten Pyramidenbau vor 4600 Jahren diese Entfernung – bedingt durch die
Relativbewegungen der Sonne zu Alpha Centauri – genau
4,712 Lichtjahre betrug? Wohl kaum.

Und wie steht es mit der Sonnenpyramide von Teotihuacán?
Dr. Wolfgang Feix schreibt dazu:

»Die Sonnenpyramide von Teotihuacán unterscheidet sich von
der altägyptischen Idealform zuallererst durch die terrassenför-
mige Gliederung, die in einem Plateau endet. Es fällt auf, daß
die vierte Stufe sehr speziell konstruiert worden ist; sie ist in der
Höhe stark reduziert und besitzt ein besonderes Profil.«

Zufall oder Absicht? Da die Pyramidenbauer sowohl in Ägypten als auch in Mittelamerika nichts dem Zufall überließen,
muß auch hier eine sinnvolle Deutung möglich sein. Nun lassen sich die Terrassenstufen in einfacher Weise durchnumerie-
ren, von unten beginnend mit der ersten bis hinauf zur dritten.
Dann folgt die stark verkürzte vierte und die oberste Plattform-
stufe. Die Botschaft ist offensichtlich: Die vierte Plattform soll
als Stufe 3½ gelesen werden. Dies ändert nichts an der Zählweise, die immer noch digital und symmetrisch ist.

1

1 Hoch überragt die steile Pyramide aus
dem Maya-Klassikum die Ruinen von
Xuantunich. Astronomische Symbolik
verziert den Sockel.

2, 3 Wie würde ein Eingeborener einen
Astronauten darstellen? So wie den
»Sonnengott« von Xuantunich?
Die Skulptur scheint einen Helm,
Brille und Mikrophon zu tragen.

2

3

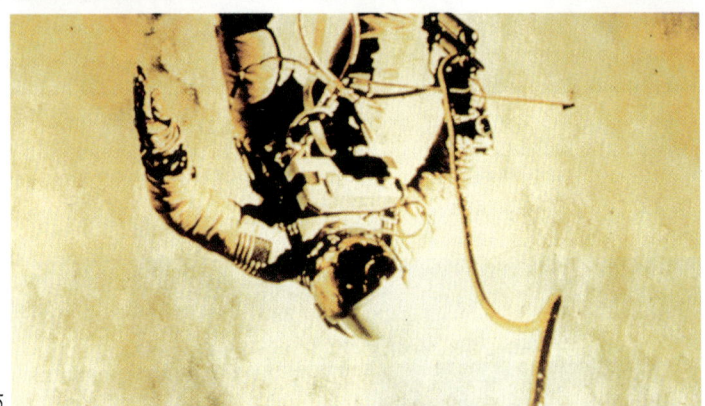

4, 5   Wie ein Raumfahrer in der Schwere-
       losigkeit schwebt der Gott von
       Tulum von oben herab.

6   Hermetisch abgeschirmter Overall,
       »Helm« mit »Sichtscheibe«, Luft-
       schlauch und »Sauerstoffflasche«.
       Zeigt die Stele von El Baul einen
       Kosmonauten oder einen Ball-
       spieler?

7, 8   Auch die Olmeken kannten die schwebenden Götter.
       Bis ins Detail gestalteten sie Arm- und Beinbewegungen
       nach. Zum Vergleich ein Space-Shuttle-Astronaut.

9   Flores: Ein Gott in einem Fluggerät. Die Hände um einen
       Hebel geschlossen, der Blick wie auf Instrumente gerichtet,
       die Füße scheinen auf Pedalen zu liegen.

10

10 Hängemattentanz in der Sierra Leone/Ni-
    geria Ende des 19. Jh. Der Tänzer führte
    seine schwebenden Bewegungen stunden-
    lang in 15 Meter Höhe aus. Cargo-Kult
    um das Herabkommen der Götter?

11 Pater F. Clavigero beschrieb im 18. Jahr-
    hundert, wie Vögel und Indios fliegend
    aus »dem Himmel« zur Erde gelassen
    wurden.

12 Todesmutig schweben Volandores zur
    Erde herab. Der synchronisierte Abstieg
    verkörpert die Einheit von Weltall und
    Erde.

11

12

13

13 Der »Tempel der Inschriften« mit dem
    geheimen Grab des Königs von Palenque.

14 Hieroglyphen bestätigen: Die Grabplatte
    zeigt einen Menschen in einem Raumfahr-
    zeug.

15 Rätselhaftes »Blumenfahrrad« auf Bali.
    Keine Kette, sondern die göttliche Kraft
    Vishnus treibt es an. Wie in Palenque
    wurde unverstandene Technik mit religiö-
    sen Symbolen überprägt.

14

15

16

16 1992 entdeckten Archäologen im
    Tempel des Blattkreuzes eine neue
    Grabkammer.

17 Portraitkopf des Priesterkönigs Pacal.

18 Palenque: Der mehrstöckige Turm diente
    zur Beobachtung der Gestirne.

17

18

19

19 Die Stadt der Götter: Teotihuacán. Links
die Sonnenpyramide. In ihren Maßen ist
eine »kosmische Bibliothek« verschlüsselt.

20 Die Mondpyramide am Ende der
»Straße der Sterne«. Bewahrt sie ein
kosmisches Geheimnis, das nur decodiert
werden muß?

21 Tikal. Bis zu 65 Meter ragen die
Pyramiden des Klassikums über die
Akropolis und die riesigen Urwald-
bäume hinaus.

20

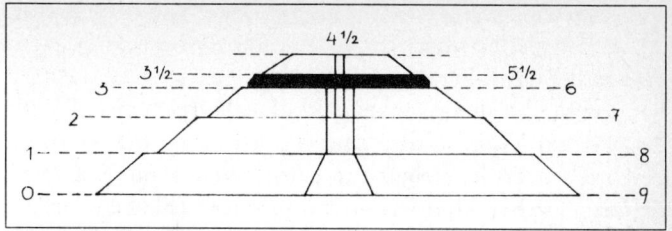

Ordnet man die Terrassenstufen nach ihrer Wertigkeit, ergibt sich diese schematische Darstellung. Die vierte Stufe fällt dabei markant »aus dem Rahmen«.

»Darüber hinaus«, bemerkt Feix, »ist ein Betrachter des Monuments sicher nicht überfordert, das geschilderte Abzählen über das obere Plateau hinaus fortzusetzen und die Zahlenreihe beim gedachten Abstieg von der Pyramide zu verlängern. Auf diese Weise werden der vierten Terrassenstufe zwei Wertigkeiten zugeordnet: 3½ und 5½. Durch die Besonderheit der vierten Stufe haben diese Zahlen ebenfalls Signalcharakter. Ihr Quotient stellt mit hoher Präzision im Promillebereich die Hälfte der Symmetriekonstanten des Kreises $\pi = 3,14159 \dots$ dar: $5\frac{1}{2} : 3\frac{1}{2} = \pi/2$.«

Mit anderen Worten: Wie in Gizeh ist auch in Teotihuacán die Zahl π als intelligentes Rufsignal gewählt worden. Wichtig erscheint, daß in beiden Fällen die Ermittlung nicht durch irgendwelche abstrakten, »hirnverrenkenden« Berechnungen erfolgen muß, sondern einfach durch das im Grunde primitive Abzählen von Quaderschichten oder Terrassenstufen und ihre jeweilige Quotientenbildung.

Die erstaunliche Ähnlichkeit zwischen den Basislängen beider Pyramiden wurde schon seit langem festgestellt.[7,11] In Teotihuacán sind es 221 m,[12,13,14,15] in Gizeh 231 m. Das oberste Plateau hat eine Seitenlänge von l = 42 m und eine Höhe von h = 63 m über dem Boden. Eine gedachte Linie, die vom Boden aus alle Kantenecken der Sonnenpyramide tangiert, hat einen

81

Steigungswinkel von $\alpha = 33°$ bis $34°$.[11,16] Daraus ergibt sich, daß der reale Terrassenkörper eine Basis von $B_o = 221$ m besitzt, der ideale Pyramidenkörper eine Basis von $L_o = 231$ m hat und der Steigungswinkel dieses Idealkörpers mit $\alpha = 33°$ bis $34°$ im Grunde den charakteristischen Winkel $33,7°$ beschreibt, der die Steigung in einem Dreieck mit Seitenverhältnis $3 : 2$ charakterisiert – daraus kann geschlossen werden, daß das Verhältnis $3 : 2$ kennzeichnend für die Maße des Idealkörpers ist.

Die 231 m des Pyramiden-Idealkörpers entsprechen nun exakt den 231 m der Cheops-Basislänge. Und diese wiederum hatte – wie wir gesehen haben – ihre Entsprechung in der Einheit »3 Lichtjahre«, sofern man die Tageszahl 365,2422 für ein Jahr in Einheiten von 21,11 cm (Wellenlänge des Wasserstoffs) abträgt.

Rechnet man nun die Basislänge der Sonnenpyramide ($B_o = 221$ m) in gleicher Weise um, erhält man erwartungsgemäß eine etwas kürzere Einheit, nämlich 2,87 Lichtjahre. Entscheidend ist: Multipliziert man die Relativzahlen der realen und der idealen Pyramide mit den jeweiligen Längenangaben (nämlich einmal $5\frac{1}{2} : 3\frac{1}{2} = \pi/2$ mit 2,87 Lichtjahren und zum zweiten $3 : 2$ mit 3 Lichtjahren), so erhält man in beiden Fällen 4,5 Lichtjahre.

Auch wenn dies alles wie »höhere Mathematik« erscheint, es sind im Grunde simple Rechenoperationen, deren Ausgangsdaten offensichtlich redundant gespeichert und von jeder Gesellschaft zu jeder Zeit nachvollzogen werden können. Freilich sind wir erst heute, da wir mit »Lichtjahren« operieren und wissen, welche Entfernungen bestimmte Nachbarsterne zu unserem Sonnensystem haben oder hatten, dazu in der Lage, die dabei ermittelten Daten auch sinnvoll zu deuten.

Das Dreifachsternsystem Alpha Centauri steht heute 4,34 Lichtjahre von uns entfernt. Zur Zeit des Pyramidenbaus in Ägypten waren es noch 4,712 Lichtjahre. Die Sonnenpyramide von Teotihuacán wurde etwa 10 n.Chr., also vor zirka 2000

Jahren, erbaut. Damals betrug die Entfernung Sonne – Alpha Centauri genau 4,5 Lichtjahre!

Mit anderen Worten: Wir haben offenbar sowohl in der Cheopspyramide als auch in der Sonnenpyramide von Teotihuacán wiederkehrende Daten gespeichert, die auf das Sternsystem Alpha Centauri hinweisen. Und zwar in einer Weise, die die jeweilige Entfernung zum Zeitpunkt der Erbauung berücksichtigt. Derartige Daten können weder durch einen bautechnischen »Zufall« entstehen (die Wahrscheinlichkeit dafür wäre noch weitaus geringer als jene, zweimal hintereinander sechs Richtige im Lotto zu haben) noch »geraten« oder auch nur »geschätzt« werden. Hinzu kommt, daß durch die Speicherung der Wasserstoffwellenlänge $l_o = 21$ cm genau jene Frequenz angesprochen wird, die man heute als herausragende Suchfrequenz in der SETI-Forschung der NASA erkannt hat (SETI bedeutet: Search for Extraterrestrial Intelligence / Suche nach außerirdischer Intelligenz).

Hatten Ägypter und Teotihuacanos Besuch von Alpha Centauri? Das können wir nicht mit Bestimmtheit sagen. Wenn »sie« hier gewesen sind, müssen sie nicht unbedingt von dort gekommen sein. Es kann auch nur bedeuten, daß sich dort, auf dem nächsten Stern zu unserer Sonne, so etwas wie eine zurückgelassene automatische Station befindet, mit der wir über die angegebene Frequenz in Kontakt treten können. Science-fiction? Nicht unbedingt. Am 12. Oktober 1992 lief unter Federführung der NASA das bislang größte Suchprojekt nach extraterrestrischer Intelligenz an. Dabei wurden zahlreiche nahe Sonnen und generell die ganze Milchstraße nach möglichen künstlichen Signalen radiotechnisch abgehört. Alpha Centauri ist leider nicht darunter, weil man Doppel- oder Dreifachsternsysteme als ungeeignet für die Entstehung von Planeten hält.

Vielleicht werden wir irgendwann erkennen, daß die Suche auf weit entfernten Sternen wenig sinnvoll war und die Kontaktaufnahme zu einer anderen Intelligenz in unserer direkten

Nachbarschaft, nämlich über das Sternsystem Alpha Centauri, erfolgen kann. Und vor allem, daß jene, mit denen wir dann Botschaften austauschen, schon längst hier gewesen sind: bei den Ägyptern, bei den Teotihuacanos – vielleicht sogar bei den Maya ...

Eine Sage um Teotihuacán erzählt, die Stadt sei einst von Göttern errichtet worden, lange, bevor die Menschen und die Sterne existierten. Hier hätten sie Sonne und Mond erschaffen. Nanahuatzin, ein buckliger, aussätziger Gott, habe sich selbst geopfert. Er stürzte sich von der Pyramide hinab ins Feuer und ging als strahlendes Gestirn hervor. Auch der Gott Tecucizte-catl vollbrachte dieses Opfer und zog als Mond am Himmel seine Bahn. So hätten die beiden großen Pyramiden ihre Namen erhalten. – Ob der Kern dieser Sage mehr enthält als wir bislang ahnen konnten?

Quetzalcoatl, Hierophanie in Schlange und in grünem Vogel

Teotihuacán mag noch manches Geheimnis bergen. Zwischen der Sonnenpyramide und der weiter entfernten Pyramide des Quetzalcoatl befindet sich eine eigenartige Höhle. Ein Schild mit der Aufschrift »Mica«, Glimmer, steht davor. Tausende Touristen laufen jedoch Woche für Woche an ihr vorbei. Rudolf Eckhardt, der damals gerade Alt-Amerikanistik in Berlin studierte, hatte mir von ihr schon in Deutschland erzählt. Die Öffnung zu dem sonderbaren unterirdischen Raum ist mit einer einfachen Metallplatte verschlossen. »Aber da mußt du aufpassen«, hatte Rudolf gewarnt. »Da hätte es mich fast einmal erwischt. Als mir ein Wächter den Deckel aufgeschlossen hatte, fühlte ich mit der Hand an der Wand entlang. Auf einmal schoß eine Schlange aus irgendeinem Riß hervor. Zu Tode erschrocken konnte ich die Hand gerade noch zurückziehen.«

Wenn man den Deckel zum Schacht öffnet, fällt Sonnenlicht glänzend auf Wandstücke aus Glimmer. An die 30 Meter tief konnte die durch Mauerung durchbrochene Glimmerschicht bislang verfolgt werden. Doch was veranlaßte die Teotihuacanos, Muskowit-Glimmer (*vitrum muscoviticum*), ein Kalium-Aluminium-Hydrosilikat, in diesen Mengen hier einzumauern? Woher stammt er? Die zentralamerikanischen Länder sind auf Importe angewiesen, da das Gebirge überwiegend aus vulkanischem Gestein besteht.

Was macht Glimmer so interessant? Er hat einige erstaunliche Eigenschaften: Er ist bis 800 Grad hitzefest, organische Lösungsmittel und die meisten Säuren können ihn nicht angreifen, er ist elastisch, besitzt somit eine hohe Zugfähigkeit, er ist lichtbogenfest, Kriechstrom isoliert er also genauso wie elektrische Entladungen, und er schirmt vor schnellen Neutronen ab.

Heute wird Glimmer zur Isolation von Fernseh- und Radioröhren, für Transformatoren, für Radaranlagen, in einer Vielzahl elektronischer Geräte und als Material zur Herstellung von Hochofen-Fenstern verwendet. Wozu aber wurde Muskowit im frühen Teotihuacán verwendet? Erich von Däniken hat spekulierend gefragt, ob in dieser Kammer Experimente stattgefunden haben könnten, die mit großer Hitze oder mit Strom-Isolation in Verbindung gestanden haben könnten. Er argumentiert: »Darf man den ›Gegner‹ mit seinen Waffen attackieren? Die Bauherren von Teotihuacán sollen einem Steinzeitvolk angehört haben, dürften/können ergo von hohen Temperaturen, die Metall – das sie nicht gekannt haben – zum Schmelzen brachten, nichts gewußt haben. Daß sie auch von Elektrizität keine Ahnung hatten, ist den Allwissenden auch klar. Bleibt da nicht allein der Rückschluß, daß große Unbekannte den Raum installiert haben? Daß IRGENDWER die Quelle für den Import von Glimmer gekannt hat und freilich auch mit dessen Qualitäten vertraut war?«

Die Frage, die *hinter* diesen provozierenden Thesen steht, ob nämlich jene, die in der Überlieferung als »Weise« und als »Kenner der geheimen Dinge« beschrieben werden, möglicherweise auf ein Wissen zurückgriffen, das nicht von dieser Erde stammt, hat bislang keine befriedigende Antwort erfahren können. Freilich ließe sich auch hier der »General-Rettungsanker« vieler phantasiearmer Wissenschaftler ins Feld der Diskussion führen: Die Glimmerhöhle habe einzig und allein kultischen Zwecken gedient. Bislang ist jedoch kein solcher Kultus in einer Überlieferung belegt, noch an anderer Stelle verifiziert worden. Nur in Teotihuacán selbst kann man 350 Meter südlich der Sonnenpyramide im »Glimmertempel« Glimmerplatten bewundern. Während der ersten großen Ausgrabung unter dem Archäologen Leopoldo Batres, zur Regierungszeit von General Porfirio Diaz, Ende des 19. und Anfang des 20. Jahrhunderts, wurde Glimmer allerdings auch auf der Sonnenpyramide freigelegt. Dieser Fund wurde leider nie veröffentlicht. Daß er überhaupt Erwähnung findet, verdanken wir einem Archäologen aus Batres' Team. Er berichtet, daß die fünfte Pyramidenstufe mit einer dicken Glimmerschicht bedeckt gewesen war. Aber die finanziellen Mittel der Ausgräber waren gering, und Glimmer wurde gut bezahlt. Wie nach dem unrühmlichen Sturz von Diaz bekannt wurde, hatte der ehemalige Generalinspekteur Leopoldo Batres offenbar auch andere archäologische Schätze an das Ausland verkauft.

Durch den Fund auf der Sonnenpyramide, die man wohl nicht zu Unrecht auch mit dem Begriff »Leuchtendes Haus« titulierte, wird die Frage, wozu der Glimmer in solchen Mengen in Teotihuacán gebraucht wurde, noch rätselhafter. Im Zusammenhang mit den Berechnungen von Wolfgang Feix, von denen Erich von Däniken zum Zeitpunkt seiner Ausführungen noch nichts wußte, ist dessen Fragestellung nicht ohne weiteres vom Tisch zu wischen. Ernsthafte Auseinandersetzung – auch mit Provokateuren – ist, wie dieser Fall zeigt, eine grundlegende Notwendigkeit in jeder Wissenschaft, die selbst so oft schwerwiegenden Irrtümern erlag.

Opfergaben für den Gott mit
der fliegenden Schlange

In den vergangenen Jahrzehnten haben sich die Ausgräber einem speziellen Komplex gewidmet: dem *Quetzalcoatl-Tempel*. Der Tempel, der sich wie kontrapunktisch fast zwei Kilometer von der Mondpyramide entfernt befindet, entstammt wahrscheinlich der frühen Teotihuacán-II-Phase (ca. 0 – 350 n. Chr.), die mit dem frühen Klassikum der Maya zusammenfällt. Der geheimnisvolle überwucherte Hügel war schon der ersten staatlichen archäologischen Expedition aufgefallen, die noch von dem unglücklich regierenden mexikanischen Kaiser Maximilian (aus dem Haus Habsburg) ausgesandt worden war.

Manuel Gamio, der Nachfolger Batres, der in den USA die modernsten archäologischen Methoden erlernt hatte, und Ignacio Marquina legten die Baustruktur zwischen 1917 und 1922 in einer der bis dato umfangreichsten archäologischen Forschungsstudien frei. Die Verblüffung der Archäologen war groß, als sie einen Stollen in den Hügel scharrten und feststellten, daß nicht eine, sondern zwei Pyramiden gleichzeitig verschüttet waren. Man mußte Teile der vorderen Struktur erst zerstören, die bedauerlicherweise bereits unter den Spaniern als Steinbruch gedient hatte, um an die zweite zu gelangen. Heute tritt uns wieder die in typischer *talud-tablero*-Bauart errichtete Pyramide entgegen. Imponierende Schlangenköpfe, die überdimensional und plastisch aus einem Federkranz hervorblicken, scheinen die mittig verlaufende Treppe schützend und abschreckend zugleich zu bewachen. Es ist Quetzalcoatl, Gott »Federschlange«, der Gott des Anfangs, des Windes und der Venus, dessen mythologische Erscheinung bis in die Zeit der spanischen Kolonisation verfolgbar ist. Unterstrichen wird der Fassadeneindruck von Wachendem und Abschreckendem bei heutigen Besuchern durch weitere bizarre Skulpturen. Vermutlich handelt es sich hierbei um den Regengott, der vom Leib der Schlange getragen wird.

Erst kürzlich gelang den Forschern Austin, Luján und Sugiyama[18,19] die vermutliche Entschlüsselung der »ideologischen Aussage« der unübertroffenen Pyramiden-Tempel-Fassade. Die ikonographische Botschaft ist mit einem sprachlichen Kontext fest verbunden, der über Mesoamerika hinweg Gültigkeit für zwei Jahrtausende und unterschiedlichstes kulturelles Niveau besessen hat.[20] Die mesoamerikanische Religion ist somit eher als ein Beziehungssystem denn als eine bloße Ballung gemeinschaftlicher Merkmale zu begreifen. Über soziokulturelle Distanzen hinweg funktionierte Religion als wichtiges Bezugssystem der Interaktion bis in spanische Zeit hinein.

So läßt sich die Aussage der Tempelikonographie als der Mythos von der Geburt der Zeit und der Entstehung des Kalenders deuten. Die universelle Symbolsprache Mesoamerikas sieht eine Relation zwischen Zeit und politischer Macht und der Last der Zeitabschnitte, die von göttlichen Trägern durch alle Ewigkeiten getragen wurden. Eine unsichtbare Substanz, so heißt es in der Mythologie, kam am Anbeginn durch Quetzalcoatl aus der Welt der Götter in die Welt der Menschen: Quetzalcoatl ließ die Zeit entstehen. Und diese fundamentale religiös-kosmologische Botschaft spiegelt sich in den vielen Details des Pyramidentempels wider.

Ursprünglich war die 20 Meter hohe Struktur vielfarbig bemalt und mit Muschelmotiven verziert. Menschliche Knochen, Schädel und kleine Jadeperlen fand bereits Manuel Gaminio in sechs Schächten, die mit Holzpfeilern gestützt wurden und von der obersten Terrasse nach unten führten.

R. Castro, S. Sugiyama und G. Cowgill[21] veröffentlichten zwischen 1982 und 1991 die aktuellen Ausgrabungsberichte über den Quetzalcoatl-Tempel. Sie hatten in der bislang jüngsten Ausgrabungsperiode die Pyramide erstmals untertunnelt, denn frühere Bohrungen, die etwa neun Meter tief reichten, hatten keine Ergebnisse erbracht.

Aber die neuesten Entdeckungen offenbarten Grausamkeiten – jedenfalls für abendländisch geprägte Humanisten. Im Zentrum der Pyramide fand man die Überreste von 20 Individuen (möglicherweise Angehörige militärischer Organisationen), die mit Obsidianklingen, Figurinen, Muscheln und anderen Beigaben bestattet worden waren. Jetzt erst wurde deutlich, daß auch im frühen Teotihuacán, ähnlich wie dies in geradezu exzessiver Weise bei den Azteken geschah, Menschenopfer beim Bau einer Pyramide dargebracht wurden. In verschiedenen Gräbern und Kammern rund um die Pyramide und unter ihr wurden Menschen gefunden, deren Position nahelegt, daß ihre Hände gefesselt waren, als man sie vergrub. Die Gesichter der Leichen blickten weg von der Pyramide, wie Wächter über ihre Heiligkeit. Manche der Bestatteten waren erst zwischen zehn und 25 Jahre alt. Noch nicht ganz geklärt ist, ob alle Toten mit dem Beginn des Baues bestattet wurden. Auch ein nachträgliches Begräbnis kann derzeit nicht ausgeschlossen werden.

Ins Auge sticht, daß eine Vielzahl der Skelette in Nord-Süd-Richtung bzw. auf einer Ost-West-Achse beigesetzt wurden. Dies legt die Vermutung nahe, daß hier ein ritueller Symbolismus eine wichtige Rolle spielte.[17] Aber es bleiben erneut Fragen offen. Was genau wurde mit diesem Ritual eigentlich bezweckt?

Kalenderspiele mit Leichen

Inzwischen wurden 113 Skelette gefunden. Austin, Luján und Sugiyama[18] vermuten abermals symbolische Bezüge zur Gesamtaussage des Tempels, nämlich zur Zeit. Als erstes fällt auf, daß ein Teil der Grabschächte symmetrisch und parallel zu den Wänden der Pyramide angelegt wurde. Vor der südlichen Mauer wurde eine Gruppe von 18 Körpern gefunden, die von zwei Einzelgräbern flankiert werden. Ein identisches Ensemble befindet sich auf der Nordseite. Auf der Ostseite wurden zwei Grabhöhlungen mit neun bzw. vier Personen gefunden. Die

Entdecker der Gräber weisen auf die signifikanten Nummern im kosmologischen Kalendersystem hin: vier, neun und ihre Summe 13. Ebenso verhält es sich mit der Zahl 18, die mehrmals auftaucht. Im Kalendersystem gab es 20 mal 18 Perioden, die einen 365-Tage-Zyklus ergaben. 20 wiederum ergibt sich aus den bekannten 18 sowie zwei Einzelbestattungen. Zusammen mit den Skeletten des südlichen Bereichs summiert sich die wichtigste Zahl im Kalendersystem Mesoamerikas: 52. Natürlich sind solche Berechnungen nicht letztgültig, zumal noch weitere Gräber gefunden werden können. Erstaunlich aber sind sie allemal.

Daß es sich bei diesen Überlegungen nicht einfach nur um Zahlenspielereien handelt, darauf weisen schon seit Jahren Archäologen und Architekten gemeinsam hin. Denn auch die Gesamtsumme der Götterbildnisse der Quetzalcoatl-Pyramide ergibt die Anzahl der Tage eines Jahres, und die vier Treppen addieren sich abermals zu 52 Tritten.

Hier wurde *nichts* dem Zufall überlassen. Botschaften wurden sogar oft redundant, also sich wiederholend dargestellt. Man hat das Gefühl, daß die Erbauer der Stadt der Götter spätere Forscher förmlich »mit der Nase« auf ihre Nachrichten hinweisen wollten. So sind Grundfläche des mittleren Platzes der Zitadelle und Basis der Pyramide identisch. Es besteht eine Dualität von Hohlraum und plastischem Körper. Dasselbe Prinzip wurde auch bei der Sonnenpyramide angewendet. Eine raum-zeitliche Vision wurde über viele Generationen hinweg exakt eingehalten. Wir Heutigen haben die Chance, den uralten Code endgültig »aufzuknacken«.

Auch wäre es interessant festzustellen, ob weitere Grabräume, zum Beispiel für die Herrscherschicht, oder geheime Kammern mit heiligen Hinterlassenschaften der weisen Gründungsväter unter der Sonnen- oder Mondpyramide in den Boden der Hochebene gehöhlt wurden. Indizien dafür gibt es. Auch sollte man in diesem Zusammenhang einen recht makabren Fund des Ausgräbers Batres auf der Sonnenpyramide genauer analy-

sieren. Als er vor der gigantischen Aufgabe stand, dem künstlichen Berg, der wie ein Urzeitwesen von Erde und Geröll
bedeckt vor ihm lag, sein ursprüngliches Antlitz wiederzuge-
ben, und Tonne um Tonne mit Schubkarren und einer auf Glei-
sen herangeführten Dampflok abtransportieren ließ, stieß er
auf die Skelette ungefähr sechs Jahre alter Kinder. Sie waren in
Hockstellung an den Ecken der Pyramidenstufen – vermutlich
lebendig – begraben worden. Doch die papierdünnen Skelette
zerfielen, sobald man sie berührte. Da kam Batres eine geniale
Idee: Das letzte der verbliebenen Skelette ließ er mit Lack be-
streichen. So blieb es erhalten. Daß die Leichen der Kinder eine
symbolische Bedeutung gehabt haben mußten, scheint klar zu
sein. Doch welche? Standen auch sie im Zusammenhang mit
einer kosmologischen Botschaft, den mathematischen Kalen-
derberechnungen und der geheiligten Sternenbeobachtung der
Priester?

Es gibt indes weitere eindeutigere Hinweise auf eine verschlüs-
selte Wissensvermittlung. Bereits Charles Herleston, der das
einheitliche »hunab«-Maß in Teotihuacán erkannt hatte,
konnte in den 70er Jahren durch gedachte Linien zwischen
markanten Punkten der Pyramide und der Zitadelle von Teotihuacán eine ganze Reihe von pythagoreischen Dreiecken
erhalten, aus denen sich unter anderem dreizehn Mal die Konstante e ergibt, die natürliche logarithmische Basis für die
dekadischen Logarithmen (2,718281828).

Erschüttert von der Tragweite der universellen mathematischen Symbolik kam Herleston schließlich zu dem Schluß, daß
sich die Konzeption von Teotihuacán nur mit einem Computer-
ausdruck einer fortgeschrittenen Generation vergleichen ließe,
der atomare, astrophysikalische, geodätische und andere kosmische Informationen enthielte. Ein Vierteljahrhundert später
scheinen die unabhängig erbrachten Berechnungen von Dr.
Feix genau dies zu bestätigen.

4
Zeit und Zahl, Astrologie und Astronomie

»Wer in der Maya-Religion nichts anderes sieht als eine Sammlung absonderlicher Mythologeme und exotischer Kulte, irrt gewaltig. Sie war eine hocheffiziente Definition des Wesens der Welt.«

– Prof. David Feidel und Prof. Linda Schele –

Wollen wir heute wissen, wann die nächste Sonnenfinsternis stattfindet, schlagen wir ein astronomisches Buch auf. Aber wer wüßte schon, wie man völlig ohne Hilfsmittel ein solches Datum berechnen sollte? Genau in dieser Lage befanden sich die Maya, deren Kultur geprägt war von der Erforschung der Himmelsmechanik und der Zeit. Ihre Lösungen sind dermaßen verblüffend und computergenau, daß verstärkt Zweifel an herkömmlichen Erklärungsversuchen auftreten. Was oder wer steckt hinter diesem mesoamerikanischen Phänomen?

Astronomen im Urwald

Teotihuacán, das so fern dem Kernland der Maya lag, hat einen enorm starken Einfluß auf die Maya der Klassischen Epoche ausgeübt. Überall scheint mehr oder weniger stark teotihuacanisches Gedankengut durch. Tikal im Tiefland und Kaminaljuyú, ein Maya-Zentrum im guatemaltekischen Hochland gelegen (nahe der heutigen Hauptstadt Guatemala-City), hatten den engsten Kontakt zu Teotihuacán. Aber auch bis in das heutige Honduras, in die südlichste Metropole der Maya, nach Copán, gelangte zumindest Ware aus der Großstadt im Norden.

Hier wie dort stoßen wir auf weitere phantastische Beispiele intellektueller Höhenflüge, die so gar nicht in die Epoche einer Steinzeit hineinpassen. Eine Stätte, an der wir das unglaubliche Können und hohe Wissen der Maya überprüfen können, ist Uaxactún, fast genau 1000 Kilometer von Teotihuacán entfernt.

Mit welchem Rätsel lockt Uaxactún? Es ist insbesondere die Tempelgruppe E, deren Architektur zahlreiche astronomische Kenntnisse birgt. Als der Entdecker der Urwaldstadt, Morley, zum ersten Mal Uaxactún besuchte, fand er an dieser Stelle einen etwa 15 Meter hohen Hügel vor.

Jahrzehnte später betrete ich zusammen mit einer kleinen Forschungsgruppe selbst diese Struktur. Grotesk wirkende Stuckmasken säumen die Treppe, die wir hinaufsteigen. Sie werden heute »Witz-Monster« wegen ihres lustigen Aussehens genannt. Ein Blick auf den Kompaß bestätigt uns, daß die Pyramide mit ihrer Hauptfront Richtung Osten blickt. Ihr vis-à-vis errichteten die Maya auf einem erhöhten Absatz drei kleinere Tempel mit Sockel. Läßt man einen imaginären Peilstrahl von der Pyramide E-VII hinweg über zwei Stelen (Stele 20 und Stele 19) gleiten, ergibt sich der Punkt, an dem die Sonne am 23. September und 21. März aufgeht, den Tagundnachtgleichen (Äquinoktien). Eine weitere Peilung betrifft den linken und rechten Tempel. Aus fünf Meter Höhe treffen Visierlinien entlang der vorderen Ecken der Tempel den Punkt am Horizont, an dem die Sonne am 21. Juni bzw. 21. Dezember, zur Zeit der Sommer- und Wintersonnenwende, über die Erde steigt.

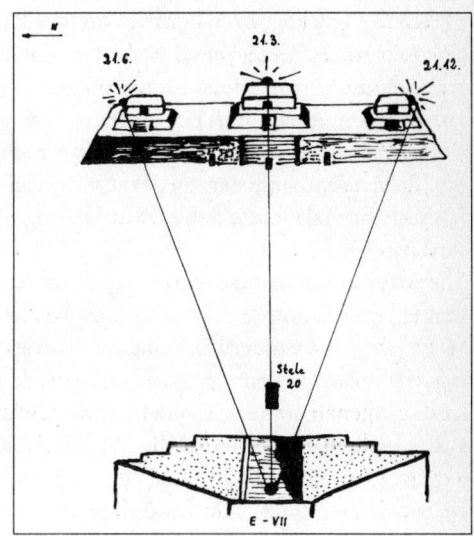

Kalendermessungen in Uaxactún.

Schon S. G. Morley[1] erkannte die Tempelanlage als eine ständige astronomische Beobachtungsanlage. Was er nicht sah, sind geringfügige Winkel-»Abweichungen«. Die Forscher Ricketson[2,3] und Tichy ermittelten eine architektonisch bestimmbare Abweichung von 7°, 11,5°, 16°, 20° und 25° sowie eine Abweichung von der Mittelachse von 57' von der Ost-West-Linie. Letztere bestimmte die Mittjahrestagslinie.
Die anderen Abweichungen scheinen ebenfalls einem generellen Schema von architektonischen Planungen zu folgen. Schon in Teotihuacán waren wir auf eine solche graduelle Verschiebung gestoßen, ein Orientierungsprinzip, das viele mesoamerikanische Kultstätten gedanklich übernommen haben. Eine 17°-Abweichung gilt nämlich nicht nur für die Achsen der

Pyramiden in Teotihuacán, sondern zum Beispiel auch für Tikal, Rio Bec, Dzibilchaltún, Cozumel, Oxkintok (16–17°), genauso wie für das ferne Tula, die Hauptstadt der Tolteken. Später bauten selbst katholische Missionare ihre Kirchen in dieser Achsenrichtung, wohl um nicht mit alten Traditionen in Konflikt zu geraten. Bemerkenswert sind ferner die Winkel um 7° wie in Palenque, Chichén Itzá, Calakmul und anderen Orten.

Insbesondere Aveni[4] und Hartung[5] ist es zu verdanken, daß wir heute diese Abweichungen ansatzweise auch zu deuten vermögen. Bei der Durchmusterung der verfügbaren Meßdaten und des Lufbildmaterials stellte sich heraus, daß signifikante Häufungen bei Abweichung von 7–8°, 16–17°, 20–21°, 24–26° vorlagen. Die Abstände untereinander betragen, gleich einer arithmetischen Reihe, jeweils 4–5°. Der mittlere Winkelabstand von 4,5° entspricht interessanterweise einem Zwanzigstel des rechten Winkels (90°). Das Vigesimalsystem der Maya, das Rechnen in Zwanziger-Einheiten, stand offensichtlich hierbei Pate. Ob ein kompaßähnliches Gerät – wie es für die olmekische Kultur in Form von polierten Hämatitstäbchen von einigen Forschern vermutet wird – Verwendung fand, muß vorläufig dahingestellt bleiben.

Aus den ermittelten Ergebnissen läßt sich der Schluß ziehen, daß die Abweichungen bewußt vorgenommen wurden. Und zwar nach einem Mesoamerika überspannenden Prinzip, das die Einheitlichkeit der Weltauffassung der damaligen Völker und deren Kontakt zueinander hervortreten läßt.

Außerdem wird deutlich: Die Rechtsabweichung und die konstante Differenz wurde vorgenommen, um bestimmte Sonnenstände und Jahreszeitmarken zu bezeichnen. Dabei scheinen die gleichlangen Abschnitte eines Jahres, nämlich 182 und ein halber Tag, sowie vier gleich große Jahresteile (Jahreszeiten) wichtig gewesen zu sein.

Doch damit nicht genug. Da kein Zusammenhang (Korrelation) zwischen der Achsenrichtung der Bauten und ihrem Alter besteht, wird ein unverändertes Ansinnen seit präklassischer Zeit über Jahrhunderte hinweg sichtbar ...

Der Kosmos der Maya als Dekor eines Tempels in Uaxactún. Das untere Drittel symbolisiert das Wasser der Ursee, darüber das Land mit Bergen und Wäldern, der obere Teil zeigt die Schlange als Verbindungsglied zur »übernatürlichen« Sphäre. In der Mitte befindet sich das sogenannte »Witz-Monster«.

Die Astronomie nahm offenbar bei den Maya eine überragende Bedeutung ein. Wer oder was löste dieses Interesse aus? Wer achtete darauf, daß über viele Epochen hinweg, trotz Rivalitäten und Kriegen, in einem riesigen Land korrekt nach einem uralten mathematischen Plan gearbeitet wurde? Wer ließ Menschen, die noch in der Steinzeit lebten und täglich in einer feindlichen Umwelt um das eigene Überleben kämpfen mußten, geographisch-astronomische Gedankenflüge vollbringen?

Es ist verblüffend festzustellen, daß beispielsweise innerhalb eines Radius von 110 Kilometern mit dem Mittelpunkt Uaxactún die gleichen Planungsrichtlinien für mindestens zwölf Gebäudeanordnungen galten. Ja selbst in Xochicalco, der weit entfernten Stadt in der nördlichen mexikanischen Mesa Central, lassen sich noch ähnliche Anlagen finden.

In Edzná, einer der ältesten königlichen Städte auf Yukatan, wurde das gesamte Kanalsystem sternförmig auf die Mitte des Ortes zulaufend konzipiert und wahrscheinlich nach astronomischen und kosmologischen Gesichtspunkten angelegt. In Palenque, das am äußersten Westrand des Mayagebietes liegt, und seine Hochblüte im 7. und zu Beginn des 8. Jahrhunderts erlebte, sah man anfangs nur ein chaotisches Städtebild vor sich. Überragt wird der Ort von einem einzigartigen, vierstöckig hochaufragenden quadratischen Turm im Palastbezirk. Über eine brüchig erscheinende, brückenähnliche Steinkonstruktion gelangt, wer schwindelfrei ist, in sein Inneres. In alten Zeiten war der Turm Observatorium und Aussichtsturm zugleich. Fensteröffnungen nach den vier Seiten und die Hieroglyphe des Morgensterns, der Venus, deuten auf diesen Zweck hin. Durch die Bildhandschriften des Postklassikums und Reliefs wissen wir, daß Priester-Astronomen mit Visiergeräten, gekreuzten Stäben, Sonnenuhren, ja vielleicht sogar mit geschliffenen Jaderohren (!) Stern-, Sonnen-, Mond- und Planetenbeobachtungen aus Tempeln heraus vornahmen.

Kosmische Harmonie

Diego Durán, Toribio Motolinia und Fernando Ixtlilxochitl, die frühesten Berichterstatter der Konquistadorenzeit, schildern, wie aztekische Priester den Himmel systematisch beobachteten und Aufzeichnungen über die Bahnen der Planeten und Sterne anfertigten. Bestimmten Sternen opferte Moctezuma, der Kaiser der Azteken, um Mitternacht Weihrauch, und Trompeten und Trommeln verkündeten mit lautem Klang des Morgens das Aufgehen von wichtigen Sternen.

Copán hatte bedeutende Bauten ebenfalls nach astronomischen Grundlinien ausgerichtet.[6] Auf der östlichen und westlichen Seite des Copántales wurden zwei Stelen, Stele 10 und Stele 12, gefunden. Eine Peilung von Stele 12 im Osten zu Stele

10 im Westen führt den Blick genau zu dem Punkt, an dem am 12. April und am 1. September die Sonne untergeht. Noch heute werden am 12. April traditionell die Felder im Gebiet von Copán abgebrannt. Zeremoniale Architektur befand sich in Harmonie mit dem Kosmos. Und auch in Copán tritt uns wieder das Schlangensymbol Teotihuacáns und Chichén Itzás entgegen. Wie dort Quetzalcoatl und andere mit dem Attribut der Venus versehen sind, so findet diese Verbindung auch in Copán statt, was zu der Schlußfolgerung Anlaß gibt, daß tatsächlich enge kulturelle Verbindungen zwischen entfernten Städten und Kulturen existierten.[7]

Wer nach Chichén Itzá auf der Yukatan-Halbinsel kommt, dem wird ein Gebäude besonders ins Auge springen. Der große alte Mayaist J. Eric S. Thompson lästerte überheblich bei dem Anblick des Baues und verglich es mit einer »zweistöckigen Hochzeitstorte auf dem viereckigen Verpackungskarton«.

Seit die Astronomen Anthony F. Aveni und Sharon Gibbs von der Colgate-Universität in Hamilton und Horst Hartung[8] von der mexikanischen Universität Guadalajara 1974 ihre aufsehenerregende Arbeiten auf dem 41. Internationalen Amerikanistenkongreß veröffentlichten, wissen wir, daß in Chichén Itzá ein Sternenobservatorium modernsten Designs existierte. Von hier und anderen Orten aus bestimmten die Maya den Äquinoktialpunkt der Frühlings-Tagundnachtgleiche, die Umlaufzeiten der Planeten und ermittelten Sonnenfinsternisse weit in die Zukunft oder weit zurück in die Vergangenheit. Aveni, Hartung und Gibbs stellten ferner fest, daß Beobachtungslinien für die Sterne Castor, Pollux und Canopus in Chichén Itzá geschaffen worden waren. Zu welchem Zweck wurde eine so ausgetüftelte Astronomie betrieben?

Heute versammeln sich Tausende von Neugierigen aus allen Ländern der Erde in Chichén Itzá, um zur Tagundnachtgleiche im Frühjahr und Herbst eines der phantastischsten Lichtspiele der Maya-Welt mitzuverfolgen. An der Pyramidentreppe des Castillo, der überragenden Hauptpyramide, sieht man die Son-

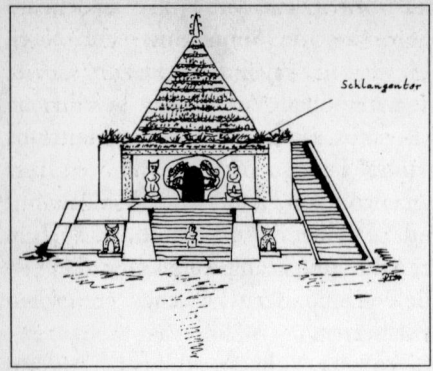

Der monolithische Tempel von Malinolco (120 Kilometer südwestl. von Mexico City) ist exakt achsensymmetrisch ausgerichtet und ermöglicht eine genaue Bestimmung geomagnetischer und astronomischer Punkte.

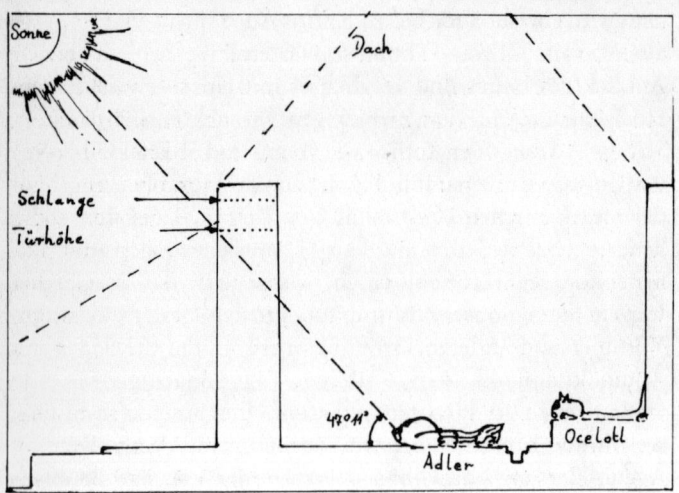

Am Fest der Herabkunft des Sonnengottes Huitzilopochtli, dessen Symbol der Adler ist, fällt ein Sonnenstrahl präzise auf das Gesicht des zentralen Adlers. (Zeichnung nach J. G. Trejo).

nenstrahlen sich im Spiel mit dem Schatten schlangengleich die Stufen herabwinden. Ein unvergleichliches Schauspiel, das heute seine Wirkung nicht minder verfehlt, ebenso wie es einst die Maya beeindruckt haben muß.

Ein anderes Wunder der frühen Astronomen liegt in Xochicalco. Hier wimmelt es förmlich von Darstellungen des Quetzalcoatl, des Gottes mit der geflügelten Schlange; festlich gekleidete Herrscher, Priester oder Astronomen wurden in Reliefs verewigt, und die Hauptpyramide »La Malinche« prägt das beeindruckende Bild dieses »Ortes der Blumen«. Ein Schauspiel besonderer Art ereignet sich am 21. Juni, wenn die Sonne zwischen zwölf und 13 Uhr genau im Himmelszenit steht. Dann wirft sie einen Lichtkreis in einen über acht Meter fast senkrecht nach unten laufenden Schacht, der in einem kleinen Raum, einer Art Observatorium ausläuft. Bis auf den heutigen Tag kommen Indios hierher, um Amulette und Wasser vom Strahl der Sonne weihen zu lassen.

Auch andere Völker Amerikas beherrschten die Astronomie und das Erbe der Maya so hervorragend, daß sie, wie die Azteken in Malinolco, Tempel so geschickt auszurichten wußten, daß die Lichtstrahlen der Sonne wunderbarste Effekte hervorzaubern konnten. Im monolithischen Sonnentempel von Malinolco trifft der Sonnenstrahl zu bestimmten Tagen genau das Gesicht eines riesigen steinernen Adlers im Inneren eines runden Raumes und symbolisiert so vermutlich die Erscheinung des Gottes Huitzilopochtli. Andere Phänomene im Zusammenhang mit dem Sonnenstand können in oder vor dem Tempel beobachtet werden.[9]

Bauten und Steingruppen mit vermutlich astronomischer Bedeutung durchziehen ganz Guatemala und Mexiko bis hinauf in den Bundesstaat Jalisco. Bei der fernen Kultur in Jalisco existieren gigantische steinerne »Sonnenuhren« – ähnlich wie im südenglischen Stonehenge oder im bretonischen Carnac.[10] Woher hatten die Indianer des Tief- und Hochlandes ihre Informationen? Von den Göttern, den unheimlichen Weisen aus Teotihuacán?

Über welches ungeheure Wissen die Völker Mittelamerikas darüber hinaus verfügten, können wir heute nur erahnen. Tikal und Dos Pilas, Calakmul und El Mirador, Caracol und

Nakbé halten vielleicht in ihren Pyramiden noch viele versteckte Wegweiser bereit, die es nur zu finden gilt.

Und dies ist keineswegs bloßes Wunschdenken. Fündig werden kann man natürlich nur dann, wenn man Thesen postuliert und diese Ideen anschließend akribisch genau und mit Ausdauer überprüft. Sowohl ein positives als auch ein negatives Resultat bedeutet einen Schritt Erkenntnis.

Supernova contra UFO-Sichtung

Eine Supernova-Explosion ist ein kosmisches Ereignis ersten Ranges. Eine massereiche Sonne blitzt in ihrem Untergang noch einmal helleuchtend auf. Wenn sie am nächtlichen Himmel erscheint, ist jeder Astronom, heute genauso wie vor vielen Jahrhunderten, förmlich elektrisiert. Chinesische Astronomen überwachten jahrtausendelang den Sternenhimmel. Mindestens fünf kaiserliche Beamte dokumentierten Nacht für Nacht, was sie am Firmament sahen. So zeichneten sie allein in den Jahren zwischen 185 n.Chr. bis 1604 n.Chr. sieben solcher Supernova-Ereignisse auf. Die letzten fünf werden durch europäische, arabische, japanische und koreanische Dokumente bestätigt.

Der deutsche Forscher Werner Nahm[11] vom Physikalischen Institut der Universität Bonn stellte sich die Frage, ob nicht auch die Astronomen der Maya, die ja ebenfalls sehr intensiv den gestirnten Himmel beobachteten, im Lauf ihrer Geschichte einen solchen Supernova-Ausbruch aufgezeichnet hatten. Im Sommer 1992 stieß er tatsächlich im prophetischen Buch der Stadt Tizimin, Mexiko, auf entsprechende Hinweise. Die Aufzeichnungen wurden – ähnlich wie der »Popol Vuh« – von den Maya über Generationen hinweg weitergegeben, bis sie im 19. Jahrhundert an die Öffentlichkeit gelangten. Für die Jahre 1593 bis 1613 wird hier von einem ungewöhnlichen Ereignis im Bereich der Milchstraße, in Höhe der Planeten Mars, Jupiter und Saturn, berichtet:

»Die vier Ehrwürdigen sind erschienen, die vier Sterne sind erschienen und das Licht, der heilige Mond ... Die vier Ehrwürdigen nehmen ihr Amt, ihren Platz auf der Straße ... am Tage 11 Xul ... Sie tanzen oben vor Gott am Tag, wo der Himmel gesucht wird.«

W. Nahm sieht hierin die Beschreibung einer Supernova-Explosion, über die auch Johannes Kepler am 9. und 10. Oktober 1604 berichtet, da der Tag 11 Xul des Jahres 1604 zwischen dem 26. und 31. Oktober lag. Bestätigung fand Nahm auch im Pariser Kodex, wo von dem Feuer eines unbekannten Sternes berichtet wird, das nach dieser Quelle wahrscheinlich im Jahre 1006 zu sehen war.

Wenn in den Texten von den »vier Ehrwürdigen«, sternähnlichen Objekten, berichtet wird, die am Tag, »dort wo der Himmel gesucht wird«, Formationen »tanzten« oder besser gesagt flogen, erscheint es mir legitim, durchaus auch an gelenkte Flugkörper zu denken, die zu diesem Zeitpunkt am Firmament ihre Bahnen zogen.

Welche Annahme nun auch richtig sein mag, in erster Linie ist wichtig festzustellen: Diese neuesten Erkenntnisse lassen hoffen, daß wir bei intelligenten Fragestellungen noch viele spannende Antworten über die Wissenschaften, Erfahrungen, Sichtweisen und die Geschichte der Maya erhalten werden.

Planetengeheimnisse

Durchstreift man mit dem forschenden Auge des Wissenschaftlers das Land der Maya, dann geben die astronomisch ausgerichteten Bauten zu erkennen, daß Venus im Mittelpunkt vieler Wünsche, Hoffnungen und Befürchtungen, kurz, im Interesse der Maya-Priester stand. So beispielsweise in Uxmal (Mexiko, Yukatan), wo die Position der aufgehenden Venus bestimmt wurde. Die Maya berechneten den Umlauf des zweitnächsten Planeten zur Sonne mit seiner durchschnittlichen

Länge von 583,92 Tagen, obwohl sie Bruchzahlen nicht kannten. Wie gelang es ihnen dennoch? J.E.S. Thompson sieht es so: Priester-Astronomen ermittelten durch Beobachtung den synodischen Umlauf (= ein Planetenjahr) der Venus mit 584 Tagen. Nun wollten sie wissen, wie viele synodische Perioden der Planet zurücklegte, bevor er in ihrem Kalender erneut an dem Anfangsdatum, dem Tag 1 Ahau, aufginge. Thompson vermutet:

»Wir würden als höchsten gemeinsamen Faktor 4 ermitteln, dann eine der Zahlen durch ihn dividieren und die andere Zahl mit dem Resultat multiplizieren. Die Antwort lautet: 584 dividiert durch 4 ist 146, und 146 mal 260 ist 37 960. Die Götter der Venus und der 260-Tage-Zyklus erreichen also den gleichen Ruheplatz auf dem Gang durch die Zeit nach 37 960 Tagen, was 65 Venusumläufe und 146 Runden von 260 Tagen ausmacht. Die Maya lösten das Problem mit Hilfe eines komplizierten Systems von Multiplikationstafeln. Sie wußten auch, daß dies auch das Äquivalent von 104 ihrer Rundjahre von 365 Tagen war, und somit erreichten drei der Wanderer den Ruheplatz zur gleichen Zeit.«

Aber nun ist der synodische Umlauf des Planeten Venus nicht 582 Tage, sondern 583,92 Tage, so daß nach 65 Venusumläufen eine um mehrere Tage abweichende Differenz erkennbar wird, die in der Praxis zwischen 580 und 588 Tagen schwanken kann.

»Diese Schwankung«, schreibt Thompson weiter, »muß es für die Maya schwierig gemacht haben zu erkennen, daß ihre Zahl 584 zu hoch war, und Jahrhunderte an Beobachtungen mögen erforderlich gewesen sein, bevor sie der notwendigen Korrektur von fünf Tagen bei 65 Umläufen des Planeten nahegekommen waren ... Schließlich lösten sie ihr Problem sehr geschickt, indem sie am Ende des 61. Venus-Jahres eine Korrektur von vier Tagen vornahmen. Daß das 61. Venusjahr an dem Tage 5 Kan, vier Tage nach 1 Ahau, endete, führt die Subtraktion von vier Tagen zurück zu 1 Ahau ...«[18]

Damit tat sich aber ein erneutes Problem auf. Zwar existierte jetzt ein korrigierter Venuszyklus, und die 260-Tage-Runde hatte eine Übereinstimmung erfahren. Aber das 365-Tage-Jahr ist damit nicht »kompatibel«, da die ermittelten 35 620 Tage nicht durch 365 glatt teilbar sind. Thompson dazu:

»Die Maya umgingen diese Schwierigkeit wiederum mit großem Scharfsinn. Bei jedem fünften Zyklus machten sie am Ende des 57. Umlaufs eine Korrektur von 8 Tagen ... « Damit ergab sich in 481 Jahren nur eine minimale Abweichung von 0,08 Tagen! Zu Recht bezeichnet Thompson dies als »wirklich großartige Leistung«.[18]

Was gravierend an diesen offenkundigen Resultaten stört, ist die Frage, wie sie denn nun in der Realität ermittelt wurden. Geht man von einem 30jährigen Berufsleben eines Astronomen aus, konnte er maximal 20 heliaklische Aufgänge der Venus beobachten. Wer den Regenwald kennt, weiß, daß tatsächlich viel weniger Beobachtungsmöglichkeiten zur Verfügung standen. Dicht wallender Morgennebel umschließt morgens die Städte des Tieflandes, und in der Regenzeit verdecken dichte Wolkenbänke den Blick hinauf zum Firmament. Hinzu kommt, daß die Venus in der unteren Konjunktion nur mit äußerst scharfem Auge auszumachen ist, da sie der Sonne sehr nahe steht.

Wie erreichten die Maya dann eine Genauigkeit, die in 6000 Jahren eine Abweichung von nur einem Tag ergab? Thompson weiß als Antwort die beiden Faktoren »Geduld« und »enge Zusammenarbeit« zwischen den Astronomen der nachfolgenden Generationen und der unterschiedlichen Städte zu geben. Doch gerade letzteres scheint mir zumindest für die klassische Zeit mit ihren häufigen, balkanähnlichen Kriegswirren eher unwahrscheinlich zu sein. Wir wissen seit kurzem, daß der Beginn eines Kriegszuges oft durch »günstige« Venusstände markiert wurde. So zum Beispiel bei den beiden »feindlichen Brüdern« Tikal und Caracol. Fielen dann nicht astronomische Beobachtungen unter den »Stempel« des »Staatsgeheimnisses«?

Diese Überlegungen lassen sich dadurch stützen, daß die

Astronomen auch Diener der Astrologie waren. Der Fixstern-
himmel wurde wahrscheinlich in 13 Tierkreisen bzw. »Him-
melsschildern« festgehalten, so wie dies im Codex Paris und
auf Wandmalereien in Bonampak noch heute sichtbar ist:
Skorpion, Schildkröte, Klapperschlange, Fischschlange und
Jaguar sind darunter.

Die Frage ist also: *Wer* hat *wie* über Jahrhunderte hinweg das
enzyklopädische Wissen um die Venus angesammelt? Und seit
wann kannten es die Maya? Hatten vielleicht auch sie es von
»den großen Unbekannten«, die in Teotihuacán als die »Weisen«, die »Wissensträger« bezeichnet wurden, erhalten?

Nicht genug mit dieser Weltkenntnis. Die Maya hatten komplexe Analysen zu den Mond- und Sonnenfinsternissen erstellt.
Im Dresdner Kodex werden 69 Daten korrekt bezeichnet, an
denen Sonnenfinsternisse während 33 Jahren stattfanden. Die
Maya konnten anscheinend erkennen, wann eine Sonnenfinsternis generell auf der Erde stattfand (obwohl sich kein Wissen von der Kugelgestalt unseres Planeten finden läßt) und welche sie davon in ihrem Gebiet sehen konnten.

Wie ermittelten sie diese Daten? Thompson geht davon aus, daß
ein geschichtlicher Astronom etwa zwölf Sonnenfinsternisse in
seinem Arbeitsleben exakt beobachten konnte, aufgrund des
Wetters wahrscheinlich aber entschieden weniger. Der Mayaist
vertritt die Ansicht, daß »mit derartig beschränkten Unterlagen
... ein einzelner Mensch den Zusammenhang zwischen den Fin-
sternissen und dem doppelten heiligen Almanach nicht (hätte)
erkennen können. Wir müssen voraussetzen, daß während mehrerer Generationen Beobachtungsergebnisse aufgezeichnet und
gesammelt wurden und daß schließlich ein genialer Kopf die
registrierten Sonnenfinsternisse versuchsweise nicht mit einem
einzelnen, sondern mit einem doppelten heiligen Almanach
koordinierte und so den Schlüssel zu Voraussagen fand.« Gab es
also einen Galileo oder Kopernikus der Maya?

Geklärt ist auch nicht, warum die Maya mehrere Kalendarien

gleichzeitig in so komplizierter Weise laufen ließen. Vermutungen, der 260-Tage-Rhythmus beziehe sich auf die Zeit der Schwangerschaft einer Frau, überzeugt hierbei wenig.

Dr. Walter Murawski[12,13,14] ist Physiker und Astronom am Departement of Mathematics des Wagner College, New York. Er berichtete mir von einer wirklich erstaunlichen »Entdeckung«, die er gemacht hatte. Durch mathematische Berechnungen des 260-Tage-Zyklus konnte er belegen, daß der Tzolkin-Kalender dazu verwandt wurde, um die Phasen des Mondes und seine Verfinsterung präzise vorherzusagen. Auch Murawski bedient sich bei seinen Analysen eines »Zahnrad-Modells«, das durch verschiedene Rotationen in der Lage ist, die gewünschten Mondereignisse anzugeben. Seine Schlußfolgerung lautet: Die Maya müssen eine Art Computer besessen haben, der aus Zahnrädern bestanden hat. Er stellte sich die Frage, ob dies theoretisch möglich gewesen sei. In Copán finden aufmerksame Besucher tatsächlich steinerne Zahnräder abgebildet, die heute in loser Anordnung am Rande aufgestapelt sind. Ihre Bedeutung ist bislang nicht eindeutig geklärt. Sollte Dr. Murawski recht haben? Dann ist seine Frage nur allzu berechtigt: »Wer ließ das erste ›Computerprogramm‹ für die Maya laufen?«

Auch dies eine geniale Lösung »steinzeitlicher« Astronomen und Mathematiker? Oder sollten hier Einflüsse der Art, wie sie Dr. Feix in Teotihuacán vermutet – nämlich von außerirdischen Intelligenzen – vorliegen? Wenn ich hier diese Frage so dringlich stelle, so nicht zum Ärgernis für die »offizielle Lehrmeinung«, sondern als Diskussionsgrundlage.

Kalender der 90 Millionen Jahre

Und allerorts treffen wir auf ein weitgehend gleiches und überraschend effizientes und unglaublich präzises Zahlen- und Kalendersystem. Über die Zeitberechnung der alten Völker

Mesoamerikas wissen wir heute, daß die wesentlichen Elemente des altamerikanischen Kalenders bereits um 36 v.Chr. entwickelt gewesen sein müssen. Auf einer zerbrochenen Steinstele aus Chiapa de Corzo ist dieses Datum zu finden. Älteste Kalenderglyphen lassen sich in der Gegend von Oaxaca sogar bis ins 4. vorchristliche Jahrhundert zurückverfolgen.

Und wir wissen: Die Maya dachten sich den Ablauf der Zeit zyklisch, ähnlich wie die Hindu. Am 11. August 3114 v.Chr. begann der laufende Kalender mit dem Nulldatum. Er hat sein Zyklusende am 23. Dezember 2012. Für uns, die wir vom Gedanken an den fortlaufenden »Strom der Zeit« ohne Rückkehr geprägt sind, einer Vorstellung, die trotz der Relativitätstheorie Einsteins noch immer durch unsere Köpfe spukt, ist das zyklische Zeitgefühl ungewohnt, wenngleich auch wir in Jahrtausendabschnitten zu denken gelernt haben und unsere Uhrzeiger zwei Mal am Tag symbolisch das Ziffernblatt durchlaufen.

Die komplizierte Zeitmessung der Maya basierte auf dem Vigesimalsystem, einer Zählung in Zwanziger-Einheiten. Unsere übliche Zählweise wird dazu im Gegensatz in Zehner-Schritten durchgeführt ($10 \times 10 = 100$, $10 \times 10 \times 10 = 1000$), wenngleich wir auch noch immer die aus dem sumerischen Kulturkreis stammende Zwölfer-Einheit in unseren Berechnungen kennen ($12 = 1$ Dutzend, 5×12 Minuten $= 1$ Stunde, 2×12 Stunden $= 1$ Tag).

20 Tagesnamen wurden bei den Maya mit 13 Nummern schier endlos kombiniert und wiederholt. 13×20 ergibt 260 Tage, womit ein erster heiliger Zyklus, der *Tzolkin*, entsteht. Der zweite integrierte Kalender, *Haab*, geht von dem 365-Tage-Jahr aus, also einem Umlauf der Erde um die Sonne. Er ist untergliedert in 18 Monate, die von den Maya *Uinal* genannt wurden. Sie bestehen wiederum aus 20 Tagen, so daß eine Summe von 360 Tagen entsteht. Die fehlenden fünf Tage, *Uayeb* genannt, was man mit dem Chol-Wort »wäyel« = »schlafen«, »ruhen« in Verbindung bringen könnte, galten als Unglückstage. Der Jah-

reskalender hatte bereits eine hohe Genauigkeit erreicht, vergleichbar unserem eigenen Kalender.

Läßt man die beiden Kalendarien, Tzolkin und Haab, wie zwei Zahnräder ineinandergreifen, wobei das eine »Rad der Zeit« zwangsläufig kleiner als das andere ist, wiederholt sich eine bestimmte Kombination nur alle 18 980 Tage oder 52 Jahre. Dies war der nächste größere heilige Zyklus der Maya.[15, 16, 17]

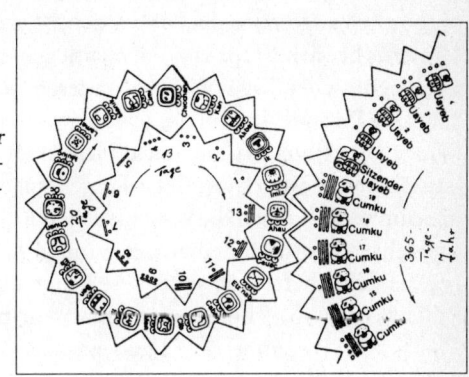

Der 20-Tage-Kalender greift in das 365-Tage-System der übergeordneten Zeitzählung. Ein 13tägiger Kalender ist wiederum in den 20-Tage-Rhythmus eingebettet. (Zeichnung nach Thompson).

Er war wiederum in einen noch höheren eingebettet. Wichtig ist dieser für die langfristige Datumsangabe, da so Verwechslungen zwischen 52-Jahres-Zyklen ausgeschlossen werden können. (Man nennt dieses System die »Lange Zählung« oder Initialserie.) Mit dieser Erkenntnis ausgestattet, begaben sich Forscher zu Beginn unseres Jahrhunderts daran, den Maya-Kalender und den abendländischen Julianischen bzw. Gregorianischen Kalender zu korrelieren, also miteinander zu vergleichen. Man gelangte zu zwei leicht abweichenden Ergebnissen (Differenz: 260 Jahre). Erst Radiocarbon-Analysen der Universität von Pennsylvania an Holzbalken aus Tikal, die mit Schriftzeichen versehen waren, bestätigten die Berechnungen Goodmans, Martinez' und Thompsons, die das Jahr 1539 n.Chr. aufgrund spanischer Dokumente mit dem 11. baktun und 16. k'atun der »Langen Zählung« gleichgesetzt hatten. So ist es uns heute möglich, Daten, die die Maya hinterließen, ziemlich genau zu bestimmen.

Zeit und ihre zyklische Wiederholung waren für die Maya von vitalem Interesse. Stelen und Altäre wurden gleich Gedenksteinen errichtet, um Zeitabschnitte zu markieren. Das Volk der Maya und die sie umgebenden Völker hatten eine regelrechte Zeitphilosophie entwickelt. Die Tage selbst wurden von ihnen als göttlich angesehen. Sie verbanden sie unmittelbar mit ihren Göttern. Bei den Maya ist in den entlegenen Hochlanddörfern noch heute jeder Tag von einem anderen Gott beeinflußt, jeder Tag eine Personifikation des jeweiligen Gottes.

Wie in Teotihuacán, so hatte sich auch im Mayaland die Ansicht manifestiert, göttliche Träger trügen die Last der Zeitabschnitte. Da durch die verschiedenen Kalendarien gleichzeitig mehrere Götter für einen bestimmten Tag zuständig waren, ergäbe sich, übertragen auf unsere Vorstellungswelt, folgendes Bild, das J. E. S. Thompson einmal sehr plastisch beschrieb. Für den 31. Dezember 1972 gab es sechs »Träger«:

Ein Gott als Jahresträger (Codex Dresdensis).

»Der Gott der Zahl 31 hat den Dezember auf seinem Rücken, der Gott der Zahl 1 trägt das Jahrtausend, der Gott der Zahl 9 die Jahrhunderte, der Gott der Zahl 7 die Jahrzehnte und der

Gott der Zahl 2 die Jahre. Am Ende des Tages tritt eine kurze Pause ein, bevor die Prozession von neuem beginnt, doch in diesem Augenblick ersetzt der Gott der Zahl 1 mit der Last des Januar den Gott der Zahl 31 mit seiner Dezember-Last, und der Gott der Zahl 3 löst den Gott der Zahl 2 als Träger des Jahres ab.«[18]

Die Aufgabe von Priestern und Orakeln ist es wahrscheinlich gewesen, die positiven und negativen Aspekte abzuwägen, die mit den Gottheiten verbunden wurden. Dürre oder Ernte im Überfluß, Unglück oder Glück, Niederlage oder Sieg mögen so vorhersagbar erschienen sein. Eine derartige schicksalsbestimmte Sicht kann fatalistisch wirken. Wenn ein Jahr als schlecht erkannt war, lohnte es sich dann überhaupt zu säen? Und war es als gut erkannt und dennoch fiel die Ernte nur mager aus, wer war dann daran schuld? Die Priester, die falsch und demnach schlecht gedeutet hatten und somit keinen »Pfifferling« wert waren? Die Herrscher vielleicht, die viel oder wenig geopfert hatten? Die Bittgebete, die nicht inbrünstig genug von den Bauern hergesagt wurden? Wir wissen nicht, was und wie die Maya hierüber dachten.

Es ist aber wahrscheinlicher, daß die Priesterschaft nach und nach ein System der Absicherung ersann, so daß auch für sie ungünstige Ereignisse letztlich ihre Aussage bestätigten. Moderne Astrologen verfahren ähnlich.

Andererseits mögen sie redlich bemüht gewesen sein, das komplizierte Abhängigkeitsmuster zu enträtseln. Sie glaubten an eine Wechselwirkung von göttlichem und menschlichem Handeln und »übergeordneten« Strukturen und stießen dabei in immer fernere Zeiten und mathematisches Neuland vor.

Wir finden Datumsangaben, die Millionen und Abermillionen Jahre zurückliegen. Die schier unvorstellbar weit entfernte Zeit von 90 Millionen Jahren, ja sogar von 400 Millionen Jahren, steht auf steinernen Monumenten eingraviert. In Quirigua, in Cobá und Yaxchilán kann man solch gigantische Zeiträume wiedergegeben sehen. Schele und Freidel[19] berechneten für die Datumsangabe aus Cobá eine Zeitspanne von 41 341 050 000 000 000 000 000 000 000 Jahren, über die sich der meißelnde Handwerker bewußt gewesen ist.

In mexikanischen Kodizes werden Sternenbeobachter und ihre astronomi-schen Gerätschaften zum Anvisieren der Gestirne abgebildet. (Zeichnung nach Morley).

Der Ausgangspunkt der Berechnung aller Mayadaten liegt abermals Jahrmillionen in der Vergangenheit versenkt. Was trieb diese Menschen zu solchen Gedankenleistungen? Gelangten sie zu dem Schluß, daß Zeit ohne Anfang sei, ewig, wie Thompson glaubte?
Aber die Maya blickten auch in die Zukunft. Die alte Urwald-metropole Palenque birgt eine Hieroglyphenschrift, die auf das Jahr 4772 n.Chr. verweist. Hier geht eine 8000-Jahre-Periode zu Ende. Gleichzeitig findet das 80. Kalenderrunden-Jubiläum des Herrschers der Stadt, Pacals, am 23. Oktober 4772, acht Tage nach Ende der großen Periode, statt.

Zeitphilosophen

Die Maya – wie auch andere Völker Mesoamerikas – lebten in der Vorstellung, daß die Welt nach Ende eines großen Zyklus unterginge und dann neu erschaffen würde. So war das Univer-sum der antiken Maya (die »vierte Schöpfung«) nur eines von mehreren, die bereits vorangegangen waren oder noch kom-

112

men würden. In dem Weltverständnis der Maya wurde der Untergang dadurch hervorgerufen, daß die jeweilige Grundsubstanz der Welt durch ihren Gegensatz zerstört würde: die Grundsubstanz Feuer zum Beispiel durch Wasser.

Fast hat es den Anschein, daß die Maya unserem Verständnis von Kosmos und Zeit gar nicht so weit entfernt standen. Einerseits machen die weit zurückreichenden Zählungen durchaus eine lineare Sichtweise deutlich, andererseits wird der zyklische Gedanke betrachtet. Linearität und Zyklizität überlagern sich. Unser eigenes, »modernes« Weltbild kennt ähnliche Grenzfälle. Der Urknall wird ca. 15 Milliarden Jahre zurückverlegt. Möglicherweise gab es vor ihm schon andere Universen, die durch Expansion und Kontraktion Schöpfung und Untergang fanden. Und auch über die zerstörerische Wechselwirkung von Materie und Antimaterie machen sich heutige Astronomen Gedanken. Zufall oder eine unglaubliche Parallelität zum Glauben der Maya?

Die zeitphilosophischen und mathematischen Konzepte waren erstaunlicherweise gleich zu Beginn der Maya-Ära am ausgeprägtesten. Kaum dem Neolithikum (Steinzeit) entwachsen,

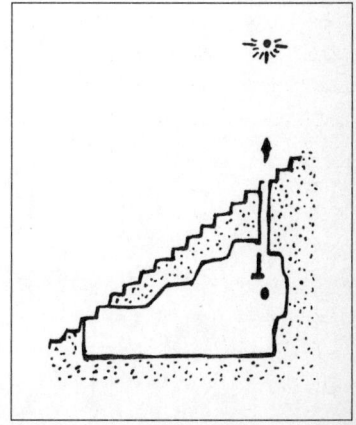

Aus einem unterirdischen Raum heraus konnte ein Beobachter durch einen exakt ausgerichteten Schacht Sonnen- und Sternbewegungen verfolgen.

113

rechneten sie bereits mit der Null. Was ist daran so erstaunlich? Die Null ist eine »Nicht-Zahl«, etwas, was eigentlich gar nicht vorhanden ist. Was dies bedeutet, wird vielleicht deutlich, wenn man weiß, daß selbst die mathematisch so begabten Griechen, die das pythagoreische Dreieck und die Zahl Pi für die Kreisberechnung fanden, ja sogar noch die Römer, keinerlei Anstalten machten, mit der Null zu rechnen oder sie gar in ihr Kalendersystem einzuführen.

Gerechnet wurde bei den Maya mit einem ebenso einfachen wie genialen Matrixsystem, das Addition, Subtraktion und Multiplikation mühelos durchführen ließ.

Die mathematischen, geographischen, kosmologischen und astronomischen Kenntnisse der Maya, die sie zum Teil von den Teotihuacanos geerbt zu haben scheinen, versetzen selbst den sensationsgewohnten Zeitgenossen in Staunen, der gerade im Begriff ist, ein neues Jahrtausend seiner eigenen Zeitrechnung zu überschreiten. Vollends stutzig aber muß es jeden machen, der von den vielfältigen erstaunlichen Phänomenen im mesoamerikanischen Kulturkreis hört, die so ganz und gar nicht in eine so weit zurückliegende Ära der Menschheit passen.

5

Kuriositäten am Rande des Phantastischen

>»Was in den Mythen unwahrscheinlich vorkommt,
erschließt uns den Weg zur Wahrheit. Je paradoxer
und ungewöhnlicher das Rätsel ist, desto mehr scheint
es uns zu mahnen, uns nicht auf das nackte Wort zu
verlassen, sondern uns um den in ihm verborgenen
Wahrheitsgehalt zu bemühen.«

Kaiser Julianus (331–363 n.Chr.)

Wie können Indizien dafür gewonnen werden,
daß ferne Sternenzivilisationen auf mesoameri
kanische Völker Einfluß genommen haben? Die Antwort: durch einen Vergleich des kulturell-technischen
Niveaus und seines geistig-religiösen Umfeldes mit
Artefakten, die absolut nicht in jene Zeit hineingehö-
ren. Ein Elektromotor zum Beispiel. Oder ein bearbei-
tetes Werkstück, das nur mit modernsten Mitteln herzustellen wäre. »Das ist doch unmöglich!« werden Sie
vielleicht denken. Doch eine intensive Suche hat exakt
dies zutage gebracht.

Der Galvanisierer der Huaxteken

Ein nicht unwesentlicher Bestandteil archäologischer und historischer Forschung ist die Rekonstruktion von Lebensumständen, Gerätschaften und Denkweisen unserer Vorfahren. Zeichnungen, Reliefs, Malereien, Texte, Artefakte, die nicht nur Wetter und Wind getrotzt, sondern auch die Wirren von Kriegen, Bränden, Katastrophen überdauert haben, dienen dabei als Ausgangsmaterial. Mit derselben Methode versucht auch der junge Forschungszweig der Paläo-SETI-Hypothese zu arbeiten. Dabei sind die Bedingungen, unter denen hier gearbeitet wird, weitaus schwieriger, fehlen doch bislang universitäre Lehrstühle, gut ausgerüstete Forschungsinstitute, Wissenschaftlerstäbe und die finanzielle Unterstützung von Staat, Stiftungen und der Wirtschaft. Dennoch ist dies kein Grund zur Resignation. Etliche technische Aggregate, Maschinen und Geräte konnten bereits entdeckt und rekonstruiert werden. Wenn dann mit den eigentlichen Arbeiten begonnen wird, kommt es oft zu einer ausgesprochenen Sensation.

Eines Tages stießen mein Bruder, Dr. Johannes Fiebag, und ich auf einen kleinen Anhänger aus der Huaxtekenkultur, der uns wie die primitive Zeichnung eines technischen Vorganges anmutete. Aber wir sind keine Techniker. Ein glücklicher Zufall wollte es, daß der Elektroinstallateur Markus Nicklas mit uns in Kontakt trat. Er hatte eine Arbeitsgruppe innerhalb der *Ancient Astronaut Society* gegründet, einer weltweiten Gesellschaft zur Erforschung der Vergangenheit unter dem Gesichtspunkt der ETI-Hypothese. Wir zeigten ihm unsere Entdeckung. Markus Nicklas nahm ein Foto mit und begab sich sogleich an die Arbeit. Was er herausfand, stellt ein wichtiges Indiz für die Annahme dar, daß eingeweihte Maya über ein unglaubliches Wissen verfügten.

Im oberen Bereich der Darstellung befinden sich zwei deutlich erkennbare, einander zugewandte menschliche Gestalten in traditioneller Maya-Kultkleidung, bestehend aus einem helmähnlichen Kopfschutz, einem eng anliegenden »Anzug« und einem Hüftgürtel. Maskenartig sind Mund und Nasenbereich bedeckt, ähnlich einem Arzt während einer Operation oder einem Techniker im Labor. Die linke Gestalt schüttet eine Substanz in eine unter ihr und im Zentrum der Abbildung angebrachte Schale. Die rechte Figur, möglicherweise eine Frau, hält einen länglichen Gegenstand in ihren Händen, ihr Blick richtet sich unmittelbar auf den oberen Bereich dieses Gegenstandes (siehe Fototeil).

Unterhalb der beiden Gestalten finden sich jeweils zwei auf den ersten Blick sehr komplizierte Strukturen, die traditionell wohl als Schmuckbestandteile gedeutet werden (Schnecken-, Schlangen- und Flügel- bzw. Federndarstellung). Neben und unter der schon erwähnten Schüssel verlaufen sich umeinanderwindende und kreuzende Linien oder »Wege«, die in einen größeren Behälter im unteren Teil der Abbildung führen. Dieser Behälter ist im Aufschnitt dargestellt und mit einer Flüssigkeit gefüllt (Wellendarstellung). Im Zentrum schwimmt ein undefinierbarer Gegenstand, links und rechts von ihm tauchen zwei langgezogene Zapfen in die Flüssigkeit, darunter finden sich zwei augenähnliche, elliptische Strukturen. Der Behälter selbst besteht aus zwei Schichten.

Der Anhänger ist aus einer Muschel gearbeitet und ca. zehn Zentimeter lang. Er stammt aus der Zeit zwischen 1000–1250 n.Chr. (Panuco-V-Epoche) und wurde in der Region des heutigen Vera Cruz (Mexiko) gefunden. Das Original ist im Besitz des Middle American Research Institute, New Orleans, USA. Nach traditionell-archäologischer Deutung handelt es sich bei der Darstellung um »zwei Götter bei einer kultischen Handlung«.

Ausgehend von den dargestellten Details und ihrer Einordnung in das Gesamtmotiv schlugen wir eine technische Interpretation der Abbildung vor. Wir lösten die Zeichnung zu Beginn der Rekonstruktionsarbeiten in einzelne Fragmente auf. Diese wurden unterschiedlich farbig gekennzeichnet und vergrößert. Mit einem Graphik-Programm ließen wir dann die Bildteile mit heute bekannten technischen Aggregaten vergleichen. Dadurch gelang es, die einzelnen »Bausteine« auf ihre ursprüngliche Bedeutung zurückzuführen und vernünftig in die Gesamtrekonstruktion einzufügen. Das Resultat war die Darstellung eines Galvanisierungsvorganges.

Der Galvanisierungstechnik liegt das Prinzip der Elektrolyse zugrunde. Hierbei werden mit Hilfe von elektrischem Strom die Elektrolyten einer Substanz (z.B. Metallsalz) in einem Wasserbad getrennt. Daraufhin lagert sich das Metall an der negativen, leitend gemachten Elektrode (Kathode) ab und formt ihre Struktur nach. Man erhält so metallene Überzüge bestimmter Gegenstände. Ein spezielles Verfahren ist das sogenannte Galvanisieren, das insbesondere zur Abformung eines Druckstockes oder Schriftsatzes verwendet wird. Dazu wird das Original zunächst in eine Wachs- oder Weichblechtafel geprägt, wobei das Wachs durch einen Graphitüberzug leitend gemacht werden muß. Während des Galvanisierungsvorganges schlägt sich dann eine Metallschicht auf der Matrize nieder. Das Wachs wird später herausgeschmolzen und die Matrize mit Blei ausgegossen.

Für den Galvanisierungsvorgang benötigt man folgende technische Einheiten: einen Stromerzeuger, Stromzuleitungen, eine Anode (Plus-Pol), eine Kathode (Minus-Pol), Galvanosalze (Metallsalze), einen Behälter, in dem der Vorgang abläuft, Matrizen der zu galvanisierenden Gegenstände, eine Badeflüssigkeit und Regler, die die Zuleitung von Strom und Flüssigkeit steuern.

Bisher ist ein solches Gerät archäologisch nur ein einziges Mal dokumentiert. Es handelt sich dabei um eine »einfache«, jahrtausendealte Trockenbatterie aus Khujut Rabua/Bagdad, die nach dem galvanischen Prinzip funktioniert – zur Verblüffung der Archäologen. Vergleicht man nun moderne Galvanisierungstechnik mit der Darstellung der Huaxteken, ergeben sich ebenfalls offenkundige Übereinstimmungen (vgl. Foto 31).

118

Computerunterstützte Rekonstruktion

Die beiden Zuleitungen verlaufen etwa vom Bildzentrum sich kreuzend in den unteren Behälter. Bei genauerer Betrachtung stellt sich heraus, daß die Leitungen aus einzelnen Gliedern bestehen und durch Rundkennlinien, die die Gliedgelenke markieren, miteinander verbunden sind. Dadurch ergibt sich der Eindruck eines Schlauches, in dem Flüssigkeiten transportiert werden. Es zeigt sich, daß die Zuleitungen in Wirklichkeit aus je zwei Schläuchen bestehen, einem dicken und einem dünneren, und daß der dicke aus kleineren, kürzeren Gliedern zusammengesetzt ist als der dünnere.

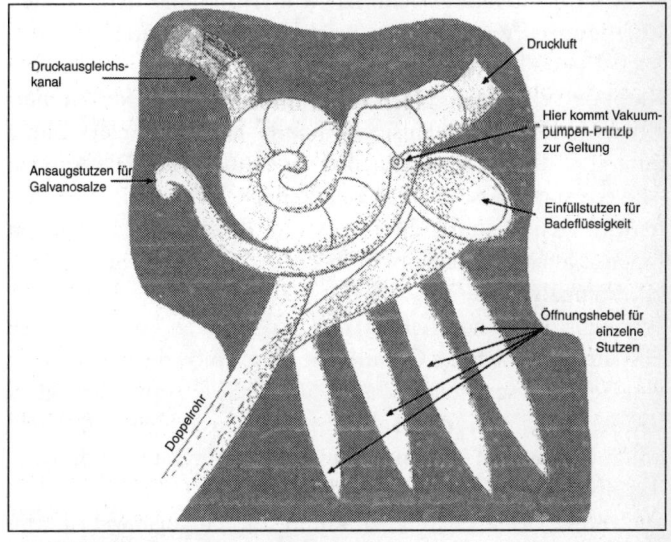

Unterhalb der beiden Gestalten finden sich rechts und links je zwei miteinander verbundene Einheiten. Die obere ist ein in sich gewundenes, schlauchförmiges Gebilde, die untere besteht aus drei bzw. auf der rechten Seite vier Strängen plus je einem Zusatzstrang, die den Eindruck von Hebeln hervorrufen. Tatsächlich könnte das obere Gebilde als Mehrwegventil mit Injektorpumpe und Badeflüssigkeitstrompete, das untere als damit zusammenhängende Einheit von Bedienungshebeln zum Öffnen und Schließen der Ventile erkannt werden. Die einzelnen Hebel dienen zum Öffnen des Ansaugkanals, zur Stromdichteregelung, zur Absaugumschaltung, als Mengenregler und zum Öffnen der Badeflüssigkeitstrompete.

Der eigentliche Galvanisierungsvorgang muß in einer sogenannten Badeflüssigkeit stattfinden. Sie ist im Behälter deutlich erkennbar. Im Zentrum des Behälters ist der zu galvanisierende Gegenstand zu sehen, der auf einem Sockel ruht. Als Kathode dienten offensichtlich die im Aufschnitt dargestellten Zuleitungen. Wurde der zu veredelnde Gegenstand auf den Sockel gestellt, war er über den Boden automatisch mit der Kathode verbunden. Nach exakt diesem Prinzip funktioniert z.B. ein Glockengalvanisierer, wie er heute zur Herstellung unterschiedlicher Massenartikel verwendet wird. Die Anoden sind ebenfalls ganz deutlich zu erkennen: Es sind die zwei zapfenförmigen Gebilde, die rechts und links in die Flüssigkeit ragen – auch dies entspricht in der Anordnung jener unserer Glockengalvanisierer.

Schauen wir uns noch einmal den dargestellten Vorgang an, so fällt auf, daß die linke Gestalt eine feine, pulverige Substanz in eine Schüssel schüttet. Es kann sich nicht um eine Flüssigkeit handeln, da sich die Substanz im abgebildeten Behälter anhäuft. Aus dem Gesamtzusammenhang ergibt sich, daß hier das Abfüllen des Metallsalzes dargestellt ist.

Die rechte Gestalt hält einen komplizierten, aus zwei röhrenförmigen Gebilden zusammengesetzten Gegenstand in den Händen, der nach unten gerichtet ist. Möglicherweise ist hier die Überprüfung des Ergebnisses durch Meßsonden dargestellt. Sogar eine Skaleneinteilung ist erkennbar.

Aus dieser Beschreibung ergibt sich, daß auf dem Huaxteken-

Anhänger drei nacheinander ablaufende Vorgänge nebeneinander dargestellt sind: zunächst das Abfüllen des gewünschten Metallsalzes, dann der eigentliche Galvanisierungsprozeß in einem Glockengalvanisierer und schließlich die Überprüfung des erzielten Ergebnisses.

Insgesamt resultiert aus der Abbildung folgender logischer Ablauf des Galvanisierungsprozesses:

1. Der zu galvanisierende Gegenstand wird in das leere Bekken gestellt. Er hat somit Berührung mit der Kathode.
2. Die Metallsalze des gewünschten Überzuges werden in die bereitstehende Wanne gefüllt.
3. Die Druckluftzufuhr wird geöffnet. Durch das Injektorprinzip gelangen die Salze über die Hauptleitung in das Becken.

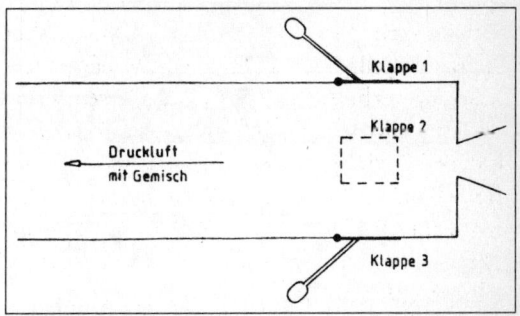

4. Das richtige Flüssigkeitspotential wird gesteuert. Die beiden »Augen« sollen zwei Zuleitungen im Querschnitt repräsentieren. Dies ist eine völlig richtige Darstellung, denn der innere Schlauch dient der Flüssigkeitszufuhr, durch den äußeren werden die Salze eingeblasen. Der Mantel des dünnen Schlauches dient dabei als Plus-Pol, der des dicken äußeren als Minus-Pol.
5. Sobald das Becken gefüllt ist, kann der Galvanisierungsprozeß beginnen. Der Strom (es genügen 1,5 – 2 Ampere/dm²) wird über einen der Hebel an der Seite eingeschaltet.

6. Die Stromleitung läuft ebenfalls über das Mehrwegventil. Dies ist eine sehr vernünftige und logische Anordnung. Je dicker die Metallschicht werden soll, um so stärker muß die Stromzufuhr sein. Ein entsprechender Regler sollte daher dicht bei den anderen Steuerungselementen angebracht sein. Wir finden ihn auf der rechten Seite der Bedienungsapparatur.

7. Nach Beendigung des Galvanisierungsvorganges kann die Richtung des Luftstroms umgekehrt werden. Die Injektorpumpe saugt nun nach dem gleichen Prinzip die verbrauchte Flüssigkeit wieder ab. Das Becken steht damit für einen folgenden Arbeitsgang zur Verfügung.

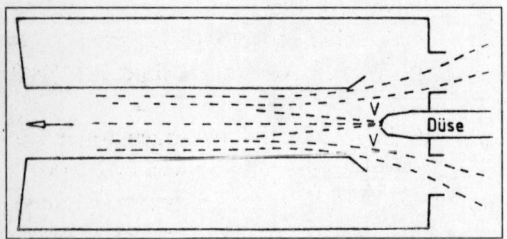

Der huaxtekische Künstler, der das Amulett schuf, arbeitete sehr sorgfältig und übersah selbst kleinste Details nicht. So offenbart uns die Anlage einen relativ hohen Kenntnisstand in moderner Elektrotechnik, physikalischer Chemie und Optik bereits vor Jahrhunderten.

Der Zauberstamm der Huaxteken

Wer waren die Huaxteken, die möglicherweise ein so erstaunliches Wissen über einen chemisch-technischen Vorgang besaßen?

Die Huaxteken selbst sind so geheimnisvoll wie ihre Kenntnisse. Eindeutig gehören sie in die Großfamilie der Maya. Aber sie bereiten den Altamerikanisten erhebliches Kopfzerbrechen. Um 2 200 v.Chr. trennten sich die Huaxteken plötzlich vom Urstamm der Maya, der zu dieser Zeit vermutlich im Hochland von Guatemala ansässig war. Sie wanderten nordwärts und dann entlang des Xacbal-Stromes weiter zum riesigen Urwaldfluß, dem Usumacinta. Daraufhin schlugen sie möglicherweise einen Weg Richtung Westen ein, um schließlich nördlich, entlang der Golfküste zwischen 1500 und 1000 v. Chr. in Vera Cruz an den Ufern des Panuco-Stromes zu siedeln.[1]

Schon der Archäologe A. M. Tozzer[2] hatte sich die Frage gestellt, warum eine Maya-sprachige Gruppe völlig isoliert von dem kulturellen Aufstieg aller anderen Maya, fern in Vera Cruz, beheimatet war. W. Westphal bringt es schließlich 1991 auf den Punkt:

»Die Feststellung,... daß die Huaxteken sozusagen von einem Ende Mesoamerikas zum anderen abgewandert sind, erklärt noch nicht, warum sie diese doch offensichtlich recht ungewöhnliche Wanderung unternahmen. Diese Frage hat bisher noch niemand beantwortet: Sie ist meines Wissens nicht einmal gestellt worden.«[3]

Ein Geheimnis lastet auf den Huaxteken somit schon von ihren Anfängen her, ein Geheimnis, auf das wir im letzten Kapitel noch einmal zurückkommen werden. Bis heute hat eine kleine Gruppe dieses Maya-Stammes überlebt und kämpft für ihre Rechte als kulturelle Minderheit. Das Wissen der Huaxteken scheint jedoch, soweit es nicht bildlich festgehalten wurde, verlorengegangen zu sein. Führt man sich die barbarischen Greueltaten der spanischen Eroberer Cortés und de Garay vor Augen, so kann dies kaum verwundern. Cortés griff 1521 mit 120 Reitern, 300 Fußsoldaten, 40 000 indianischen Kriegern und Geschützen das Land der Huaxteken an und tötete viele Maya-Huaxteken in einer großen, blutigen Schlacht. Plünderungen und Vergewaltigungen provozierten die Huaxteken schließlich dermaßen, daß sie dennoch zwei Jahre darauf einen gut organisierten Aufstand wagten.

»Und als sie sahen, wie die Spanier im ganzen Land verstreut waren und welche Untaten sie unter den Einheimischen begingen, indem sie ihnen die Frauen und das Essen raubten und ähnliche Schandtaten mehr, gab dies Anlaß, daß das ganze Land sich erhob ...«[4]

Am Ende werden unzählige Huaxteken niedergemetzelt, 400 Häuptlinge werden verbrannt und unter dem grausamen Regime des Gouverneurs Nuño de Guzmán große Teile des Volkes der Huaxteken in die Sklaverei auf die Antillen-Inseln geschickt. Als 1530, nur neun Jahre nach Cortés' Siegeszug, der Franziskanerpater Andrés de Olmos der schrecklichen Herrschaft der Konquistadoren ein Ende setzen kann, sind von den Huaxteken nur noch wenige übriggeblieben.

Ein Jahrhundert zuvor waren die Huaxteken-Indianer aber schon unter die Tributherrschaft der Azteken gekommen. Moctezuma I. errang durch einen Hinterhalt den Sieg, indem er 2000 mit Stroh verkleidete Krieger entlang den Flanken postierte. Die huaxtekischen Kämpfer wurden gefangengenommen und in einem Triumphzug in die Hauptstadt der Azteken, nach Tenochtitlan, gebracht. Dort wurden sie am Fest des Gottes Xipe Totec, »Unser Herr, der Geschundene«, rituell geopfert, indem sie nach kurzem Kampf die Herzen herausgeschnitten bekamen und enthäutet wurden. Später führte der Aztekenkaiser Ahuitzotl erneut an Holzjochen und an durchstochenen Nasenflügeln gekettete Huaxtekenkrieger und Fürsten nach Tenochtitlan. Daß nach all diesen Vernichtungszügen kaum noch überliefertes Geheimwissen gerettet werden konnte, ist somit nicht verwunderlich.

Wir wissen jedoch: Die Huaxteken hatten eine eigene alte Tradition und Kultur. In Bildhandschriften werden sie in fremdländisch wirkenden, prunkvollen Kleidern und mit konischen Hüten dargestellt. Sie galten bei ihren Nachbarstämmen als

Volk der Zauberer, was uns angesichts der Galvanisierungs-anlage nicht mehr wundern kann. Wer ein derartiges Wissen besaß, wer unbegrenzt Duplikate komplizierter Schmuckge-genstände anfertigen konnte und schließlich über elektrischen Strom verfügte, muß für die damaligen Menschen mit magi-schen Kräften versehen gewesen sein.

Es gibt andererseits nirgendwo im mexikanischen Raum Hin-weise auf eine entsprechende Entwicklung dieser Kenntnisse und Technik. Wir stehen also auch hier vor der Frage, woher die Huaxteken ihr spezialisiertes Wissen hatten – eine Frage, die für viele andere inzwischen rekonstruierte Gerätschaften ebenso gilt.

Eine solche wiederhergestellte Maschine ist hierbei für uns von besonderem Interesse. Nicht abgebildet auf dem Huaxteken-Anhänger wurde nämlich der Stromgenerator, der die zum Galvanisieren benötigte Energie lieferte. Doch ohne ein ent-sprechendes Aggregat wäre die Rekonstruktion fast bedeu-tungslos. Verblüffenderweise existiert jedoch genau ein sol-ches technisches Artefakt!

Die Tolteken und der Elektromotor

Die Tolteken besaßen einen Elektromotor. Zu dieser spekta-kulären Einschätzung gelangte der schwedische Ingenieur Rei-nold Carleby. Er hatte das Buch »Meine Welt in Bildern« von Erich von Däniken gelesen, in dem dieser über einen tolteki-schen Tonteller geschrieben hatte: »Mit Archäologenblick ist es ein ›verzierter Tonteller‹. Ich bitte, meiner Betrachtungs-weise einmal zu folgen. Man decke den inneren Kreis mit dem Indianergesicht ab; was übrigbleibt, im äußeren Kreis, vermit-telt den Eindruck einer elektrischen Apparatur. Alle Details zum Betrieb sind erkennbar ...«[5]

Reinhold Carleby reizte dieses Gedankenspiel. Sollte von Däniken tatsächlich recht haben – oder ließe sich seine These flugs widerlegen? Der Ingenieur machte sich an die Arbeit. Das Ergebnis war, daß der 1000jährige Teller tatsächlich einen Elektromotor darstellen kann.

Carlebys Rekonstruktion geht von einem inneren Kreis mit einem symbolischen Indianergesicht aus. Dies, so der Pragmatiker aus der Elektrobranche, ließe sich leicht als der Rotor eines Elektromotors bestimmen. Der um ihn herum gelegte Ring sei der Stator, und das äußere Muster stelle das Gehäuse eines Motors dar. Kupferwicklungen, die Kohlen, die Ankerschuhe, die elektrischen Ein- und Ausgänge der Leitung seien ebenfalls erkennbar. Als ständige Antriebsquelle, so der skandinavische Ingenieur, sei der Elektromotor allerdings nicht verwendet worden, da er nur für jeweils kurze Zeit in Betrieb hätte gesetzt werden können. Doch trotz der einfachen Bauweise – und das ist entscheidend – war der Motor sehr gut dazu geeignet, technisch Unverständigen die Funktionsweise einer solchen Maschine näherzubringen.

Carleby ist davon überzeugt, daß die Tellergravur nach weit älteren Konstruktionszeichnungen oder einem Modell angefertigt worden sei. Daß die Zeichnung offenbar eine entsprechende Konstruktionszeichnung darstellt, konnte Carleby belegen, indem er ein Modell davon anfertigte. Das Ergebnis war ein funktionierender Elektromotor.

Nun sind die Tolteken, aus deren Kulturkreis die Abbildung stammt, keine Maya. Dennoch ist ein enger Kontakt zu dem Nachbarvolk der Huaxteken gesichert.

Nach Teotihuacáns abruptem Ende hatte sich in Zentralmexiko ein Machtvakuum ausgebreitet. Um das Jahr 1000 n. Chr., also etwa zwei bis drei Jahrhunderte nach dem Exodus der gewaltigen Metropole im Tal von Mexiko, boomte ca. 65 Kilometer nordwestlich von Teotihuacán eine neue Metropole: Tula, die Hauptstadt des Toltekenstaates.

Das Volk der Tolteken war äußerst kriegerisch geprägt. Überlieferungen und Steinreliefs lassen einen Krieger- und Militärstaat, der nach blutigen Menschenherzen, Knochen und Totenschädeln für seine Götter verlangte, plastisch vor unseren Augen erstehen. Bis zu 100 000 Krieger und Untertanen konnten sich auf dem riesigen Exerzierplatz in Tula versammeln, um hier heilige Kulte zu zelebrieren.

Die Blüte Tulas (auch Tollan genannt) kam ebenso rasch, wie sie dahinwelkte. Schon um 1050 n.Chr. werden die Wohngebiete aufgegeben, das zeremonielle Zentrum wird durch einen Brand verwüstet, die Pyramiden werden zerstört, unter großem Arbeitsaufwand übrigens.

Berichte über die sagenhaften Tolteken und ihren mysteriösen Herrscher Ce Acatl Quetzalcoatl, die »gefiederte grüne Schlange«, sind uns u. a. von den Azteken überliefert. Sie sahen in den Tolteken ihre mythischen Vorfahren. Tula, das später oft mit dem paradiesgleichen Tollan identifiziert wurde, wird nach Aufzeichnungen der spanischen Konquista als ein Ort der Wissenschaften, Künste und überragenden handwerklichen Tätigkeiten beschrieben, die seine Bewohner unmittelbar von ihrem Gott gelernt hätten. Die Metallurgie beherrschten die Tolteken beispielsweise schon. Auch seien sie mit unvergleichbarer Weisheit ausgezeichnet gewesen, die erst in der Zeit des Unterganges von interner Zwietracht verdrängt worden sei. Das Gebiet, in dem Tula lag, heißt in der indianischen Nahuatl-Sprache bis auf den heutigen Tag »Teotlalpan«, »Land der Götter«.

Angebetet haben die Tolteken nur einen einzigen Gott, eben Quetzalcoatl, der einen sanftmütigen Kult verlangte. Im Gegensatz zu späteren, blutigen Zeiten, sollten ihm nur Blumen, Schlangen und Schmetterlinge geopfert werden.

Eine bislang nicht eindeutig geklärte Vermischung des legendären Gottes und des Herrschers, Ce Acatl Quetzalcoatl, der neben seinem eigentlichen Namen »Eins Binse« noch den Quetzalcoatl-Titel geführt zu haben scheint, sorgt für etliche Verwirrung in der Auslegung der Erzählungen. Soviel jedenfalls ist klar: Quetzalcoatl verließ eines Tages Tollan, nachdem er selbst »sündig geworden war«. Er zog von Ort zu Ort, vollbrachte ungezählte Wunder und »verbrannte« sich schließlich selbst, worauf er zum Morgenstern wurde.

In den Annalen von Cuauhtitlan wird berichtet, wie er seinen »obersten Gefieder-Meister« kommen ließ:

»Dieser fertigte ihm erst den gefiederten Kopfschmuck des Quetzalcoatl. Dann machte er seine grüne Maske ... Dann fertigte er Schlangenzähne, schließlich seinen Bart aus Federn vom roten Löffelreiher und dem blauen Kotinga, die er dann auf dem Rücken anlegte ...

Nachdem er in diesem Jahr an der himmlischen Grenze des göttlichen Wassers angekommen war, hielt er an, weinte, ordnete sein Gewand, seinen Federkopfschmuck und seine grüne Maske, dann machte er sich bereit und setzte mit eigener Hand seinen Körper in Brand und wurde ein Raub der Flammen. Aus diesem Grunde wurde dieser Platz der Ort der Verbrennung genannt. Sie sagen, als er brannte und seine Asche emporstieg, kamen alle Vögel des Paradieses heraus, um zu sehen, wie sie zum Himmel stiegen, der blaue Kotinga, der Trogon, die Papageien und viele schöne Vögel ... Soweit bekannt ist, stieg er zum Himmel auf und ging hinein.«

Nach acht Tagen kehrte der göttliche Herrscher als Morgenstern wieder. Wir wissen, mit welcher Genauigkeit und Ausdauer die Völker Amerikas die Venus, den Morgen- und Abendstern, beobachtet haben. Sollten die Tolteken (respektive die Erzähler der Azteken) so naiv gewesen sein, den Fortgang ihres Gottes mit dem Gang der Venus gleichzusetzen? Sicherlich nicht ohne Grund. Die eigenartige »Himmelfahrt« der »gefiederten Edelsteinschlange« muß bei ihnen eine Assoziation besonderer Art hervorgerufen haben. Sollte Quetzalcoatl mit einem raketenartigen Flugkörper gestartet sein, »gezündet von eigener Hand«, der aus einer riesigen Feuer-, Rauch- und Aschenwolke in den nächtlichen Himmel Mexikos aufgestiegen war?

Ähnliche Mythen finden wir übrigens in der ganzen Welt. Eine der bekanntesten dürfte die des Phönix sein, eines göttlichen Vogels, der verbrennt, aber stets aus seiner Asche heraus wieder aufersteht.

Der feste Glaube an die Rückkehr und eine Art Erlösung durch den Gott Quetzalcoatl war es auch, den Cortés ausnutzte, um das Reich der Azteken im Sturm zu erobern. Anfänglich war dieser weißhäutige, bärtige, in glänzender Rüstung daherreitende unfaßbare »Gott« von den indianischen Völkern als der langersehnte Quetzalcoatl identifiziert worden. Ein tragischer Irrtum!

Wenn wir den Ursprüngen der Tolteken und ihres Gottes nachgehen, so machen wir eine erstaunliche Feststellung. Die Tolteken setzten sich aller Wahrscheinlichkeit nach aus zwei Volksgruppen zusammen, die ethnisch wie sprachlich getrennt entstanden waren. Einerseits handelt es sich hier um Chichimeken, historischen Quellen zufolge »barbarische Stämme«, die aus dem Norden in das zivilisierte Mesoamerika vorstießen, andererseits um Nonoalca, die eine unglaubliche Wanderungsbewegung ausführten und in deren Verlauf – aus welchen Gründen auch immer – sich andere Stämme anschlossen, u.a. auch aus dem sich auflösenden Teotihuacán.

Nach Aufzeichnungen des frühen indianisch-spanischen Historikers Alva Ixtlilxochitl verbrachten die Nonoalcaner lange Zeit im Huaxteken Land, bevor sie mit dem zweiten Wanderungsstrom, der aus der entgegengesetzten Richtung kam, zusammenstießen.

Nigel Davies[7] stellt fest, daß der geflügelte und mit einer konischen Kopfbedeckung verehrte Quetzalcoatl, die führende Tolteken-Gottheit, bestimmte von den Huaxteken stammende Merkmale trägt, wie unter anderem in Bildhandschriften vergleichbar ist.

Hatten die Tolteken und Huaxteken dieselben Quellen ihres Wissens und ihrer Weisheit? Vieles deutet glaubwürdig darauf hin. Somit ist es auch nicht unwahrscheinlich, daß – sollte die

Rekonstruktion Carlebys richtig sein – auch die Huaxteken das Motorprinzip kannten. Forschungen in dieser Richtung, die einen solchen Verdacht bestätigen oder widerlegen könnten, erscheinen mir dringend notwendig. Das Ignorieren und Verschweigen von unbequemen und unkonventionellen Gedanken führt uns keinen Schritt weiter. Gegenseitige Offenheit für Argumente muß uns nun den Weg weisen.

Ein Maya-Motor beim Patentamt

Dr. Friedrich Egger und Dr. Klaus Keplinger sind zwei österreichische Wissenschaftler, die neuen Ansätzen nicht prinzipiell ablehnend gegenüberstehen. Sie gehen im Gegensatz zu vielen anderen Akademikern aufgeschlossen auch an ungewöhnliche Ideen heran. Die beiden waren Mitarbeiter an dem interdisziplinären ATARPA-Projekt der Universität Salzburg. »Sie alle waren Wissenschaftler, die bereit waren und sind, unorthodoxe Gedanken mit genau derselben wissenschaftlichen Sorgfalt zu behandeln wie ihre tägliche Forschung. Ziel des Vorhabens war es, technische Spuren bei alten Kulturvölkern in die Gegenwart hochzurechnen«, umschreibt Dr. Egger das Projekt.[5] Und was sie dort herausfanden, unabhängig von Carlebys Rekonstruktion, ist geradezu verblüffend.

»Die Entwicklung des Maya-Motors begann nun eines Tages, als Herr Keplinger zu mir kam und mir auf einem Zettel ein Rechteck mit zwei Diagonalen aufzeichnete ... Er meinte, es sei ein Motor. Dies versuchte er mir kinematisch (aus der Bewegung heraus) klarzumachen, und ich mußte ihm leider sagen, daß sich das Ding, so wie er es sich gedacht hatte, nicht gedreht haben konnte. Dies war einfach unmöglich.«

Angeregt war Dr. Keplinger durch ein Buch des Franzosen Charroux, der in verschiedenen Maya-Büchern, den sogenannten »Kodizes« (z.B. Troana-Manuskript), ein Gebilde aufgrund seiner Einordnung in den Gesamtzusammenhang als

Motor postulierte. Wie mit einem Schraubenschlüssel hantiert eine Person an diesem Gerät und bedient gleichzeitig eine Art

Beispiele aus dem Madrider Codes und dem Troano-Manuskript, die den Einsatz des Rotationskolbenmotors zeigen. Die gekreuzten Bänder finden in Texten u.a. für das Wort »an« Verwendung.

Pedal, während ein anderes Mal ein Gott mit einer »Fackel« oder einer »Keule« hantiert, um wie mit einem Hebel das eigenartige Ding in Betrieb nehmen zu können. Dr. Egger dazu: »Wir suchten eine wissenschaftliche, logische Lösung: Nach gründlichen Studien haben wir dann tatsächlich einen Motor rekonstruieren können, der jedoch anders arbeitet, als dies zuerst angenommen wurde. Wie aus der Querschnittzeichnung erkennbar ist, sieht man zwei ›Kegel‹ und eine schräg liegende Scheibe. Verbunden sind sie durch – wir haben sie so genannt – ›Flügel‹. Diese beiden ›Flügel‹ durchdringen die Scheibe an zwei Schnittlinien. Das ganze System ist fernerhin um seine Hauptachse drehbar und die beiden Kegel und die beiden ›Flügel‹ genau um diese Achse und Scheibe zu einer

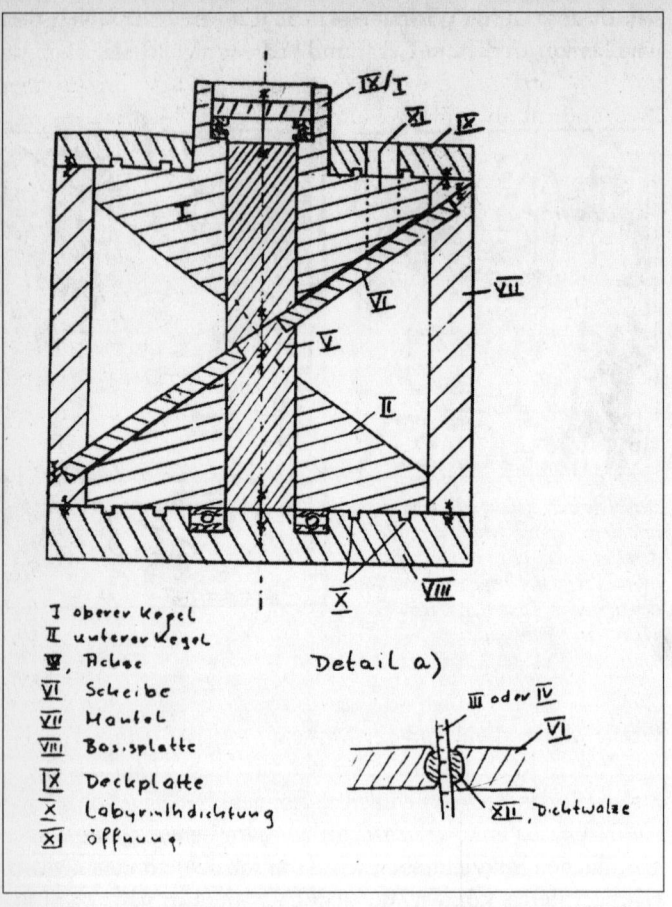

I   oberer Kegel
II   unterer Kegel
V   Achse
VI   Scheibe
VII Mantel
VIII Basisplatte
IX   Deckplatte
X   Labyrinthdichtung
XI   Öffnung

Detail a)

III oder IV
VI
XII Dichtwalze

Patentierter Rotationskolben-Motor von Dr. Egger nach Maya-Schriften.

dazu geneigten Achse ›b‹. Da sich die Scheibe schräg dreht, entstehen dadurch verschieden große Kammern. Der Motor
arbeitet, kurz gesagt, nach dem Schraubenprinzip der Durch-
dringung zweier Rotationsebenen.«
Dreht sich der Motor, so entsteht im oberen Teil eine kleine

Kammer, in die ein »Medium«, z.B. Gas, das sich ausdehnt, eingelassen wird. Es drückt den Flügel weiter. Schließlich ist eine 180°-Stellung erreicht. Die Maschine gibt ihr größtes Drehmoment ab, während auch der zweite ›Flügel‹ die dichtende Kante überschreitet und das Volumen einem Höchstwert entgegengeht. Bei 270° wird eine Auspufföffnung betätigt. Das Treibmedium entweicht.

»Wird dieses Größenvolumen nun verkleinert, entsteht gleichzeitig eine neue, zweite Kammer. Es liegen sozusagen zwei Maschinen vor, die gegenseitig in dieselbe Richtung arbeiten. Das bedeutet zugleich, daß die Kraftmaschine sehr kontinuierlich arbeitet. Dadurch, daß sämtliche Bewegungen kreisrund ablaufen, gibt es bei dieser Maschine auch nur sehr wenig Vibrationen.«

Der Wirkungsgrad des Rotationskolbenmotors ist relativ hoch. Eine in Österreich ansässige Firma hat für eine Kammer mit 40 cm^3 bei etwa 10 Atmosphären Betriebsdruck ohne Verluste 480 PS Leistung errechnet.

»Das ist ziemlich gewaltig«, führt Egger aus. »Unser eigenes Modell liefert bei 500 Umdrehungen je Minute etwa 25 PS. Dies entspricht dem Drehmoment eines Mercedes der oberen Preisklasse. Ein herkömmlicher Motor in dieser Größenklasse entwickelt bei 5000 Umdrehungen je Minute nur etwa 200 PS.«

Auf die Frage, warum bei der Rekonstruktion ein Dampfmotor und nicht ein Verbrennungsmotor angenommen wurde, was ebenfalls möglich gewesen wäre, antwortet Egger:

»Zum einen können Skizzen, die im Zusammenhang mit dem Motor stehen, als Druckkessel interpretiert werden, bei dem noch nicht einmal das Regelventil vergessen wurde. Zum anderen zeigen Studien, beispielsweise einer schwedischen Automobilfirma (vgl. »Schweizer Automobil-Revue«, 20.2.1975), daß ein solcher Dampfmotor/-kessel einige Vorteile besitzt. Und zwar deswegen, weil wir für einen Benzinmotor immer hochwertige Treibstoffe brauchen, wohingegen man einen

Dampfkessel zur Not auch mit ›zehn Filzpantoffeln pro Kilometer‹ betreiben kann.«

Eine Million Schilling verschlang dieses Projekt insgesamt. Aufregend war für alle selbstverständlich der »Stapellauf« des Pro-
totyps, bei dem bis auf tausendstel Millimeter genau gearbeitet
worden war. Die Mühe hatte sich doppelt gelohnt: Es war
bewiesen worden, daß die theoretischen Überlegungen richtig
gewesen waren und die Maya tatsächlich einen Rotationskol-
benmotor gekannt haben können; und zweitens konnte der
Motor schon bald nach seiner Fertigstellung in vielen Ländern
zum Patent angemeldet werden, darunter auch in den USA.

Dr. Egger resümiert sehr richtig, daß dies nur ein Mosaikstein
in einem Bild sei. Aber aus den einzelnen Mosaiksteinen setzt
sich mehr und mehr ein Gesamtbild zusammen. Die Völker
Mesoamerikas scheinen tatsächlich ein technisches Wissen
besessen zu haben, das man ihnen, die z. T. als in der Steinzeit
lebend betrachtet wurden, bislang nicht zutraute. Von wem
erhielten sie es zu einer Zeit, da auf der Erde die Entwicklung
von Motoren noch in weiter Ferne lag?

Das Mysterium des kristallenen Schädels

Kanada, 1985. Kerzen brennen. Der Raum ist in mystisches
Dunkel getaucht. Ein Schädel aus Kristall liegt leuchtend und
rötlich schimmernd auf einem Tisch. Um ihn herum sitzen
mehrere Personen und meditieren. Sie alle sind Mitglieder der
Society of Crystal Skulls und versuchen, über den rätselhaften
Totenschädel per Gedankenkraft Informationen aus einer
anderen Welt zu erhalten. Nach mehreren dieser Sitzungen
sind sie felsenfest davon überzeugt, daß dieses Objekt von
Außerirdischen oder aus dem sagenhaften Atlantis stammen
müsse und sie über ihn Kontakt zu Insassen von UFOs gehabt
haben.

Die Bestimmung des Objektes solle die Herstellung einer metaphysischen Kommunikation zu extraterrestrischen Wesen sein. »Dies ist das energiereichste, kraftvollste Werkzeug, das für die Erweiterung unserer Sinne existiert; es wird unsere parapsychologische Forschung revolutionieren«, behauptet Sandra Bowen, die 1981 im Zusammenhang mit dem Schädel einen UFO-Kontakt gehabt haben will. Nick Nocerino, einer der bekanntesten Parapsychologen Kaliforniens, vertritt sogar die Auffassung: »Dieser Schädel umfaßt die unerkannten Geheimnisse des Universums und des Lebens selbst.« Und der amerikanische Schriftsteller Joshua Shapiro gelangte nach einem Kontakt mit dem rätselhaften Objekt zu der Ansicht, es solle der Menschheit helfen, weltumfassenden Frieden zu schaffen und ein Goldenes Zeitalter zu bringen.[8]

Was ist dies für ein eigenartiger Schädel? Was ist dran an dieser eigentümlichen Story?

Berichte von einer unerforschten Ruinenstadt im südlichen British Honduras (Belize), nahe des Rio Colombia, erreichen den Gouverneur der britischen Kronkolonie im Jahre 1903, worauf der Amateurarchäologe Thomas Gann[9,10,11,12] mit der Erforschung des fraglichen Gebietes beauftragt wird. Kurze Zeit später stößt dieser tatsächlich mitten im tropischen Regenwald auf überwucherte Strukturen. Sein Bericht gelangt schließlich an R. E. Merwin[13] vom Peabody Museum in Harvard, der 1915 zu Feldforschungen aufbricht, Strukturen freizulegen beginnt und Übersichtskarten anfertigt.

Dr. Gann kehrt im Jahre 1924/25 in die versunkene Stadt zurück, die auf den Namen »Lubaantun« getauft wird, was soviel bedeutet wie »Platz der gestürzten Steine«. Er vermutet, die älteste Maya-Stadt Zentralamerikas entdeckt zu haben, eine Schätzung, die sich jedoch später als falsch herausstellen sollte. In seiner Begleitung befindet sich F. A. Mitchell-Hedges, dessen Adoptivtochter Anna, seine Sekretärin Jane Houlson, Captain Joyce vom Britischen Museum und Lady Richmond-Brown, die ihn während mehrerer Grabungskampagnen begleiten werden.

Es ist das Jahr 1927. Wieder arbeiten die Forscher in der spätklassischen Maya-Metropole Lubaantun. Erst ansatzweise sind eine mehrstufige, steinverkleidete Plattform auf einer großen, künstlich aufgeschütteten Terrasse, halbverborgene Tempel, ein Ballspielplatz und Pyramidenstümpfe zu erkennen, die das kleine Archäologenteam umgeben. Die Regenzeit wird bald beginnen, und sie alle wissen, daß dann jedwede Arbeit unmöglich ist.

Hunderte Muscheln, Teile eines menschlichen Schädels, etliche Begräbnisstätten und polychrom bemalte Gefäße haben sie bereits ausfindig machen können und archivieren sie hastiger als sonst. Da ereignet sich etwas Unglaubliches. Anna Mitchell-Hedges findet ausgerechnet an ihrem Geburtstag beim Herumstöbern in den Ruinen eines Altares einen Totenschädel aus Kristall:

»Wir haben den Platz gesäubert und die Steine weggeräumt. Zwei Männer mußten die Steine schleppen. Als ein Sonnenstrahl auf die Stelle fiel, sahen wir etwas glitzern. Wir waren sehr aufgeregt und haben alle Steine entfernt. Die Maya, die bei uns waren, fielen auf die Knie, denn sie hatten von einem Gott hier gehört. Vorsichtig haben wir die Stelle freigelegt und von Sand gesäubert. Wir waren überglücklich. Wir lachten und weinten.«[14]

Das Gewicht des Artefaktes beträgt 5,3 Kilo und ist aus einem einzigen bearbeiteten Bergkristallblock herausgeschliffen worden. Der Schädel wurde nach den Beschreibungen Mitchell-Hedges neben dem großen Altar gefunden. Er scheint damit eine besondere Bedeutung besessen zu haben. Sein Alter ist unbekannt. Frank Dorland, archäologischer Konservator, gibt eine Zeitspanne von 1000 bis 12 000 Jahren an. Eine intensive Suchaktion fördert schließlich den dazugehörigen Unterkiefer zutage.[15,16]

»Vater sagte, daß noch ein Stück fehle ... Wir arbeiteten daher sehr vorsichtig weiter, um nichts zu zerbrechen. Wir hatten drei Männer und Frauen, die uns bei der Arbeit halfen. Wir mußten sehr auf Skorpione, Tausendfüßler und vor allem Schlangen achtgeben. Drei Monate später fanden wir den Unterkiefer.«[14]

Doch erst in den 30er Jahren unterrichtet Frederick Mitchell-Hedges eine staunende Öffentlichkeit von dem eigenartigen Fund. Am 24. Februar 1935 publiziert er in der Sonntagsausgabe des »New York American« einen Artikel, in dem er feststellt:
»Von den Hunderten von Objekten, die wir hier entdeckten, gehörte nicht ein einziges zu einer bekannten Kultur.« Gleichzeitig mystifiziert er seinen Fund, indem er notiert: »Es wird behauptet, daß, wenn er (der Hohepriester der Maya) mit Hilfe dieses Schädels den Tod über jemanden verhängte, dieser Mensch auch tatsächlich starb. Der Schädel ist als Verkörperung des Bösen schlechthin beschrieben worden.«
Der Fund erregt ungewöhnlich hohes Aufsehen und wird in der folgenden Zeit zu einem der umstrittensten archäologischen Stücke der Welt werden. Obgleich die zahllosen von Mitchell-Hedges geborgenen kleinen und großen Schätze nie auch nur einen Hauch von Fälschungsverdacht aufkommen ließen, hier stand plötzlich die internationale Fachwelt gegen den Archäologen und seine Entdeckung. Der Kristallschädel fiel einfach aus dem gewohnten Bild, das man sich von den Maya gemacht hatte.
Nicht, daß die antiken Völker die Bearbeitung von Quarz nicht gekannt hätten. Gerade in Mexiko sind etliche solcher Kleinode gefunden worden. Im Museum von Oaxaca, in der Blake Collection des United States National-Museum, in der Douglas Collection von New York und im Trocadéro-Museum in Paris kann man sie heute bewundern. Im Britischen Museum in London ist sogar ein weiterer lebensgroßer Quarzschädel zu sehen, der 1889 in Mexiko gefunden wurde und den Azteken oder Mixteken zugeschrieben wird.
Was läßt die Mayaisten dann aber an der Echtheit des Fundes von Lubaantun zweifeln?

1. Es wurde vermutet, Frederick Mitchell-Hedges habe seiner Pflegetochter ein Geburtstagsgeschenk machen wollen und habe den Schädel »wie ein archäologisches Osterei« in den Trümmern versteckt.
2. Die relativ lange Zeitspanne von der Entdeckung bis zur Veröffentlichung des Fundes könnte darauf hindeuten, daß der Archäologe »ein schlechtes Gewissen« gehabt hat.
3. Schädelkulte gab es zwar in zentralmexikanischen Kulturen, beispielsweise bei den Azteken und Mixteken, nicht jedoch bei den Maya-Völkern.

Für die Echtheit spricht:

1. Das Objekt ist hervorragend ausgearbeitet worden. Zwei exakt ineinander passende Teile, Schädeloberpartie und ein dazugehöriger Unterkiefer, liegen vor. Die Augenhöhlen, die Jochbögen und Warzenfortsätze sind meisterlich ausgeformt.
2. Frederick Mitchell-Hedges konnte nie ein unseriöses Verhalten bei seinen Ausgrabungen nachgewiesen werden.
3. Er war an finanziellen Vorteilen aus seiner Ausgrabung nicht interessiert.

Aufregende Untersuchungen

Der britische Archäologe Norman Hammond, der selbst lange Zeit in Belize Ausgrabungen leitete, vertrat in einem Fernsehinterview die Ansicht, Mitchell-Hedges habe zum einen gegen die bestehenden Gesetze verstoßen, sollte er den Schädel tatsächlich nicht ordnungsgemäß verzeichnet und für sich selbst behalten haben. Außerdem behauptete er:
»Das ist nicht Maya. Es gibt keinen Grund, warum es überhaupt präkolumbisch-amerikanisch sein sollte. Meiner Meinung nach gibt es überhaupt keinen Beweis dafür, daß der

Schädel jemals auch nur in der Nähe von Lubaantun oder in Mittelamerika gewesen ist. Bergkristall wurde von den Maya nicht gebraucht ... Die Darstellung dieses Schädels ist nicht im Stil der Maya-Kunst gehalten. Lubaantun, das wissen wir von den Ausgrabungen, war nur vom 7. bis 9. Jahrhundert bewohnt. Man hat dort keinen anderen Bergkristallschädel gefunden. Der einzige Hinweis, der dieses – zugegebenermaßen sehr schöne Stück – mit Lubaantun verbindet, ist die Geschichte von Frau Mitchell-Hedges, die unbeweisbar ist und im Gegensatz zu allem steht, was wir wissen.«[14]

Ferner gibt Hammond zu bedenken, daß es keine Erwähnung des Fundes in den Berichten ihres Vaters und des beteiligten Britischen Museums gebe. Vor Ort und Stelle erinnere sich niemand an die Vorgänge. »Das erste Mal, daß er irgendwo erwähnt wird, ist 1954.«

Die Argumentation von Prof. Hammond ist jedoch nicht ganz schlüssig, denn zum einen liegt die erste Publikation bereits aus dem Jahre 1935 (»New York American«) und nicht aus dem Jahre 1954 vor. Und schon 1932 wurde Dr. Adrian Digby vom Britischen Museum in London damit beauftragt, den Schädel zu vermessen und Vergleiche mit dem 1903 vom Museum erworbenen Azteken-Kristallschädel anzustellen. Zum anderen verwundert es kaum, daß sich heute die wenigen damals beteiligten einheimischen Maya nicht mehr auffinden lassen.

Warum sich Hammond zu der Argumentation versteigt, gegen die Echtheit des Schädels spräche, daß Lubaantun nur vom 7. bis 9. Jahrhundert besiedelt gewesen sei, mögen allein die Maya-Götter wissen. Wissenschaftlich ist dieses Argument nicht. Schließlich führt er gegen das Objekt an, nur ein einziger Schädel sei in der Maya-Stadt gefunden worden. Auch dies läßt sich selbstverständlich nicht als abwertend für die Echtheit heranziehen, da sonst sämtliche Unikate in der Archäologie Fälschungen sein müßten.

Und die weitgehend realistische Darstellung des Schädels schlicht als »Das ist nicht Maya!« zu deklassieren, ist ebenfalls so nicht haltbar. Daß der Schädel im Maya-Gebiet gefunden wurde und nicht etwa im aztekisch-toltekisch beeinflußten nördlicheren Mexiko, wo man ihn am ehesten kulturell ansiedeln müßte, verwundert nur auf den ersten Blick. Wir wissen, daß Lubaantun an Handelsrouten Anschluß hatte, die zu See oder zu Land in ferne Gebiete Mesoamerikas zogen. Die Maya pflegten einen recht intensiven Kontakt zu den verschiedensten Teilen Mittelamerikas. Der Schädel kann daher ein »Exportartikel« gewesen sein. Bei anderen Artefakten haben Archäologen mit dieser Methode jedenfalls keine Schwierigkeiten.

Darüber hinaus gab es sehr wohl auch im Maya-Bereich Schädeldarstellungen. Aus dem zeitlich etwas später anzusiedelnden Chichén Itzá sind solche in Mengen bekannt. Opfergaben von menschlichen Gebeinen waren übrigens während der gesamten Maya-Epoche üblich. Prof. Hammonds Argumentation steht also auf äußerst schwachen Beinen.

Könnte es sich, so wurde spekuliert, bei dem Schädel aus Lubaantun um eine Kopie des aztekischen handeln? Diese Ansicht war zwar 1936 von führenden Anthropologen in England aufgestellt worden, ließ sich jedoch nicht halten. Dr. Digby weist darauf hin, daß unterschiedliche Maße erkennbar seien und die Profile ebenfalls Abweichungen zeigen. Allerdings vertritt er die Ansicht, der Schädel müsse aus dem aztekischen Kulturbereich stammen, da die Maya oft deformierte Köpfe besessen hätten. Wir wissen jedoch, daß dies keinesfalls immer so war, wie uns das Skelett von Pacal lehrt.

Prof. Dr. Michael Ziegelmayer vom Institut für Humangenetik und Anthropologie in München erhielt vor wenigen Jahren den Kristallkopf zu Untersuchungen. Seine Expertise erlaubt keinen Rückschluß darauf, in welche Bevölkerungsgruppe der Schädel einzuordnen ist.

»Es fällt zwar auf, daß der Gesichtsschädel verhältnismäßig klein ist zum Gehirnschädel. Das kann künstlerische Freiheit sein, denn so etwas ist ja nie naturalistisch ... Ganz unabhängig davon, daß es immer problematisch ist, so einen einzelnen Schädel irgendeiner Population zuzuordnen, würde ich aufgrund dessen, was wir an dem Schädel feststellen können, nicht eine Zuordnung zu einer mittelamerikanischen Population wagen. Aber: Damit ist natürlich nicht gesagt, daß er nicht daher kommen kann.«[14]

Wie sieht es mit dem Material selbst aus? Der Edelsteinschleifer Enrico Mercurio, der sich von Berufs wegen mit dem Schädel auseinandergesetzt hat, schreibt:

»Aufgrund seiner speziellen Eigenschaften ist Quarz nur mit ausgefeilten technischen Methoden angreifbar. Der durchsichtige Quarzkristall oder Bergkristall hat in reiner Form die Formel für Siliciumoxid oder Kieselsäure: SiO_2. Der sogenannte Mohshärtegrad beträgt 7. (Der höchste Wert, 10, ist in dieser Skala für Diamanten reserviert.) Bergkristall bricht muschelig, splitterig und läßt sich daher nicht spalten. Er löst sich nur in Flußsäure.«[18]

Besteht die Möglichkeit, daß der Schädel in Europa angefertigt wurde und von Mitchell-Hedges dann in Lubaantun vergraben wurde? Der finanzielle Aspekt des nicht gerade begüterten Forschers schließt diese Variante fast von selbst aus der Diskussion aus, aber man kann sie nicht gänzlich abtun. Dr. Distelberger, ein österreichischer Kunsthistoriker, legt dar:

»Diese Möglichkeit besteht. Die europäischen Bergkristalle oder Hartsteine sind alle mit dem Rad gearbeitet. Das Rad war auf einer festen Spindel montiert, und der Gegenstand wurde bei dem Schleifvorgang gegen das Rad gehalten ... In der Augenhöhle sieht man z.B. genau die Schleifspuren des Bohrers. Dieser Bohrer kann selbstverständlich auch ein Holzstock eines Indianers gewesen sein ...«[14]

Die Drehbewegungen eines Rades meint Distelberger senkrecht zur Nase und am Steg, waagerecht unter und über dem Auge zu erkennen. Doch er gibt zu, nicht zu wissen, ob es nicht auch möglich gewesen wäre, den Schädel mit einem Stein, auf den ein Reibmaterial, z.B. Kornsplitter, Sandstein, Öl und Wasser, verteilt wurde, so zu bearbeiten. Es sei jedoch sehr schwer, diese Form mit solchen Mitteln zu erzielen.

Der US-amerikanische Restaurator und Konservator Frank Dorland[19] bekam vor einigen Jahren den Schädel für Untersuchungszwecke von Frau Anna Mitchell-Hedges für sechs Jahre überstellt. Er stieß dabei auf rätselhafte Eigenschaften der Kristallform und ließ sich seine Resultate vorsichtshalber von der Forschungsabteilung des Hewlett-Packard-Elektronikkonzerns bestätigen.

Der Leiter des Labors, Jim Pruett, stellte als erstes fest, daß die x-y-Achse und bestimmte Schleier, die durch polarisiertes Licht sichtbar gemacht werden können, Schädel und Unterkiefer als aus einem einzigen Kristallstück gearbeitet ausweisen. Das fast Unmögliche an dieser Entdeckung ist, daß Bergkristall nicht gespalten werden kann. Es würde sofort zersplittern. Die einzige Möglichkeit wäre, den Block fein zu zersägen. Dorland spricht aus, was Dr. Diestelberger nur undeutlich darlegt: »Läßt man übernatürliche Kräfte aus dem Spiel ..., so müssen die Maya ihren Kristallschädel durch manuelle Politur hergestellt haben. Eine unvorstellbare Arbeit, die jahrhundertelang gedauert hätte, unabhängig von politischen und religiösen Verhältnissen. Wir können uns schwer vorstellen, wie ein derartig anvisiertes Ziel von Generation zu Generation stur durchgehalten wurde.«[16]

Mitchell-Hedges selbst schreibt: »Der Schicksalsschädel besteht aus reinem Felskristall, und nach Meinung der Wissenschaftler muß es 150 Jahre gedauert haben, in denen Generationen von Menschen jeden Tag ihres Lebens den riesigen Block aus Felskristall mit Sand abschmirgelten, bis der perfekte Schädel entstand.«

Mittlerweile wurden diese ersten Berechnungen sogar noch erheblich nach oben korrigiert. Sieben Millionen Arbeitsstunden hätten nach neuester Schätzung geleistet werden müssen, um die perfekte Endform des Quarzstückes zu erhalten. Das entspricht 800 Jahren! Tag und Nacht durchgearbeitet! Also hätten die Arbeiten praktisch während der Vorklassik begonnen werden müssen und in der Spätklassik geendet haben, hätten die Steinschleifer jeden Tag 24 Stunden ohne Unterbrechung poliert und geschliffen. Bei zwölf Stunden Arbeit am Tag kommen wir sogar auf 1600 Jahre. Das aber klingt so ungeheuerlich, daß man geneigt ist, ein großes »Stop!« auszurufen!

Mit diesem Schädel stimmt ganz offensichtlich etwas nicht. All diese Punkte sprechen ebenso der Fälschungsthese hohn, wie sie uns an den zugebilligten Fähigkeiten und Fertigkeiten der Maya zweifeln lassen.
Frederick J. Dockstader, der Direktor des New Yorker Museum of the American Indian, wurde bei seinen eigenen Expertisen von einem weiteren Fakt aus seiner gewohnten Skepsis gerissen. Jedes Quarzkristall wächst von Natur aus in spiralförmigen Windungen. So entstehen bestimmte Achsen. Eine einzige falsche Bearbeitung gegen die Achse genügt, um das ganze Stück unbrauchbar zu machen. Durchsichtige Bergkristalle verraten diese Achse aber nur unter sehr starken Lupengläsern oder Vergrößerungen unter Einwirkung von polarisiertem Licht. Der rätselhafte Schädel aus Lubaantun aber ist *gegen die Achse gearbeitet,* was ihn gänzlich unerklärlich macht, da millimeterkleine Abweichungen unweigerlich zu einem Absplittern des Werkstückes geführt hätten. »Das verdammte Ding sollte eigentlich gar nicht existieren!« rief in den 60er Jahren einer der untersuchenden Wissenschaftler aus.
Für ein »Geburtstagsgeschenk« für die Tochter eines Archäologen wäre all dies wohl doch etwas zu zeitaufwendig, zu kostbar gewesen. Ein solcher Schädel – hergestellt im 16., 17. oder gar 20. Jahrhundert in irgendeiner Werkstatt – hätte an sich schon genug Geld und Bewunderung eingebracht. Künstlerisch sei er, so Diestelberger, ein Unikat und sehr hoch einzu-

schätzen. Da mußte man ihn nicht erst noch in alten Ruinen verstecken ...

Dr. Anna Roosevelt vom Museum of the American Indian, New York, schlägt sich auf die Seite von Mitchell-Hedges: »Der Fund von Lubaantun steht im sinnvollen Zusammenhang mit allen anderen vergleichbaren Funden, auch wenn sie minderwertiger sind, denn alle kommen sie aus Mittelamerika. Es hätte zu lange gedauert, um ein solches Stück eigens herzustellen, weil das Material so hart ist, so daß es eine sehr teure Fälschung wäre, wenn das Ganze ein Schwindel ist. Zu dieser Zeit, als das Stück gefunden wurde, waren Fälschungen nicht sehr verbreitet. Es gab keinen sehr großen Markt für diese Art von Objekten. Es erscheint mir sehr wahrscheinlich, daß er echt ist. Er ist einmalig in seiner Qualität. Es bleiben noch Fragen offen.«[14]

Befragt nach vergleichbaren europäischen Stücken muß der Kunsthistoriker Dr. Diestelberger gestehen: »Nein. In Europa kenne ich einen einzigen größeren Bergkristallkopf, und der hat nur einen Durchmesser von zehn Zentimetern ... In keiner europäischen Kunstkammer hat sich ein Schädel dieses Ausmaßes aus einem Hartstein erhalten. Er hat eine Oberfläche wie die besten Stücke aus dem 16. Jahrhundert ... Ich habe ziemlich viel in Archiven gearbeitet; mir ist nie ein Totenkopf in einer Notiz begegnet.«[14]

Und doch gibt es den Kristallschädel von Lubaantun. Daß mit ihm inzwischen »Unfug der höheren Dimension« betrieben und er für mediale Durchgaben wie ein Orakel verwendet wird, weil Anna Mitchell-Hedges, enttäuscht von der Borniertheit der offiziellen Altamerikanistik, gekränkt durch bissigironische Artikel über ihren Vater, sich in die Arme derer geflüchtet hat, die ihr vorbehaltlos glauben, ist da kaum verwunderlich. An seiner Existenz und seinen rätselhaften Eigenschaften ändert dies nichts. Können wir das Geheimnis des kristallenen Objektes lüften?

In Südamerika gibt es Erzählungen, wonach die alten Weisen

einen Pflanzensaft verwendeten, um selbst härteste Steine so weich machen zu können, daß man sie anschließend bequem zerschneiden konnte. Ist dies nur eine Legende für die unerklärlichen Gigantenbauten aus den Zeiten weit vor den Inka? Oder standen den Inka und ihren fernen Nachbarn, den Maya, Techniken zur Verfügung, von denen wir heute nichts mehr ahnen? Könnte der kristallene Schädel tatsächlich sprechen, was würde er uns wohl erzählen?

Von wem erhielten die Maya ihr Wissen? Von den »weisen Männern«, die anschließend wieder entschwanden, wie die Legenden über Teotihuacán berichten, von Göttern wie Quetzalcoatl, der »sich selbst verbrannte« und zum »Morgenstern« wurde, von außerirdischen Intelligenzen? Vieles deutet darauf hin, daß die ETI-Hypothese diese Rätsel aufklären kann, nicht nur bei den Maya, auch bei anderen Völkern der Erde, wie Professor Carlos Manes Bandeira, Archäologe an der »Estacio-da-Sá«-Universität in Rio de Janeiro und Leiter des »State Biologica and Archaeological Reserve Brazil«, ausführt:

»Die wiederholte Erwähnung eines ›himmlischen‹ Ursprungs nahezu aller amerikanischen Stämme und Kulturen, die in den Mythen beschriebene Anwesenheit von Wesen, die von den Sternen gekommen waren, die Anbetung der Himmelskörper, die als Symbol dieser Wesen und Gottheiten betrachtet wurden, ihre Darstellung in der Kunst und so weiter, all das zeigt deutlich den auf den Kosmos zurückgehenden Anfang der amerikanischen Kulturen, deren Grundlage vermutlich von fremden Intelligenzen geschaffen wurde, die einst aus dem All hierher kamen.«[20]

Verschiedenste Petroglyphen und Wandzeichnungen sind ein weiterer Hinweis auf diese Annahme, Zeichnungen mit eindeutig astronomischen und stellaren Symbolen, die in ähnlicher Form in allen Teilen und bei allen Kulturen des amerikanischen Kontinents zu finden sind.

Die Lösung des Problems und die Entdeckung der Wahrheit hängen heute im wesentlichen von der Einstellung der Wissenschaft ab. Vielleicht sollten wir uns wieder mehr bewußtmachen, daß es für die Wissenschaft keine Grenzen gibt und daß die menschliche Intelligenz gerade erst begonnen hat, in die Unendlichkeit des Universums vorzustoßen.

Legenden, Mythen und Phantasie vergangener Jahrtausende sind dabei, verstandene Wirklichkeit des Heute zu werden, denn: »Es gibt mehr Dinge zwischen Himmel und Erde, als unsere Schulweisheit sich träumen läßt ...«

5
Ahnen der Fremden

Bin ein Mensch, nur kurz mein Leben,
und unermeßlich die Nacht.
Doch ich blicke hinauf,
sehe die Sterne schreiben.
Ohne zu verstehen begreife ich:
auch ich bin Schrift
und eben jetzt
entziffert mich jemand.

– Octavio Paz –

Nicht nur die Maya, auch andere indianische Völker behaupten, weise Wissensbringer von den Sternen seien in Raumschiffen zu ihnen gekommen. Die Hopi und Zuni, die in den heutigen USA beheimatet sind, sind fest davon überzeugt, daß die Besucher sie lange Zeit begleitet haben. Seltsame »heilige« Gegenstände ließen sie für spätere Generationen zurück. Und auch das kosmische Geheimnis von Teotihuacán scheint ihnen bekannt gewesen zu sein. Die Wunderwelt der Indianer lüftet allmählich für uns ihr geheimeres Geheimnis.

Winnetous rote Brüder

Die Verbindungen mesoamerikanischer Kulturen zu anderen Völkern des Kontinents treten heute allmählich wieder in den Mittelpunkt des Forschungsinteresses. Ähnlichkeiten ihrer Mythologien, ihrer Kulte, ihrer Symbole, ihres Wissens, ihres Denkens und die archäologischen Artefakte, die mit neuesten Methoden bestimmt werden können, zeigen, daß vor allem ein Ideen- und Warenaustausch in Richtung Nordamerika stattgefunden hat. Es liegt daher nahe, daß wir Vergleichsmaterial auch einmal unter der Perspektive der Paläo-SETI-Hypothese in Augenschein nehmen müssen.

Wie richtig dieses Vorgehen ist, zeigt sich, wenn wir über Mexiko hinaus in das Gebiet Arizonas kommen. Denn es hält ebenso spektakuläre Funde wie Traditionen und Berichte bereit.

Wenn wir von den Indianern Nordamerikas sprechen, so ziehen vor unseren geistigen Augen noch immer nomadisierende Büffeljäger vorbei, mit Lendenschurz, Stirnband und Federschmuck, ausgestattet mit Pfeil und Bogen, bemalt mit abschreckenden Farbzeichen. Hochentwickelte Kulturen kämen uns kaum in den Sinn. Und doch, so verblüffend es auch sein mag, hatten viele Volksstämme des Nordens bereits einen erstaunlichen zivilisatorischen Aufstieg hinter sich, als zum ersten Mal ein weißer Europäer seinen Fuß auf ihre Jagdgründe setzte.

Schon rund 500 Jahre zuvor, im christlichen Abendland, feierten Papst, Kaiser und Volk gerade die Jahrtausendwende, erblühte in der Mesa Verde eine bis heute rätselhaft gebliebene Kultur. Das Volk der Anasazi, dem wir die großartigsten Kult- und Wohnstätten nördlich Mexikos verdanken, siedelte sich im Vierländereck der heutigen US-Staaten Colorado, Utah, Arizona und New Mexico etwa ab Ende des 2. Jahrhunderts an.

Anfangs wohnten die Indianer in recht primitiv anmutenden Grubenhäusern, verstanden es aber bereits, kunstvolle Körbe zum Halten von Vorräten zu flechten. Die Arbeiten brachten dieser Vorläuferkultur den Namen »Basket Maker« ein. Doch dann begannen sie, ihre Wohnungen über der Erde zu bauen; ihre Klippenhäuser und mehrstöckigen Pueblos faszinieren bis heute Fachleute und Laien gleichermaßen. Voll Erstaunen stehen sie vor den architektonischen Glanzleistungen dieses alten Volkes.

Adolph Bandelier, der aus der Schweiz in die Neue Welt ausgewandert war, ist einer der ersten Forschungsreisenden gewesen, der die »riesige, unregelmäßige Bienenwabe« des Canyon Rito de Frijoles sah, Wohnstätten, hineingeschlagen in das Vulkangestein, Hunderte über- und hintereinander angeordnete Räume. In diesen Klippenhäusern an den Steilwänden des Canyons hatten einst zahlreiche Sippenverbände gelebt, die zu einem einheitlichen Kulturland gehörten, das sich über mindestens 65 000 Quadratkilometer, wahrscheinlich sogar über 300 000 Quadratkilometer weit erstreckte. 22 000 Siedlungen der Anasazi haben die Archäologen bereits ausfindig machen können; ihrer Schätzung nach dürfte dies jedoch erst ein Viertel aller früher bewohnten Ortschaften gewesen sein. Was dies für einen Arbeitsaufwand bedeutet haben muß, wird deutlich, wenn man weiß, daß allein in dem Ort Chetro Ketl 50 Millionen handbehauene Sandsteine verarbeitet wurden. Für die Deckenträger in den Pueblos wurden weit über 200 000 Bäume gefällt und bis aus einer Entfernung von 80 Kilometern herantransportiert.

Die Menschen, die im Frijoles Canyon siedelten, hatten sich einen bevorzugten Platz erwählt. Er war gut geschützt, Wasser in Mengen war vorhanden, der Boden war gut, und Wälder zum Jagen lagen nicht fern. Ihre Brüder und Schwestern in den anderen Orten kämpften indes einen harten Kampf mit der Natur: Sie lebten meist in einer staubigen Hochwüste. Auf 40 Grad kletterte im heißen Sommer die Temperatur hinauf und im Winter fiel sie auf eisige 30 Grad unter Null. Unter solchen Bedingungen lassen sich selbst heute nur mäßige landwirtschaftliche Erfolge in diesem Gebiet ausmachen.

Dennoch gedieh hier eine Zivilisation, die Handelsbeziehungen mannigfacher Art unterhielt, bis hin zu den Hochkulturen des fernen Mittelamerikas, von wo sie Kupferglöckchen, Perlmutt und Papageienfedern bezog, die zum Beispiel auch bei den Tolteken zu rituellen Anlässen Verwendung fanden. Luftbildarchäologie und Infrarot-Aufnahmen der NASA schenken uns heute einen kleinen Einblick in das ausgedehnte Straßennetz, das mindestens 650 Kilometer lang in Nord-Süd-Richtung (von den Mogollon-Bergen zu den Rocky Mountains) verlief und fingerförmig vom Pueblo Alto, das am Chaco Canyon liegt, ausging – angelegt ohne Karren und Lasttiere. Und das verwunderlichste ist, daß diese Straßen wie mit dem Lineal gezogen über Hügel und Berge hinweglaufen, neun Meter breit, und sogar vor Tälern nicht zurückschrecken, die von den Anasazi mit Brückenkonstruktionen erstaunlichen Ausmaßes überspannt wurden. Bis heute ist dafür keine triftige Erklärung gegeben worden. Die Archäologin Dabney Ford[1] vermutet in diesen antiken »Highways« einen hintergründigeren Zweck, vielleicht einen religiösen.

Der Sonnendolch

Ab 1976 begann eine breit angelegte archäologische Grabungskampagne in Pueblo Alto. Die Wissenschaftler wollten einigen Widersprüchen nachspüren, die sich über Jahrzehnte hinweg nicht hatten aufklären lassen. 10 000 Menschen, so hatte man errechnet, hätten in den prähistorischen Siedlungen gelebt. Doch dies hätte die Ökologie des Siedlungsraumes extrem belasten müssen. Aber das war so nicht der Fall gewesen. Erdschnitte erbrachten nun, daß nur wenige Feuerstellen in den Wohnkomplexen vorhanden waren, was eher auf sehr geringe Bevölkerungszahlen schließen läßt. Wozu hatte man dann aber die ausgedehnten Bauten errichtet?

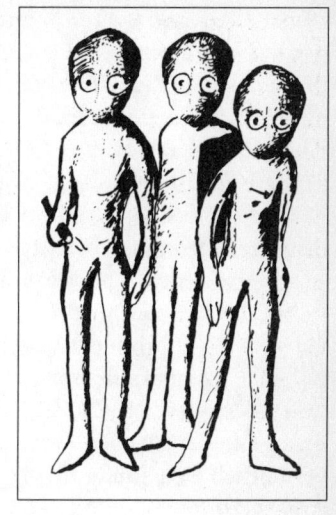

Menschen, die von UFO-Insassen entführt wurden, schildern sie häufig als kleine, graue Wesen mit einem überproportionalen, auffallend spitz zulaufenden Kopf. (Rekonstruktionszeichnung nach José Higgins, Brasilien 1947, rechts). Zum Vergleich eine Felszeichnung der Anasazi aus Utah. Hatten auch sie Kontakte mit Außerirdischen?

Ein zweites Rätsel gab der Fund von etwa 150000 Gefäßen auf, die allesamt zerschlagen und weggeworfen worden waren. Verglichen mit der Bewohnerzahl dieser Stätte, die bei ungefähr 100 Personen gelegen haben muß, eine kaum zu erklärende Anzahl von Scherben, falls die Anasazi nicht ausgesprochene Tölpel gewesen sind. Zudem machte die Neutronenaktivierungsanalyse, mit der man durch Radioaktivität den Fundort von Tonarten vergleichen kann, deutlich, daß die irdenen Gefäße oft aus weit entlegenen Ländern hierher gelangt waren.

Diese Befunde und die geringe Anzahl von Grabstätten ließen bei den Ausgräbern den Verdacht keimen, daß die Orte des Chaco Canyon in erster Linie nicht Wohnstätten, sondern Orte religiöser Kultfeiern gewesen sind. Und tatsächlich. Wie bei den fernen mesoamerikanischen Kulturen, so finden wir auch die Orte der Anasazi exakt ausgerichtet nach astronomischen Gesichtspunkten.

In Pueblo Bonito markieren rechteckige Türen und Fenster z.B. den Stand der Sonne zur Wintersonnenwende. In Casa Rinconada (New Mexico) fällt am Tag der Sommersonnenwende exakt der erste Lichtstrahl des aufgehenden Gestirns durch ein dafür vorgesehenes schmales Fenster. Einige turmartige Bauten, wie in der Hovenweep-Region, hoch auf schwindelerregendem Fels, haben wahrscheinlich als Observatorien gedient. Der Astrophysiker Dr. Karl Grün, der sich intensiv mit der Anasazi-Astronomie befaßt, meint:

»Die verschiedenen Sonnwendanzeiger erfüllen einen mit Ehrfurcht. Im Chaco Canyon wandert ein durch das Fenster einer aus dem 11. Jahrhundert stammenden großen dachlosen Kiva fallender Lichtstrahl über das gegenüberliegende Mauerwerk und erleuchtet am 21. Juni zur Sommersonnenwende eine Nische. In der gleichen Kiva stellen 28 höher gelegene Nischen vermutlich die Mondumläufe dar.«

1990 veröffentlichte Anna Sofaer,[2] die Leiterin des sogenannten »Solictice Project«, die neuesten archäo-astronomischen Forschungsergebnisse über die prähistorischen Pueblos. Der sogenannte »Sonnendolch« vom Chaco Canyon, Fajada Butte, entpuppte sich dabei als eine Art steinzeitliches Observatorium. Es besteht aus einem Felsspalt und zwei Spiralen, die in einen Stein graviert wurden. Wenn hinter der einsamen Felsnadel die Sonne aufgeht, fällt – einem Dolch gleich – der Lichtstrahl in die spiralige Zeichnung, wandert innerhalb von 18 Minuten durch sie hindurch und kennzeichnet so die Sonnwendtage. Präzise Vorhersagen wurden mit diesem astronomischen Instrumentarium für Sonnen- und auch Mondstände möglich. Zur Zeit wird ein Computergraphik-Modell erstellt, das weiteren Aufschluß über die kosmische Spirale liefern soll.[3,4]

Felsmalereien weisen oft astronomische Symbolik auf. Besonders interessant ist eine Petroglyphe, die rötlich-braun auf einen Sandsteinfelsen in der Nähe der verlassenen Stadt Penasco

22 Uaxactún ist nur auf rutschigen und tief
ausgefahrenen Pfaden zu erreichen.

23 Wie mit einem Peilstrahl konnten in Uaxactún
astronomische Punkte ermittelt werden.

24

25

24 Verschollene Maya-Stätten sind oft nur durch tagelange Fußmärsche zu erreichen. Schwüle Hitze, Moskitos, giftige Schlangen und Spinnen sind ständige Begleiter.

25 Ceiba-Bäume sind kosmische Symbole. Sie stehen an den »Ecken des quadratischen Universums«.

26 Chichén Itzá: Sternwarte und kosmisches Archiv zugleich.

27 Die architektonische Komposition von Uxmal bestätigt das große Wissen um himmelsmechanische Abläufe und die gezielte Konzeption von den Anfängen bis zur Fertigstellung.

28 Von der Krone der Hauptpyramide konnte man das Kanalsystem sehen, das sternförmig auf das Zentrum von Edzná zulief.

26

27

28

29

29 Der »Tempel des Quetz-
    alcoatl« mit den vollpla-
    stischen Reptilienköpfen,
    dem Symbol des Gottes
    »Gefiederte Schlange«.

30 Chamula, Mexiko: Im
    19. Jahrhundert landete
    hier ein Ballonfahrer. Er
    wurde als himmlischer
    Gott verehrt.

30

31

31 Huaxteken-Anhänger. Götter in Kultkleidung schütten eine Substanz in ein Gefäß. Röhren laufen in einen Behälter mit Flüssigkeit und Stäben. Die Rekonstruktion ergab einen elektrochemischen Galvanisierungsprozeß.

32 Ingenieur Carleby mit seinem »Tolteken-Motor«, den er nach einer 1000 Jahre alten Gravur anfertigte.

32

33

34

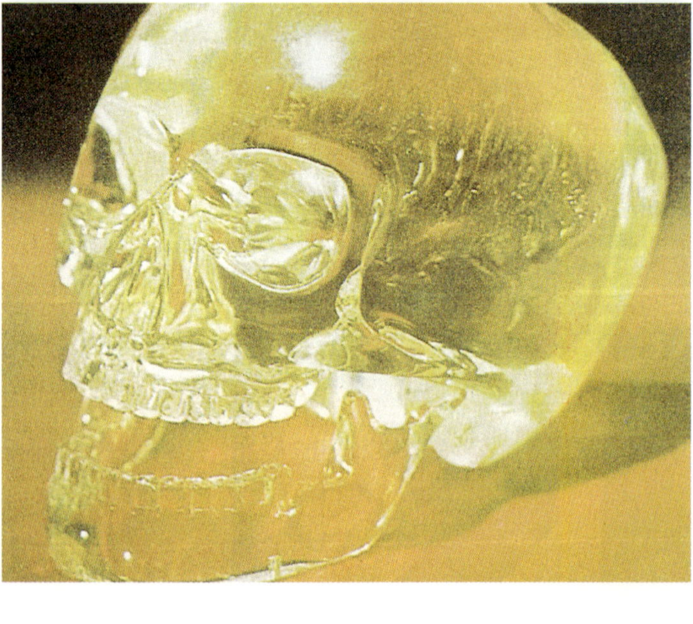

35

36

33   »Atlanten« in der Tolteken-Haupt-
stadt Tula. Die Ursache des plötzlichen Zusammenbruchs des Staates
ist unbekannt.

34   Der Kristallschädel aus Lubaantun.
Schädel, Kiefer, Augenhöhlen, Jochbögen wurden exakt geschliffen.
Die verwendete Technik ist nicht
bekannt.

35, 36   Das »Chaco-Phänomen«. In Fels-
höhlen wurden die pittoresken
Klippen-Paläste der geheimnisvollen
Anasazi erbaut.

37   In runden Zeremonialbauten (Kivas)
feierten die Anasazi ihre heiligen
Rituale.

37

38

38 Unter der grünen Pflanzendecke des
    Dschungels liegen die Pyramiden von El
    Mirador und Nakbé. Heute sind sie nur
    mit dem Hubschrauber oder in wochen-
    langen Fußmärschen zu erreichen.

39 Landung auf einer Urwaldlichtung. Im
    Dunkel der Bäume liegen die Ruinen
    von El Mirador.

39

Blanco aufgetragen wurde. Ein zehnstrahliger Stern, ein hufeisenförmiger Halbmond und der Abdruck einer linken Hand sind zu sehen, darunter drei konzentrische Ringe um einen Mittelpunkt, die Sonne. Ray Williamson errechnete, daß dieses Piktogramm wahrscheinlich das Aufflammen einer Supernova am 4. Juli 1054 im Crab-Nebel südlich des Halbmondes darstellt. Computeranalysen ergaben, daß die abgebildete Konstellation dem Mondphasenstand am Morgen des 4. Juli entsprach. Seine Spitze zeigte tatsächlich nach Westen, südlich davon die Supernova, am Horizont war soeben die Sonne versunken. Die Anasazi müssen also hervorragende prähistorische Astronomen gewesen sein, die permanent den Himmel durchmusterten und Aufzeichnungen darüber betrieben.

Die Wissenschaftler und die Sonnenpriester der heute dort lebenden Indianerstämme stimmen darin überein, daß der Chaco Canyon der Ort war, an dem eine Elite von Astronomen ausgebildet wurde, die ihr Wissen über Mondphasen und Sonnenstände, über die Venus und die Plejaden dann in die anderen Pueblos und entfernte Gegenden brachte.

Woher hatten die Anasazi ihr erstaunliches Wissen? Warum war der Chaco Canyon ein geheiligter Ort?

Über die Weltsicht der Anasazi, die seit dem 14. oder 15. Jahrhundert geschichtlich nicht mehr faßbar sind, wissen wir so gut wie nichts. Bei den Pueblo-Indianern, den Hopi und Zuni, mag noch viel von dem Erbe der Anasazi lebendig geblieben sein. Nur über sie vermögen wir vielleicht einen Zugang zu ihren Vorfahren zu finden.

Der Schöpfungsmythos der Zuni berichtet vom Anfang der Welt, als nur ein androgyner (zweigeschlechtlicher) Schöpfergott, Awonawilona genannt, existierte. Ihren Beschreibungen nach war er einerseits ein übermenschliches Wesen, andererseits identifizierten ihn die Indianer mit dem großen Himmelsgewölbe.[5] Nebel erhob sich wie Dampf, als dieses Wesen aus seinem Herzen atmete. Haben wir es hier mit einem dem Cargo-Kult ähnlichen Bericht zu tun? Ein seltsames Wesen, das mit dem Himmelsgewölbe gleichgesetzt wurde, könnte darauf hindeuten. Tatsächlich weisen auch andere Erzählungen in diese Richtung. Sie klingen wie Beschreibungen eines fliegenden Jets in einer technologielosen Zeit. Überliefert wird, daß der »Sonnenvater« zwei göttliche Söhne schuf. Von ihnen wird gesagt, sie seien mit »Pfeilen aus Blitzen« wie auf einem »Regenbogen« gereist, wenn sie hinunter zur Erdoberfläche kamen. Sie brachten »tekohananee« (Leben) und »tse'makwin«, die Essenz des Lebens, die Gedanken. Dort, wo die beiden Götter erschienen waren, lagerten künftig die Zuni.

Doch dann wurden sie von den Göttern aufgefordert, in die Welt hinauszuwandern. Sie trafen schließlich auf einen alten Regenpriester. Dieser besaß einen seltsamen heiligen Gegenstand, der unter anderem Regen erzeugen konnte. An diesem Platz gründeten sie einen Ort, »Itiwana«, »die Mitte der Welt«. Im Zentrum des Pueblos wurde ein Schrein verwahrt, in dem der heilige Gegenstand künftig aufbewahrt wurde. Um was für ein interessantes Objekt mag es sich hier gehandelt haben, sollte es tatsächlich existiert haben? Eine Suche nach dem Artefakt wäre möglicherweise sehr aufschlußreich.

Hopi, Kachinas und Weltraumbesucher

Der zweite Indianerzweig, der uns bei der Suche nach den Anasazi begegnet, ist der Hopistamm. Er lebt heute im US-Bundesstaat Arizona, ist aber nach seinen eigenen Legenden und archäologischen Spuren einstmals in einer großen Wanderungsbewegung erst in dieses Land gezogen. Die Hopi haben sich bis in unsere heutige Zeit ihre alten Mythen und Erzählungen bewahren können, obgleich es zu Beginn des 20. Jahrhunderts eine Spaltung in zwei unterschiedliche Lager gab. Uns bietet sich nichtsdestoweniger noch immer ein ungewöhnlicher Blick in die Überlieferungen dieser Indianer.

J. F. Blumrich,[6,7] ein nach dem Zweiten Weltkrieg in die USA ausgewanderter Österreicher, zeichnete vor wenigen Jahren einen Großteil ihres kulturellen Erzählgutes auf. Blumrich ist sein Leben lang ein »homo technicus« gewesen, ein Ingenieur mit Leib und Seele, der unter Wernher von Braun die Mondlandefähre konstruierte. Dennoch verbindet ihn eine jahrelange Freundschaft zu dem alten Häuptling »Weißer Bär«. Beeindruckend ist nicht nur, wie aus dem reinen Analytiker ein Forschender nach den uralten Menschheitsfragen des »Woher kommen wir – wohin gehen wir?« geworden ist, sondern auch, wie er immer tiefer in die so völlig anders geartete Welt der Hopi-Mythologie vorstieß; fesselnd, faszinierend, ja spektakulär ist, was ihm der hochgeschätzte »Weiße Bär«, Mitglied des »Hopi Tribal Council«, erzählte.

Vieles im Leben und Denken der Hopi kreist um die sagenhaften Kachinas (Kyákyapchina), die nicht wie Götter, sondern eher wie deren Sendboten auftreten. Die Hopi bezeichnen sie als »hohe, geachtete Wissende«. Sie sind ihre Lehrer, die Hüter des Gesetzes, die Wahrer des Lebens. Auf die Frage von Josef F. Blumrich, woher die Kachinas kämen und wie sie aussähen, antwortete ihm der Häuptling:

»Sie kommen zu uns aus dem Weltraum. Sie kommen nicht aus unserem eigenen Planetensystem, sondern von anderen, weit entfernten Planeten ... Der Hopi-Name für diese Planeten ist Tóonáotakha. Und wir wissen, daß es zwölf Planeten gibt, die wir auch ›Bund der zwölf Planeten‹ nennen.

Die Kachinas können sich sehr schnell fortbewegen. Während ich diesen Satz spreche, legen sie weite Strecken zurück, sie brauchen nur Sekunden. Ihre Schiffe fliegen mit Magnetkraft, auch wenn sie die Erde umrunden.«[7]

Wie alt und wie ernst diese Überlieferung allen Hopi gleichermaßen ist, zeigt sich in ihren Tänzen und in dem Brauch, kleine Puppen für ihre Kinder anzufertigen, die Kachinas darstellen sollen. Das, so Weißer Bär, täten sie, damit sich die Kinder an »die Wissenden« gewöhnen. Sie sollen sich nicht vor ihnen fürchten, wenn sie die Kachinas in Tänzen und bei ihrem Wiederkommen sehen.

»Die Männer, die hier die Tänze aufführen, stellen gelehrte Wesen verschiedener Ränge dar, die einst von anderen Planeten zu uns kamen ... Die Kachinas sind körperliche Wesen, und deshalb brauchen sie Flugkörper für ihre Reisen in unserer Luft und wenn sie zu ihren Planeten zurückfliegen. Diese Flugkörper haben verschiedene Größen und Namen. Einer davon ist Páatoówa – ›das Objekt, das über das Wasser fliegen kann‹.«

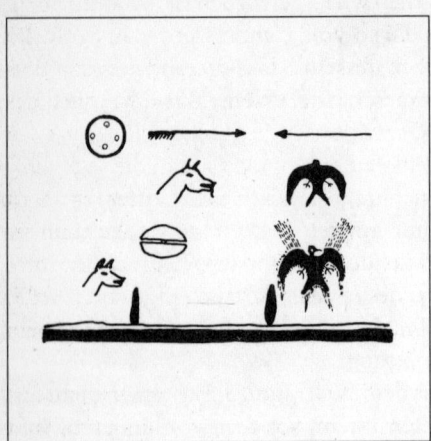

Wandmalerei einer Kiva in Sikyatki. In der Mitte der Abbildung befindet sich ein zweigeteiltes Objekt, das »taweyah«, der magische Schild, mit dem die Kachinas durch die Luft flogen. Umgeben ist es von zwei Coyoten-Köpfen, einer im Regen fliegenden Schwalbe, einer kopflosen Schwalbe, einem Kreis mit vier Punkten, die für die Ältesten des Schwalben-Clans stehen, und zwei Pfeilen.

Wegen der gekrümmten Form werden die Objekte »Fliegende Schilde« genannt. »Ich will dir erklären, wie sie aussehen. Wenn man einen Flaschenkürbis durchschneidet, erhält man eine Form, die wie eine Schale oder Untertasse aussieht. Und wenn man zwei solche Teile zusammensetzt, erhält man die Form des Flugkörpers, mit dem man damals zu den Planeten fuhr.«[7]

Erinnert uns das nicht alles sehr an die Beschreibung von UFOs unserer Tage? Uralte Felszeichnungen bestätigen übrigens die Worte des Bären-Clan-Anführers. Eine Wandmalerei in Sikyatki zeigt das UFO-förmige Objekt, ebenso wie eine Gravur in der Nähe von Oraibi.

Der Rundfunkjournalist und Buchautor Alexander Buschenreiter berichtet, daß er während seines Besuches in der Reservation der Hopi ein außergewöhnliches Erlebnis hatte: Es ist Sonntag, 23. August 1981. Buschenreiter will am nächsten Tag seinen Aufenthalt bei den Hopi beenden. In dieser sternenklaren Nacht trifft er sich gegen 22 Uhr oberhalb von Alt-Oraibi mit zwei Amerikanerinnen, die – wie er – zu Besuch sind.

Als sie etwa eine Stunde später die Felswände erreichen, hören die drei Personen überraschend ein lautes, hohes und langanhaltendes lachendes Geräusch.

Eine der beiden Frauen ist der Ansicht, daß Coyoten warnende Rufe ausstießen. Doch manifestiert sich bei dem Journalisten eher der Eindruck, daß ein künstlich erzeugter Ton zu hören sei. Auch bei seinen beiden Begleiterinnen verstärkt sich dieser Eindruck.

»Da entdecken wir im Norden einen Stern, der regelrecht tanzt, sich sehr rasch hin und her bewegt. Ich denke zunächst an eine Täuschung meiner Augen; dann aber, als ich bemerke, daß es keine ist, an ein Raumschiff. Obwohl ich so etwas bisher nie für möglich hielt – bei allem Respekt vor den Aussagen von Weißer Bär.«[8]

Die drei Personen gehen in die Richtung des Flugobjektes. Auf einmal scheint es aus dem Boden heraus eigentümlich zu summen. Sie bekommen Angst. Das Gelände ist nicht gut zu übersehen, Schlangen und Skorpione gibt es hier, und Alexander Buschenreiter spürt »ein schauerartiges Prickeln im Hinterkopf, nahe dem Scheitel«.

Später notiert er, ihm sei in diesem Moment gewesen, als ginge von dem tanzenden Stern eine unbekannte Energie aus, so, als versuchte jemand, mit ihm in Kontakt zu treten. Auch seine beiden Begleiterinnen, Jean und Hobbit, spüren einen Druck. Gleichzeitig beginnt der eigenartige Stern die Farbe von Rot über Blau hin zu einem Grün zu wechseln. Ihr Angstgefühl ist inzwischen gewichen, und sie fühlen sich sogar wohl. Sie gehen langsam wieder in Richtung Alt-Oraibi zurück.

»Plötzlich – es ist schon etwa ein Uhr früh – sehen wir, wie ringsum im Osten einige kleine Lichter auftauchen und mit einer S-förmigen Bewegung auf uns zukommen, dann aber verschwinden. Wir sind verwirrt und wissen nicht, ob es Autoscheinwerfer sind, aber sie bewegen sich so, wie es ein Auto nicht könnte. Da taucht ein kleines Licht im Süden, in der Nähe des Stammesratgebäudes von Neu-Oraibi auf. Es gleitet herunter und bewegt sich rasch hin und her, so, als versuchte es zu landen. Dann hebt es leicht ab, kommt näher und wird zu einem großen, mächtigen, kaltweißen Licht, wie ein Kristall, der Licht bricht und es nach allen Seiten wiedergibt, mit einer Struktur ähnlich der einer Schneeflocke. Rundherum ist ein großer Lichthof.«

Jean, Hobbit und Alexander Buschenreiter verschlägt es den Atem, so stark ist die energetische Ausstrahlung, so nah und »so unbeschreiblich groß« ist es. Der Reporter schätzt es auf mehrere zehn Meter hoch. Ein weiteres Licht taucht in diesem Moment in der Nähe von Alt-Oraibi auf.

Was dann passierte, wie die Lichter wieder verschwanden, daran können sich die drei Zeugen des seltsamen Vorganges nicht mehr erinnern. Eine Zeitlücke von etwa zwei Stunden klafft in ihrem Gedächtnis. »Wir sind verwirrt und doch glücklich, weil wir wissen, etwas Außerordentliches erlebt zu haben, etwas, das für die Hopi selbstverständlich ist und mein Leben wesentlich veränderte«, hält Buschenreiter fest.

Dort, wo sie die »tanzenden Sterne« gesehen und das »Summen« vernommen hatten, sei »ein Rastplatz für den Zerstörer-Kachina«, klärt sie schließlich Weißer Bär auf.

Dieser Bericht ist unter mehreren Perspektiven interessant. Der Ablauf der Ereignisse entspricht einem immer wieder erlebten Verlauf von UFO-Sichtungen rund um die Welt. Das »Tanzen der Sterne«, das Näherkommen, sogar der Summton ist von verschiedenen UFO-Zeugen verbürgt. Außerdem tritt bei allen drei Personen ein Zeitverlustphänomen auf, wie es im Zusammenhang mit UFO-Entführungen die Regel ist. Was also geschah wirklich in der Nacht vom 23. zum 24. August 1981? Wachen die Kachinas noch immer über den Stamm der Hopi? Kontaktieren sie – wie in früherer Zeit – ausgesuchte Menschen? Eine Hypnose-Rückführung würde vielleicht ein wenig Licht auf diese Fragen werfen können.

Als am nächsten Morgen Buschenreiter die nächtliche UFO-Beobachtung dem Indianer Thomas Jr. berichtet, antwortet dieser keineswegs überrascht: »Ja, das sind Kräfte, die zu unserer Erde, zu unserem Planetensystem gehören und uns immer beobachten – das war schon immer so.«

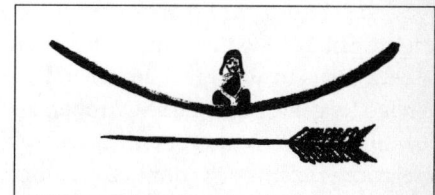

Felsinschrift, die eine weibliche Gestalt sitzend auf einem fliegenden Schild zeigt.

Die religiöse Hopi-Führerin Carolyn Tawangyawma bestätigte im Oktober 1982 während einer Europareise, daß Kachina-Raumschiffe auch in jüngster Vergangenheit von Hopi gesehen wurden. Namentlich nennt sie Titus Quomayumtewa, der so dicht an das Objekt herangekommen ist, daß er den Kachina sehen konnte, der das Raumschiff steuerte, und Paul Sewaema, der schon Jahre zuvor eine ähnliche Beobachtung kurz nach einer Gebetszeremonie hatte. Für die Hopi ist es selbstverständlich, hier eine kontinuierliche Linie zu den Kachinas zu ziehen. Sie verweisen auf ihre Felszeichnungen. Nahe von Mishongnovi auf der zweiten Mesa, so erläuterte Carolyn, gebe es zum Beispiel eine uralte Darstellung eines solchen Flugobjektes. Ein kuppelförmiger Gegenstand ruht auf einem Pfeil. Dieser Pfeil steht für die Bewegung durch das Weltall. Auf der Kuppel sitzt ein Mädchen. Es symbolisiert Reinheit, weil die reinen Hopi den abermaligen Untergang der Erde überleben und zu anderen Planeten reisen werden.

Auch andere Indianerstämme wissen von diesen Flugobjekten, die gleichfalls von weißen Einwanderern gesehen wurden. Wie man sich den Anflug eines solchen außerirdischen Raumschiffes vorzustellen hat, mag aus einem Bericht aus dem Jahre 1696 ersichtlich werden. Der Ethnologe und Berliner Rundfunkjournalist Torsten Sasse, der sich während seines Studiums längere Zeit im Norden Mexikos bei den Tarahumara-Indianern aufhielt, stieß in der sogenannten Neumann-Chronik auf folgende Schilderung:

»Im April 1696 wurde die *Hohe Tarahumara* genannte Provinz von einem außergewöhnlichen Erdbeben erschüttert. Und eines Morgens, gegen Ende Oktober, noch vor Morgengrauen, erschien ein ganz und gar unheimlicher Komet: die ersten Tage ohne Kopf; dann, sehr dunkel, orientierte er sich gegen Osten, während sich sein Schweif gen Westen dehnte. Diese Erscheinung war unser aller Terror, denn sie blieb drei Wochen lang sichtbar.

Dann, im Anschluß an die Erscheinung dieses Kometen, sah man auf den Hügeln, nahe der Kirche von Papigochi, von weitem schreckliche Feuer und eine flammende Kugel, die lange Zeit unbeweglich am Himmel stand und Lärm machte wie ein Donnerschlag.«[9,10]

Kurze Zeit darauf »trat der Fluß von Papigochi über die Ufer, seine Wasser wurden in die Luft geschleudert und nahmen die Form eines Kegels an. Mit Getöse fiel der Kegel wieder in den Fluß, der seinen Lauf fortsetzte.«[8]

Im Zusammenhang mit diesen eigenartigen Vorgängen verzeichnet Neumann noch den Bericht aus der Missionsstation von Cocomórachi. Hier sah der missionierende Pater eine unheimliche, riesige Gestalt, die er etwa eine Viertelstunde lang beobachten konnte.

Sasse fragt abschließend: »Wie so oft stellt sich auch in diesem

Fall die Frage nach dem wahren Kern ... Fliegende, flammende kugelförmige Objekte, bei denen es sich, wie Neumann ausdrücklich betont, *nicht* um Kometen handelt, sind ›ein in vielen mythologischen Systemen wiederkehrendes, auf den ersten Blick erstaunlich wirkendes Motiv‹.[11] Über den Globus verteilt berichten Legenden und Mythen von einst auf der Erde weilenden Riesen, die in enger Beziehung zu den Göttern standen.
– Was geschah zwischen 1696 und 1698 im Land der Tarahumara?
– Welche natürliche Kraft bewirkt, daß flammende Kugeln lange Zeit unbeweglich in den Lüften schweben und dabei Lärm machen wie Donnerschläge?
– Welche gewaltige Energie bringt einen Fluß dazu, über seine Ufer zu treten, seine Wasser mit explosionsartiger Wucht emporzuschleudern und sie dann für kurze Augenblicke die Form eines Kegels annehmen zu lassen?
In der Wissenschaft sollte es üblich sein, solche Berichte kritisch-objektiv zu hinterfragen, um zur Wahrheit vorzustoßen. Im Falle der Neumann-Chronik ist dies bisher nicht geschehen.«[12]

Prähistorische UFO-Landungen

Nicht nur der Stamm der Hopi oder die Tarahumara haben derartige Überlieferungen von Generation zu Generation weitergegeben. D. MacKenzie schildert eine Erzählung der Algonkin-Indianer Nordamerikas. Demnach sei einst ein Jäger dieses Stammes durch einen Wald gegangen und zu einer Lichtung gekommen, auf der er »einen kreisrunden Bereich niedergedrückten Grases« entdeckte:
»Er fand das rätselhaft, weil es keinerlei Spuren gab, die durch das hohe Gras hindurch zu dem niedergedrückten Flecken führten; so legte er sich ins Gras und wartete ab, was passieren würde.«[13]

In der Legende der Algonkin senkt sich kurze Zeit später ein Korb vom Himmel herab zur Erde, in dem zwölf junge Frauen sitzen. Sie verlassen den Korb und beginnen auf der Wiese zu tanzen. Der Indianer ergreift eine der Frauen, entführt sie, bringt sie in sein Dorf und hat später einen Sohn mit ihr. Nach einigen Jahren flicht die Frau einen »neuen Korb«, nimmt das Kind und kehrt in den Himmel zurück. Später, nachdem der Sohn erwachsen geworden ist, will er seinen irdischen Vater sehen. Die Frau fliegt zur Erde zurück und holt den Indianer zusammen mit je einem Exemplar irdischer Tiere in ihre Heimat.

Auch die Ojibwa-Indianer Kanadas besitzen eine fast identische Legende, so daß angenommen werden kann, daß sie auf die gleiche Quelle zurückgeht:
Eshkebug, der »Held« der Geschichte, lebte in einem so abgelegenen Ort, daß er auf seinen Jagdzügen nie einen fremden Menschen traf.
»Eines Tages stieß er weit von zu Hause weg auf eine Lichtung im Wald. Er ließ seine Augen aufmerksam über die Lichtung schweifen, vom fichtenbestandenen Rand bis auf den mit weichem Gras bewachsenen Grund. Gerade vor ihm waren die Gräser niedergetreten und zeigten eine deutliche Spur. Eshkebug wunderte sich. Welches Tier konnte solch eine Spur machen?
Er kniete nieder und sah, daß die Spuren von kleinen Mokassins herrührten. Nur mühsam konnte er seine Erregung beherrschen. Er folgte den Fußspuren und kam nach einer Weile wieder an dieselbe Stelle zurück. Er hatte die Lichtung ringsherum in einem Kreis umrundet. Dieser Pfad war ein Kreis. Es war ein Pfad ohne Ende.
In der Mitte des Kreises waren Blumen und Gräser niedergedrückt, und die Erde hatte eine Vertiefung. Staunend untersuchte Eshkebug die große flache Mulde und versuchte, sich ihr Entstehen zu erklären. Kein Tier trug Mokassins oder hatte so viele Füße und auch noch alle in verschiedener Größe!«[14]

Während Eshkebug erneut die Spuren untersucht, vernimmt er eine leise, zauberhafte Melodie, die immer lauter wird. Er blickt auf: Von Westen, hoch in der blauen Himmelskuppel, kommt ein Sternenblitz, ein Funkeln in der Nachmittagssonne. Langsam, federgleich, gleitet ein Himmelsfahrzeug herunter. Es schwebt näher an die Lichtung heran, in der Eshkebug steht. Der Indianer bekommt Angst. Doch seine Neugier siegt. Er versteckt sich eilig in den nahen Büschen, während das von übernatürlichen Kräften getragene Schiff, von ätherischer Musik begleitet, sich in der Mitte des Kreispfades, in der Senke, niederläßt.

»Als das Fahrzeug sich wie eine gigantische Muschel, denn so sah es aus, auf seinen Ruheplatz senkte, sprenkelte die Sonne seine schwach schimmernden Seiten mit einem Muster aus Blättern und Fichtennadeln. Die Musik verstummte. Das Oberteil öffnete sich langsam und enthüllte das prächtige Innere des Schiffes.«

Nun entsteigen zehn Jungfrauen dem Schiff und beginnen einen eigentümlichen Tanz, plaudern und pflücken Blumen. Dann gehen sie zum Schiff zurück. »Langsam schloß sich das Oberteil ... Das Fahrzeug schaukelte, hob sich ab vom Boden und schwebte nach oben in die länger werdenden Schatten der beginnenden Abenddämmerung. Es verschwand in den Himmel.«

Als Eshkebug seinen Eltern das Geschehene berichtet, erinnert sich seine Mutter an die Berichte von den Himmelsvölkern und ihren außergewöhnlichen Kräften. Der junge Indianer läßt sich davon aber keineswegs beeindrucken. Er kehrt zur Lichtung zurück und kann einige Zeit später tatsächlich eine der Frauen mit Namen Geerhzigoquae entführen. Er nimmt sie mit nach Hause, auch sie haben einen Sohn, den sie Blauer Himmel nennen, und sie erzählt ihm, daß sie vom Mond käme. Als der Sohn herangewachsen ist, baut man unter Anleitung der Mutter ein neues Himmelsschiff. Mutter und Sohn verlassen die Erde. Später wird auch der Vater abgeholt, der inzwischen sehr alt geworden ist, denn »die Zeit hat für die Himmelsmenschen wenig Macht und Bedeutung«!

Folgende interessante Details der Überlieferung der Ojibwa lassen sich festhalten:[15]

— Der Held der Geschichte entdeckt auf einer grasbewachsenen Lichtung seltsame Spuren.

— Diese Spuren bestehen aus einem ringförmigen Kreis (»Pfad ohne Ende«), weiter im Inneren aus einer niedergedrückten »großen flachen Mulde«, möglicherweise einer kreisförmigen Fläche umgelegter Gräser; im Zentrum der Fläche befindet sich eine Vertiefung in der Erde.

— Diese ganze Formation ist so ungewöhnlich, daß selbst der Indianer Eshkebug, der »im Einklang mit der Natur« lebte, von dem also angenommen werden kann, daß er natürliche Phänomene zu erkennen in der Lage war, keine Erklärung dafür finden kann.

— Die Lösung des Rätsels ergibt sich durch die Herabkunft eines »Himmelsschiffes«.

Dieses Objekt wird wie folgt charakterisiert: Ein »Schiff« senkt sich mit einer »schwachen, wiederkehrenden Melodie«, einer »ätherischen Musik«, vom Himmel herab. Zu denken geben sollte uns, daß seltsame Geräusche, die an- und abschwellen, auch im Zusammenhang mit dem Auftreten von UFOs wahrgenommen werden.

Solange der eigentümliche Gegenstand noch weit entfernt ist, wird er als ein »Sternenblitz« und wie das »Funkeln in der Nachmittagssonne« beschrieben. Er kommt »federleicht schwebend« herunter und gleitet »langsam sinkend« näher auf die Lichtung zu. Mit nahezu den gleichen Charakterisierungen werden heute UFOs und ihre Bewegungen gekennzeichnet.

Beim Näherkommen erkennt der Beobachter, daß »das Fahrzeug wie eine gigantische Muschel« wirkt, mit einer glatten, spiegelnden Oberfläche, in der sich die Blätter und Fichtennadeln der Umgebung erkennen lassen. Das »Oberteil öffnete sich langsam und enthüllte das prächtige Innere des Schiffes«. Eine im Gesamtzusammenhang erstaunliche Beschreibung, die an Deutlichkeit nicht zu übertreffen sein dürfte.

Aus dem Inneren des Schiffes treten schließlich zehn Frauen, die, wie sich später herausstellt, dem »Himmelsvolk« angehören und vom »Mond« kommen. Sie beginnen einen merkwürdigen Tanz oder etwas, das auf Eshkebug wie ein solcher Tanz mit »kunstvoll verschlungenen Schritten« wirken mußte. Solche »Tänze« sind ein weitverbreitetes und bekanntes Merkmal vergleichbarer Begegnungen mit fremdartigen Himmelswesen; sie finden sich sogar in der modernen UFO-Literatur. (J. Fiebag hat dies ausführlich in seinem Buch »Die Anderen«[16] dokumentiert.)

Der Rückstart erfolgt in ähnlicher Weise wie die Landung. Das Schiff erhebt sich »schaukelnd«, »hob sich vom Boden und schwebte nach oben in die länger werdenden Schatten der beginnenden Abenddämmerung«. Berichte von »schaukelnden« Bewegungen sind geradezu typisch für UFO-Beobachtungen heute.

Ein wichtiger Hinweis am Schluß der Geschichte stellt eine deutliche Beziehung zu einem möglichen Zeitdilatationseffekt her, wie wir ihn bereits im Zusammenhang mit dem Herrscher von Palenque, Pacal, kennengelernt haben. Während »Blauer Himmel« zusammen mit ihrem Sohn die Erde wieder verläßt und nur wenige Jahre älter wird, müssen auf unserem Planeten unterdessen Jahrzehnte vergangen sein, denn Eshkebug war »jetzt alt und einsam«. Dies wird nachdrücklich festgehalten, denn »die Zeit hat für die Himmelsbewohner wenig Macht und Bedeutung«.

In der Mythologie der Indianer sind Erinnerungen an solche Begegnungen mit »himmlischen Schiffen« offenbar ein uraltes Element. Eshkebugs Mutter erzählt »von den Himmelsvölkern und ihren besonderen Kräften, die auf der Erde niemand hatte«.

UFO-Entführung in Kanada

Die lange Observierung durch außerirdische Raumfahrer scheint auch seit diesen frühen Zeiten nicht mehr abgerissen zu sein. Ein »moderner« Fall ereignete sich ebenfalls in Kanada, in der Nähe von Langenburg (Saskatchewan). Die Erstuntersuchung geht auf eine Anregung von Prof. J. Allen Hynek zurück und wurde von dem kanadischen UFO-Forscher Ted Phillips[17] durchgeführt. In seinem Bericht an Hynek schreibt er:

»Kurz nach zehn Uhr am Sonntagmorgen, den 1. September 1974, begann Edwin Fuhr, ein 36jähriger Farmer, mit der Ernte in einem Rapsfeld, ca. 500 Meter südlich seines Hauses. Nach etwa einer Stunde näherte er sich einer Feuchtwiese am Südende des Feldes. Er schaltete den Mähdrescher in den Leerlauf, schaute auf, um seine Position in bezug auf die Grasfläche abzuschätzen, und sah eine metallene Kuppel etwa 17 Meter entfernt, genau über dem Gras zwischen Wasserloch und dem Rapsfeld. Im ersten Moment dachte er, es sei eine metallene Vogelscheuche. Er hielt den Mähdrescher an und lief bis auf fünf Meter an das Objekt heran.

Als er die metallene Kuppel erreichte, stellte er fest, daß sich das Gras rund um die Unterseite bewegte und das Objekt mit großer Geschwindigkeit um sich selbst rotierte. Fuhr wurde von einer großen Angst erfaßt und rannte zurück zu seinem Mähdrescher, der immer noch lief.

Als er die Maschine erreichte, kletterte er an der Rückseite empor und in seinen Sitz. Von diesem Punkt aus konnte er die rotierende Kuppel von einer etwas erhöhten Position aus sehen. Als er sich nach links drehte, erkannte er vier weitere metallene Kuppeln, alle von der gleichen Größe und alle vier rotierend. Sie schienen 30 bis 50 Zentimeter über dem Boden zu schweben. Das Gras war unter jedem der Objekte in Bewegung. Zwei der Objekte standen sehr nah beieinander. Alle fünf waren in einem groben Halbkreis über der Feuchtfläche angeordnet.

Szenerie beim Abflug der fünf Objekte, die der kanadische Farmer Edwin Fuhr am 1. September 1974 beobachtete.

Fuhr konnte von ihnen kein Geräusch wahrnehmen, da der Mähdrescher immer noch lief.

Bei genauerem Hinsehen erkannte er Gravuren von leicht dunklerer Farbe auf den sich drehenden Kuppeln. Andere Oberflächendetails wurden nicht wahrgenommen. Fuhr versuchte, den ersten Gang einzulegen, vermochte aber weder die Schaltung noch das Steuerrad zu bewegen. Er kann nicht sagen, ob dies seiner großen Angst zuzuschreiben war oder ob die Maschine einfach nicht auf sein Kommando reagierte.

Nachdem er die Szenerie für eine kurze Zeit (anscheinend ein paar Minuten) beobachtet hatte, erhoben sich die Objekte plötzlich in die Luft. Das ihm am nächsten gelegene Objekt verließ den Boden als erstes, gefolgt von den verbleibenden vier. Die Objekte glitten in einer Treppenformation in den bewölkten Himmel. Plötzlich, etwa in 70 Meter Höhe, stoppten sie, und eine Wolke dunkelgrauen »Dampfes« wurde aus röhrenförmigen Gegenständen an der Basis der Objekte ausgeschieden. Die Dampfschwaden waren etwa zwei Meter lang und wurden von einem abwärts gerichteten Windstoß gefolgt, der fast Fuhrs Hut vom Kopf fegte und den Raps in der Nähe umlegte. Der Aufstieg der Objekte nahm nur Sekunden in Anspruch. Nachdem sie die Höhe von 70 Metern erreicht hatten, bildeten sie eine exakte Linie und verharrten in dieser stationären Position für vielleicht ein bis zwei Minuten. Plötzlich stiegen sie weiter auf und verschwanden in der niedrigen Wolkendecke. Der Landwirt blieb für etwa zwei weitere Minuten auf dem Mähdrescher.

Später erfuhr er, daß zur gleichen Zeit Kälber auf einer nahegelegenen Weide gebrüllt und die Umzäunung an vier Stellen durchbrochen hatten.

Nach dem Aufstieg wagte sich Fuhr zur Landestelle und entdeckte fünf Ringe niedergedrückten Grases. An einer der Stellen schien sich zusätzlich so etwas wie ein Erprobungsbereich zu befinden. Das Gras war auf zwei ein Meter langen Flächen niedergedrückt, die von dem Ring nordwärts wegführten. Es war an allen fünf Stellen im Uhrzeigersinn verwirbelt, aber nicht erhitzt oder verbrannt.

Zwei Tage später, am 3. September, entdeckte Edwin Fuhr einen weiteren (den sechsten) und am 15. September den siebten Ring, alle in Formation mit den ursprünglichen fünf.

Einen Tag zuvor, am 14. September, tauchten auf einer anderen Farm, etwa eine Meile östlich der Fuhr-Kreise, bereits Ringe auf, die diesen in Größe und Struktur glichen. Sie waren allerdings nicht – wie bei Fuhr – in Gras, sondern in Getreide angelegt. Ebenfalls am 14.9. bildete sich eine Ringstruktur nahe des 200 Kilometer nordwestlich von Langenburg gelegenen Young (Saskatchewan). Der Ring hatte einen Maximaldurchmesser von 4,7 Metern, 69 Zentimeter war der beanspruchte Ringpfad breit. Innerhalb der folgenden Wochen wurden 15 weitere derartige Formationen nahe Peebles, Lake Lenore und Dinsmore (alle Saskatchewan) entdeckt.«

Spätere Untersuchungen anderer UFO-Forscher zeigten, daß Fuhr – während er sich auf dem Mähdrescher glaubte – offenbar auch einen Zeitverlust von etwa eineinhalb Stunden erlitt. Eine Hypnoseregression fand bisher nicht statt. Bodenproben aus den beanspruchten Bereichen sollen noch bis 1980 leicht radioaktiv gestrahlt haben. Die örtlichen Behörden haben inzwischen jedoch jede weitere Bodenentnahme untersagt.

Dieser Vorfall führt uns deutlich die kontinuierliche Aktivität im Bereich des UFO-Phänomens vor Augen. Und noch etwas ist an diesem Fall von 1974 und seinen historischen Vorläufern auffällig: Es ist die verblüffende Parallelität zu den sogenannten Kornkreisen in England. Wenngleich gerade in den letzten Jahren die weitaus meisten Kornkreise Fälschungen sein dürften, ausgeführt von Wichtigtuern mit kriminellem Potential, die nichts anderes im Sinne haben, als sich einen Spaß zu machen und den Bauern ihre Ernte zu vernichten, so mag doch ein »Restbestand« bleiben, dem mit wissenschaftlichen Methoden nachgegangen werden sollte, zumal auch hier immer wieder von UFO-ähnlichen Objekten berichtet wurde.

Die weisen Sternenwesen von Teotihuacán

Auf die Frage, woher diese seltsamen Fluggeräte und ihre Insassen kommen, haben die Kachinas schon vor Jahrhunderten klipp und klar gesagt: »Wir sind die Wissenden, wir leben nicht auf dieser Erde. Wir kommen von einem weit entfernten Planeten, aber wir wachen über dieses ganze Land und beobachten euch.«[7]

Und natürlich bestätigen dies auch die Zeremonialtänze des Stammes: Alle vier (beziehungsweise acht) Jahre feiern die Hopi die Zeit der Shaátlako, der Hohen Kachinas. Ihre Bezeichnung ist Sólawúchim. *Sóo* läßt sich mit »Stern« übersetzen, *la* mit »etwas enthalten«, *wúchim* bedeutet »auserwählt«, ihr gesamter Name kann also mit »Die Sterne, die das geheime Wissen besitzen« übersetzt werden.

»Träger des geheimen Wissens ihrer Heimat«, »Wissende von weit jenseits der Sterne« stellen die Indianer seit vielen Jahrhunderten immer und immer wieder in der Zeremonie der »Alten, die vom Himmel kamen« dar. Erinnert uns dies nicht an die Gründungsgeschichte von Teotihuacán? Auch hier wird von den »Wissenden« berichtet, die den Indianern geheime Kenntnisse vermittelten. In Teotihuacán gingen die »weisen Wissensbringer« wieder, nachdem sie den bis dahin nomadisierenden Teotihuacanos kulturelle Anstöße vermittelt hatten. Auch die Kachinas verließen die Hopi, als diese genug über die Natur, das Wesen des Menschen, das Weltall und den Schöpfer gelernt und einen festen Siedlungsort, Oraibi, gegründet hatten. Weißer Bär sagt, dies sei »auch das letzte Mal (gewesen), daß die Menschen ihre Kachinas, diese großen Gottheiten, sehen konnten. Von nun an wurden andere Kachinas dazu bestimmt, bei den Clans zu sein, aber nur in geistiger, nicht in körperlicher Gestalt.«

Frank Waters, der schon 1963 sein Standardwerk über die Hopi-Indianer (»Das Buch der Hopi«) aufgrund von Gesprächen mit 30 Stammesangehörigen vorlegte, berichtet, wie sich die Kachinawesen an die Clans wandten und sprachen:

»Für uns ist die Zeit zwar noch nicht gekommen, zu unseren weit entfernten Planeten und Sternen zurückzukehren. Aber es ist Zeit für uns, euch zu verlassen. Wir werden mit Hilfe unserer Kräfte auf einen bestimmten hohen Berg gehen, den ihr erkennen werdet, und dort werden wir eure Notrufe empfangen ... Wir sind ›Geistwesen‹ und werden niemals mehr von euch oder eurem Volk gesehen werden. Aber ihr sollt euch an uns erinnern, und zwar dadurch, daß ihr unsere Masken und Trachten zur rituell gebotenen Zeit anlegt. Diejenigen, die dies ausführen, sollen nur solche Menschen sein, die das Wissen und die Weisheit, die wir euch lehrten, erworben haben.«[18]

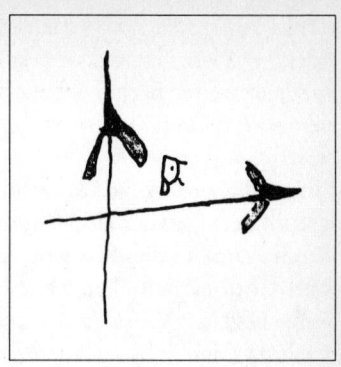

Felsinschrift für Düsenflugzeuge in der Nähe von Oraibi.

Bis auf den heutigen Tag führen die Hopi getreulich diese Anweisungen aus. Während der Nachttänze der Kachinas treten fremdartige, schrecklich aussehende Wesen in Erscheinung: schwarze Köpfe tragen sie, krumme Hörner stechen neben dem gelben Scheitel heraus, eine Schnauze mit langen Zähnen springt wuchtig aus dem Gesicht. Auf der linken Wange ist ein weißer Stern, auf der rechten der Halbmond aufgetragen, wie ein Fächer tragen sie Federn am Hinterkopf. Die Kachinas steigen eine lange Leiter herunter, während sie unheimliche Seufzer ausstoßen und sich unruhig bewegen. »Planetengeister aus den Tiefen des Weltraums« symbolisieren sie.

Der Mastopkachina wird mit einem schwarzen Helm und einem schwarzen Körper dargestellt. Menschliche, weiße Handabdrücke kontrastieren das Schwarz. Über seine Bedeutung erzählen die Stammesältesten:
»Von weit, weit her ist er gekommen, denn das Schwarz seines Maskenhelms deutet den interstellaren Raum an, den er durchreist hat, und die drei weißen Sterne auf beiden Seiten seines Kopfes stellen die drei Sterne im Orion-Gürtel dar.«[18]
Natürlich wissen die Hopi auch, daß mit dem »Berg«, auf den

die Kachinas sich zurückgezogen haben, kein real vorhandener irdischer Platz gemeint ist. »In Wirklichkeit kommen sie aber von viel weiter her, von benachbarten Sternen, aus Sternbildern, die zu weit entfernt liegen, als daß man sie sehen könnte.«[18]

Ein göttlicher Plan, so Häuptling Weißer Bär zu J. F. Blumrich, läge all dem Tun der Hopi zugrunde. »Der Bären-Clan ist nicht durch Zufall in diese Gegend gekommen. Es wurde ihnen von ihrer Gottheit befohlen, weil hier der Mittelpunkt des Universums liegt ...; die Gegend heißt Tuwánassáwi. Leute vom Kachina-Clan haben dort einmal gelebt; es ist noch eine Ruine zu sehen. Mehr sage ich dir nicht, wir sprechen darüber nicht mit den Menschen.«[6]

Halten hier die Hopi einen ähnlichen sakralen Gegenstand verborgen, wie es die Zuni tun, die ebenfalls Kachina-Rituale kennen? Fänden wir vielleicht auch im Sonnentempel von Mesa Verde, der den Anasazi zugeschrieben wird, ein solch geheimnisvolles Objekt? Dies ist nicht unwahrscheinlich. Interessant ist, daß die Struktur des Tempels in seiner Symbolik und Form den Ritualbauten des Bogenclans entspricht. Das Gebäude selbst ähnelt im Grundriß einem gespannten Bogen, die 13 Räume, die zwei Kivas umgeben, sollen die Initianden des Zweihornbundes der Hopi aufgenommen haben, ein anderer Raum war dem Flötenbund vorbehalten, einen weiteren konnte der Einhornführer betreten. Frank Waters legt dar:

»Der geheimnisvollste Teil in der Anlage des ganzen Bauwerks ist vielleicht die ›Sonnenuhr‹ in der Südostecke. Das ist ein kleiner Stein, der vier kleine eingetiefte Punkte aufweist, von denen viele Rillen ausgehen. Der Stein ist als der Tawalaki oder Sonnenstrahlenstein bekannt. Er liegt in einer Linie mit der Sehne des Bogens, den die vier Kammern auf der Nordostseite des Bauwerks bilden, und die vier Punkte symbolisieren die vier Welten ...

Der Stein wurde am späten Nachmittag ... aufmerksam vom führenden Zweihornpriester beobachtet. Wenn die Strahlen der niedergehenden Sonne die Rillen so trafen, daß sie keinen Schatten mehr warfen, wanderten er und sein Gehilfe ... zum Heiligtum von Apónivi ... bevor die Sonne unterging.

Es gibt kaum einen Zweifel daran, daß der ›Sonnentempel‹ das größte Baudenkmal des heute fast ausgestorbenen Bogenclans ist.«[18]

Weißer Bär und die Hopi deuten selbst auch auf eine Verbindung mit Teotihuacán hin: »Wir brachten unser geistiges und geschichtliches Wissen durch Symbole zum Ausdruck. Wir tun das heute noch, denn wir haben diese Symbole von unseren Vätern geerbt und kennen den Sinn der Zahlen und Linien. Wir wissen, was sie bedeuten und was man mit diesen Symbolen zum Ausdruck bringen kann.

Wir haben unsere Zeichen überall hinterlassen, wo wir lebten und gewandert sind ... Manche Leute sagen, wir hätten keine geschriebene Sprache! Aber das ist sie doch – das ist unsere Schrift und unsere Botschaft ...

Dann gibt es die Gebäude, die Ruinen. Man muß auf bestimmte Merkmale achten ... Sehr wichtig ist die sogenannte Schlüsselloch- oder T-Form; wir haben sie seit der Ersten Welt. (Die Hopi glauben, sie lebten heute in der Endzeit der Vierten Welt, nachdem die ersten drei in Katastrophen untergegangen sind. Anm. d. Verf.) Diese Form ist ein Symbol für den Plan des Schöpfers. Deshalb haben unsere Kivas (Häuser) einen T-förmigen Grundriß.

Und natürlich gibt es die großen Bauwerke aus der Vergangenheit. Wieviel Symbolismus und Wissen kommt in ihnen zum Ausdruck! Die Bezugnahme auf die vielen Welten findet sich überall; in der Stufenzahl der Pyramiden und in der Zahl der Türen auf den Dächern der Gebäude ... Und dann die Skulpturen und die Anordnung der Gebäude! Über die Bedeutung der Funde in den mexikanischen und anderen mittelamerikanischen Ruinen könnten wir noch ein weiteres Buch schreiben ... von der T-Form in Teotihuacán, von der Bedeutung der Stufen, warum in dem Bauwerk vor der Sonnenpyramide ein Loch ist und von der Bedeutung der Schlangen zu beiden Seiten der Stufen.

In allem liegt eine Bedeutung, und überall ist Geschichte aufgezeichnet. Wir sind geistig orientierte Menschen, und die Archäologen und Historiker müssen sich klarwerden, daß sie erst uns verstehen müssen, bevor sie die Ruinen erklären können.«

Was würde wohl der greise Häuptling aus Oraibi sagen, wenn er von den astronomischen Berechnungen von Dr. Feix erführe, der die Symbolsprache Teotihuacáns zu entschlüsseln beginnt? Er wäre vielleicht noch nicht einmal sehr erstaunt darüber, denn noch immer betrachten sich die Hopi als die Bewahrer eines uralten Wissens, auch der Kulturen Mesoamerikas. Deren Geschichte und ihre eigene, so sagen sie, war lange Zeit identisch. Noch wissen sie von Teotihuacán und den Städten des Dschungels, von ihrer Bedeutung, ihrem Aufstieg und – vor allem auch von ihrem Untergang. Der Exodus der Maya und anderer Völker ist ein zentraler Punkt im »großen Plan des Schöpfers«, sagen die Stammesältesten.

Diesem geheimnisvollen Plan gilt es nun nachzuspüren. Kehren wir also zurück zu den Maya.

7
Aufstieg und Fall der Maya

»Mit Ausgrabungen allein, seien sie auch noch so
gründlich und sorgfältig, können wir die Jenseitstore
der alten Maya nicht mehr öffnen. Denn diese Tore
haben ihren Platz in den Seelen und den Herzen. Wir,
als Pilger aus einer anderen Zeit und einer anderen
Realität, müssen uns den zerfallenen Toren in die
Vergangenheit mit Demut nähern und mit der
Aufmerksamkeit für all das, was uns die Maya des
Altertums und auch die der Gegenwart durch Worte
und Taten lehren.«

– David Freidel, 1988 –

Die Maya erlebten einen glänzenden kulturellen
Aufstieg. Aber fünfmal brach ihre Welt zusammen. Der letzte Fall der Maya löschte selbst die herrlichen Königreiche von Tikal und Copán aus. Was
waren die Ursachen für den plötzlichen Aufschwung
und das jähe Vergehen? Ein neues Geschichtsbild hat
sich in den letzten Jahren durchgesetzt, das Krieg und
Bodenerosion als Gründe aufgezeigt hat. Aber damit
werden keineswegs alle Fragen beantwortet.

Im Dschungel von El Seibal

Es ist Abend geworden. Im weiten See wellen sich golden die letzten Sonnenstrahlen. Clearence, unser Führer zu verschollenen Orten der Maya, und wir sitzen auf hölzernen Bänken oberhalb der Laguna Petexbatún, umgeben von der Ruhe des guatemaltekischen Urwaldes. Die Zivilisation hat hier erst – wieder – zaghaft Einzug gehalten in Gestalt der »Posada de mateo«, was zu deutsch »Sonnenaufgang« heißt, ein im Maya-Stil in die Landschaft des Dschungels unauffällig eingepaßter hotelartiger und weitläufiger Komplex.

Wir trinken kühlen, aufgeschäumten Ananassaft, während Clearence gestenreich vom Leben und Untergang der Maya-Zivilisation erzählt. Er erzählt von der halluzinatorischen Wirkung der Wasserlilie, die, wie er sagt, am fünften Tag des Knospens gegessen werden müsse, bevor sie aufbricht, denn nur an diesem Tag entfalte sie ihre Wirkung; er erzählt von der Degeneration der Maya-Dynastien, die vielleicht zu viel Drogen zu sich genommen hätten. Er schlägt schließlich eine Brücke nach dem fernen Ägypten. Auch die Pharaonen, so meint Clearence, hätten die Wirkung der Lotusblüte gekannt, ebenso wie man sie im alten Indien zu nutzen wußte. Der Lotus ist und war weltweit Signum von Göttern und Königen. Mit der fünffingrigen Hand, die rot auf Gebäuden im Land der Maya prangt, hätten sie vielleicht auf den wichtigen fünften Tag hingewiesen, den die Priester, Schamanen und Könige der Maya wählen mußten, um durch die Knospe der Wasserlilie eine Bewußtseinserweiterung zu erfahren und hinüberschauen zu können in eine andere Welt, dahin, wo Götter und Ahnen lebten. Die Götter, die sie sehnlichst zurückerflehten – um sie vor dem Untergang zu retten?

Während unzählige Glühwürmchen ihre Kreise grün und irisierend über unseren Köpfen schlingen, erzählt uns Clearence auch von seinen eigenen Vorfahren, die aus Afrika stammten. Aber er ist schon fast zu einem Kind der Maya geworden, so sehr hat sich die alte Kultur der Neuen Welt in seine Seele eingraviert. Wie von Ur-Ur-Urgroßeltern, so spricht er von den Menschen, die in Rio Azul und in Cacaxtla, vermutlich einer fernen Maya-Enklave bei Teotihuacán, phantastische Gemälde hinterließen. Denn im mexikanischen Hochland leuchten selbst nach 1100 Jahren noch auf Kalkstuck aufgetragene Farben. Auf zwei prächtigen Säulen blicken »Sternenmann und Sternenfrau« auf den Besucher herab. Wen oder was mögen sie versinnbildlichen? Sie sind genauso real dargestellt wie die Kriegsszenen und Opfergaben, wie Handel und Natur, Wasser und Fruchtbarkeit, wie die alles gegenwärtige Schlange, der überall gegenwärtige Jaguar. Plastisch lassen diese Zeichnungen vor dem Betrachter noch heute Leben und Tod der Maya neu entstehen.

Drei große Fragen liegen aufgeworfen vor uns:

– Wie ist es zum Aufstieg der großartigen Maya-Kultur gekommen?
– Welche Faktoren führten zu dem katastrophalen Niedergang?
– Gibt es einen Zusammenhang mit der Paläo-SETI-Theorie?

Als der Morgen zu grauen beginnt und die Sonne schließlich ihre ersten warmen Strahlen hinunter auf den weiten, stahlflach ausgespannten See schickt, brechen wir mit dem Boot nach El Seibal zu einer der letzten Blüten einer vergehenden Kultur auf.

Flußaufwärts erreichen wir auf dem Rio Pasión eine überwachsene Anlegebucht. Steil windet sich ein Trampelpfad unter Lianen, Blättern und Wurzelwerk den Hang hinauf. Moskitos umsurren uns scharenweise mit häßlichem Fiepton; Blattschneideameisen kreuzen emsig, ihre grüne Last tragend, den Weg; dicke schwarze Spinnen ziehen klebrige Fäden für die nächste unschuldige Beute. Wo der Felsen abzuflachen beginnt, bricht sich eine Schneise Bahn. Wir folgen ihr und gelangen auf einen weiten, grasbestandenen Platz, in dessen Mitte sich eine dreistufige kleinere Pyramide mit Tempel erhebt. Bereits diese architektonische Konfiguration verrät, daß sich hier Ungewöhnliches zugetragen hat. Nach klassischer Tradition wurden Gebäude stets entlang der Seiten eines Platzes, nie in dessen Mitte errichtet.

Fast andächtig nähern wir uns dem Zentralbau. Er ist nicht aus Blockmauerwerk errichtet, wie wir es seit altersher bei den Maya kennen. Flache Fassadensteine bedecken einen groben und massiven Schüttbetonkern. Dieses Gebäude muß demnach im Endklassikum, im frühen 9. Jahrhundert, errichtet worden sein, als das Katastrophenszenarium des Untergangs sich bereits über dem Herzland der Maya ausbreitete.

Die Pyramide ist umstanden von ornamentierten Stelen. Eingehauene Sprechvoluten zeigen ebenfalls nicht mehr die klassische Darstellung. Deutlich werden auch in der Kunst Fremdeinflüsse sichtbar. Keramikanalysen lassen eine eigenwillige Motivik offenkundig werden. Was hat sich hier zugetragen?

Die Archäologen gehen derzeit davon aus, daß barbarische Indianerstämme von der Golfküste in das Gebiet des Rio Usumacinta und des Rio Pasión vorgestoßen waren. Diese Chontal-Maya oder Putun sind jedoch bislang nur indirekt nachweisbar, wie Diana und Arlen Chase bestätigen:

»Zum Teil auf archäologische Daten gestützt, werden nun die hypothetischen Putun angeführt, um die ›dunkle‹ Phase zwischen Klassik und Postklassik zu erklären: Zu Händlern und Kaufleuten erklärt, werden diese ›Supermänner‹ Mesoamerikas zur Lösung aller so komplexen Probleme speziell dieses Zeitabschnittes herangezogen. Obgleich es durchaus möglich erscheint, daß fremde Gruppen in der Zeit unmittelbar vor dem Zusammenbruch der Maya-Welt mit diesen in Verbindung standen, kann ihre Rolle nicht genauer definiert werden, solange keine systematischen Untersuchungen in der Golfregion, dem postulierten Kerngebiet der Putun, erfolgt sind.«[2]

Feststellbar ist jedoch eine Veränderung der Oberschicht. Neue Machthaber übernehmen das Ruder des Staates. Sie werden mit eigenartigem Kopfschmuck und in ungewohnter Kleidung dargestellt. Auch ethnisch unterscheiden sie sich von ihren Vorgängern. Die Gesichter wirken rauher, lange Haare »kommen in Mode«. Auch die religiösen Gebräuche scheinen sich zu ändern und werden zentralisiert.

Noch einmal greifen die neuen Machthaber auf ein traditionsreiches Staatenbündnis zurück: Tikal, Calakmul und Motul bilden erneut ein politisches Quartett zusammen mit Seibal. Die vier königlichen Herrscher werden wie zur Bestätigung des Paktes bei einem Treffen in Seibal auf steinernen Stelen porträtiert.

Die Vision eines neuen Königtums aber währt nicht lange. Denn auch diesen Regenten gelingt es nicht mehr, die in letzter Agonie liegenden Maya-Reiche dauerhaft zu stabilisieren. Ein furchtbarer Verfall ergreift Stadt und Land. Indizien dafür sind beispielsweise die Reliefszenen, die nur noch schlecht komponiert und bearbeitet werden,[3] deren symbolischer Gehalt schwindet, bis er in verwirrende Informationen einmündet.

Auch die umgebenden größeren und kleineren Staaten zerfallen unaufhaltsam. Tikal, die führende klassische Mayametropole, wird entmachtet, Kleinstaaten flackern wie in einer Balkanisierung auf und hauchen bald schon ihr Leben wieder aus. Es ist die Zeit um 850 n.Chr., als in diesem Gebiet mehrere Stelen mit fliegenden Göttern errichtet werden: In Ixlú stellt ein König einen »steinernen Baum« auf; in Rauch eingehüllt erscheint ein schwebender Gott über dem König, ein Overall umschließt den Körper, Vogelfüße symbolisieren das Fliegen. In Ucanal, Tikal und Jimbal gibt es vergleichbare »Astronauten-Götter«. Standen diese Wesen, die wir schon aus der Zeit des Anfangs der Maya-Kultur kennen, im Zusammenhang auch mit ihrem Untergang?

Um diese Frage zu beantworten, müssen wir uns den Aufstieg der Maya-Staaten, ihre kulturellen Leistungen und religiösen Sichtweisen vergegenwärtigen.

Die Welt der Prä-Klassik

Als die »Griechen der Neuen Welt«, so wurden die Maya lange Zeit gefeiert. »Die bedeutendste Rasse, die es je auf dieser Erde gab«, wurden sie von den frühen Forschungspionieren genannt, mit friedlichen Königen als Führer, die umsichtig und weise ein riesiges Reich regierten, in dem glückliche Bauern und Handwerker lebten.

Seit einigen Jahren wissen wir dies besser. Dazu beigetragen haben zahlreiche Grabungskampagnen in Mexiko, Guatemala, Honduras und Belize. Eine archäologische Stätte, die uns zwingt, die Sichtweise radikal zu ändern, ist ein scheinbar unbedeutender kleiner Ort in Nordbelize: Cuello.

Norman Hammond, ein mittlerweile leicht ergrauter, vollbärtiger Archäologe aus den USA, stieß 1976 mit seinem Grabungsteam auf einen grausamen Fund. Über 30 Menschen waren in der kreisförmigen Senke eines Tempelhofs von Cuello massakriert worden, Schädelplatten waren von Zeremonialmessern durchstochen, abgetrennte Arme und Beine, enthauptete Skelette und ringförmig angeordnet hockende Tote fanden die Ausgräber. Die sakrale Massentötung hatte wahrscheinlich zur Einweihungszeremonie des Tempelbezirkes stattgefunden.

Datierungen mit der C-14-Methode ergaben, daß die Anlage aus dem 4. vorchristlichen Jahrhundert, also der mittleren Vorklassik, stammen mußte. Das war erstaunlich. Denn Cuello wird somit zu dem ersten uns bekannten Ort, in dem die frühen Maya eine Entwicklung von Ackerbauern und Händlern hin zu einem gut durchorganisierten, religiös ausgerichteten städtischen Leben beginnen. Fortan entstehen feste Zeremonialstätten, Menschen- und Blutopfer gehören zu den vorgeschriebenen rituellen Handlungen, Häuptlinge beginnen ein göttlich legitimiertes Königtum zu etablieren. Die 32 männlichen Leichen unter einer Plattform von etwa 500 Quadratmetern belegen die Ritualopfer; kleine, scharfe Klingen bestätigen die Annahme, daß schon um 400 v.Chr. kultischer Aderlaß aus Ohrläppchen, Penis oder Zunge üblich war, eine im Schutt der Jahrtausende aufgefundene speziell geflochtene Matte, »pop« genannt, ist das Thronsymbol der Könige bis in die Endzeit der Maya gewesen.

Indes reicht die Siedlungsgeschichte Cuellos bis in das Jahr 2200 v.Chr. zurück, in eine Zeit, als die eigentlichen Vorfahren der Maya wohl noch im fernen Hochland Guatemalas lebten. Gleichwohl scheinen sie auch in Cuello ihre kulturellen Wurzeln zu haben. Der Mais als Nahrung ist den Cuellos bereits zur Ernährungsgrundlage geworden; Stelen, die von den Maya wie lebende Bäume gedacht wurden, treffen wir an, Pyramidenstrukturen, die die Maya als heilige Berge verehrten, Jademasken aus den »kostbarsten Steinen der Gnade« werden als Grabbeigaben gearbeitet, hieroglypenähnliche Ornamente entstehen, und frühe Zahlensymbole tauchen hier auf. Sogar eine Flöte, fünf Zentimeter groß und in der Form eines Vogels, wurde von den Archäologen in einem Kindergrab entdeckt. Professor Hammond war nach Tausenden von Jahren der erste Mensch, der seine Finger auf die Löcher setzte und vorsichtig in das tönerne Mundstück blies. *Do – re – mi – fa – so*, die diatonische Tonleiter, klang als universelle Sequenz durch die heiße Luft Belizes. Alte und Neue Welt, in dieser Musik waren sie schon damals vereint und sind es heute.

Aus den noch bescheidenen Anfängen heraus entwickelt sich die komplexe gesellschaftliche Struktur der Maya der klassischen Epoche. Frühe Verbindungen zwischen Cuello und den viel weiter östlich beheimateten Olmeken, der zweiten »Mutterkultur« Mesoamerikas, zeigen an, daß nicht nur Handelsrouten das unwegsame Land durchliefen, sondern auch Ideen, religiöse und weltliche, weite Entfernungen zu überwinden begannen.

Von den Olmeken übernahmen die nun aus dem Hochland vordringenden Stämme wahrscheinlich die Pyramidenbauten, astronomische Kenntnisse und die Grundlagen ihres späteren Kalendersystems. Auch religiöse Anleihen, wie Jaguar-Kulte, waren darunter.

In der frühen Vorklassik hatten bereits Handelsbeziehungen zwischen Hoch- und Tiefland bestanden. Kaminaljuyú, das heute am Stadtrand von Guatemala-City liegt, konnte sich so in der Folgezeit zu einem bedeutenden Umschlagplatz zwischen Norden und Süden entwickeln und Ware auch Richtung Westen zum Tauschen aussenden.

In der Mittleren Präklassik (900–400/300 v.Chr.) entstehen im Petén-Gebiet des Tieflandes Zeremonialzentren wie Tikal, Uaxactún, Nakbé, El Mirador, Seibal und Dzibilchaltún. Nun setzt sich endgültig eine Hierarchisierung und Spezialisierung der Gesellschaft durch. Metaphysische Vorstellungen von Leben und Tod scheinen in dieser Epoche von den Olmeken her ganz Mesoamerika zu beeinflussen.

Die Späte Präklassik (400 v.Chr.–250 n.Chr.) hält wichtige Neuerungen bereit. Aufstrebende Städte, wie Nakbé und El Mirador (im heutigen mexikanisch-guatemaltekischen Grenzland) sowie Edzná in Yucatán, beginnen wie Magneten Menschen anzuziehen. Die adligen Familien bauen ihren Status aus, was an den reichen Grabbeigaben, den prunkvolleren Bauten und dem Prachtornat ihrer Kleidung zu erkennen ist. Sie wohnen nun in unmittelbarer Nähe der religiösen Zeremonialplätze, während die bäuerliche Bevölkerung in einem weiten Umkreis um die Städte siedelt. Bereits jetzt wird das Zentrum von Uaxactún, aber auch El Mirador und andere Ortskerne nach exakten astronomischen Vorgaben ausgerichtet.

Zur Oberschicht gehört man aufgrund der Geburt; die Adelsfamilie, die mythologisch und real ihren Machtanspruch am besten absichern kann, stellt den »k'ul ahau« des Gemeinwesens, den »Göttlichen Herrscher«. Dieser Status wird in der Regel an den Erstgeborenen vererbt. Aber auch der Bruder des Herrschers kann dessen Position übernehmen – oder mangels männlicher Nachfolge kann sie an die Tochter übergehen.

Die Macht der Könige wächst nun stetig. Sie lassen sich mit göttlichen Attributen darstellen und genießen immer mehr Privilegien. Jaguarmasken befinden sich an ihrer Taille, Federn und Scheiben verleihen ihnen Glanz, ein rüsselnasiger Gott bildet ihren Kopfschmuck, Ohrpflöcke und Knoten sind Zeichen ihrer Würde, ebenso wie das Mattenmotiv. Durch Fasten und ekstatische Tänze, durch Gebete, wohlriechenden Weihrauch und Blutopfer versuchen sie, zum Wohl ihrer Stadtstaaten mit überirdischen Mächten in Kontakt zu treten. Gleichzeitig haben sie die militärische Anführerschaft inne. Die Gegenleistung für ihre Vorrechte ist die Bedürfnisbefriedigung nach Sicherheit und Wohlergehen der Bevölkerung. Das administrative System, Planungsstäbe für Großbaustellen und die Güterversorgung der Menschen sind bereits voll entwickelt.

Propagandistisch werden Stelen und Tempelfronten benutzt. Eine einheitliche Symbolsprache im Land der Maya zeigt die engen Kontakte an und predigt den Untertanen die Größe ihrer Götter, die Macht ihrer Priester-Könige und Schamanen.

Die Zeit der klassischen Maya

Eine Periode der Umwälzungen folgt. Kriegerische Auseinandersetzungen scheinen zuzunehmen. Städte, wie El Mirador und Nakbé, die in der Präklassik die Führungsrolle übernommen hatten und in denen gigantische Pyramiden von dem neuen Selbstbewußtsein der Maya zeugten, werden verlassen. Die soziale und politische Organisation wandelt sich.

Ab 250 n.Chr. beginnt sich verstärkt die klassische Welt der Maya auszuprägen. Als erstes entwickelt sich das Staatswesen weiter. Das großartige Tikal entfaltet langsam seine Pracht und steigt auf zur vorläufig unbestrittenen Führungsmacht im Petén. Am Ende dieser Entwicklung werden in diesem »New York Mesoamerikas« an die 40 000 Menschen wohnen, und dichtbesiedelte Außenbezirke werden 65 Quadratkilometer umschließen.

Den Grundstein zu der grandiosen Stadtgeschichte scheint im 3. Jahrhundert ein machtvoll regierender Herrscher zu legen, der eine Dynastie begründet, die über 600 Jahre die Geschicke Tikals lenken wird. 39 »tz'ak«, Dynastienachfolger, werden sich auf ihren mythischen Vorfahren berufen und ihm zu Ehren Stelen und Pyramiden errichten. Sein Name war vermutlich »Yax Moch Xok«.

Die älteste datierte Stele aus Tikal trägt das Datum des 8. Juli 292 n.Chr. Sie zeigt uns das früheste Porträt eines »Ahau« dieser Metropole, das von Priester-König »Jaguar«.

Typisch für die nun folgende Epoche werden Darstellungen von Sieger und Besiegtem. Zweikämpfe prägen diese Periode, in der es darum geht, das eigene Ansehen der Ahau-Dynastie vor Untertanen und Göttern zu steigern und Gefangene zu machen, die anschließend rituell geopfert werden können. Inthronisationsfeiern der neuen Könige verlangen geradezu nach solch grausamen Menschenopfern.

Für den »Nachschub« sorgen die unterlegenen Nachbarstaaten. Tikal und Uaxactún scheinen sich deshalb über lange Zeit regelmäßig gegenseitig überfallen zu haben, wie Peter Mathews (University of Calgary) erkannte. Durch intensive Handelskontakte zu dem alles beherrschenden nordwestlichen Machtzentrum Teotihuacán erlernt Tikal gegen Ende des 4. Jahrhunderts eine neuartige Kriegführung. Die neue Taktik verhilft dem Bruder des Regenten von Tikal, »Rauch-Frosch«, zum schnellen Sieg über Uaxactún.[3] Es ist der 16. Januar 378, als in einem sogenannten »Krieg der Sterne« die Speerschleuder erstmals im Maya-Land zum Einsatz kommt. Doch diesmal wird nicht nur der König von Uaxactún – wie üblich – gefangengenommen und geopfert. Die gesamte Stadt gerät in die Kriegswirren hinein. »Rauch-Frosch« übernimmt schließlich die politische und religiöse Macht im gegnerischen Staat, der fortan von Tikal beherrscht wird.

Die Erweiterung des politischen und wirtschaftlichen Einflusses verleiht Tikal schon bald eine neue Vormachtstellung, die weit über die Petén-Region hinausstrahlt. Der Fernhandel, Tributleistungen und Heiratsabsprachen tragen wesentlich zur Festigung der Situation bei.

Doch unversehens erwächst Tikal ein neuer und mächtiger Gegner. Es ist das in Belize gelegene Caracol. Lange Zeit war diese dominante Stadt von der Archäologie kaum beachtet worden. Erst in den 80er Jahren machten sich wieder Forscher auf, die Ruinen dieser einstmals mächtigen Königsresidenz freizulegen. Die Überraschung hätte nicht größer sein können, als das Grabungsteam unter Leitung von Arlen und Diana Chase auf steinerne Dokumente stieß, die in Bild- und Schriftzyklen die vernichtende Niederlage Tikals durch Caracol festhielten.

Wie es scheint, wurde eine hochgestellte Persönlichkeit aus Caracol von Tikal gefangengenommen und geopfert. In einem offensiv ausgeführten Gegenstoß Richtung Tikal überwältigt König »Te« von Caracol die Armee der Petén-Metropole. Er nimmt den 14. Herrscher, »Doppel-Vogel«, gefangen und opfert ihn schließlich in Caracol den Göttern. Tikal scheint tributpflichtig zu werden und gerät nach diesem Krieg in eine nachhaltige machtpolitische und wirtschaftliche Rezessionsphase.

Während sich im Petén daraufhin der Hiatus, ein fast 150jähriger Zusammenbruch einstellt, zieht der Glücksstern Venus über Caracol seine Bahnen. Schnell expandiert die Stadt unter den Königen »K'an I« und »K'an II« und schafft durch eine geschickte Bündnispolitik vollendete Tatsachen zu ihren Gunsten. Durch das Machtvakuum im Petén strebt auch Palenque im Südwesten auf, wächst Calakmul im Norden, bekommt im Süden Copán endgültig die Vorherrschaft im Handelssektor, Yaxchilán, am Rio Usumacinta gelegen, kontrolliert nun den Wasserweg und das nahe Umland.

Am Rio de la Pasión, einem Nebenfluß des guatemaltekisch-

mexikanischen Grenzstromes, befindet sich nicht nur El Seibal, sondern auch ein Königreich, das unmittelbar aus dem
Hiatus von Tikal heraus entsteht: Dos Pilas.

Das Königreich von Petexbatún

Zusammen mit einem kleinen Forschungsteam brach ich im
Frühjahr 1992 zu der urwaldüberwachsenen Ruinenstätte auf.
Ein mehrstündiger Ritt durch den unwegsamen Dschungel
stand uns bevor. Er sollte zu einer wahren Tortur werden.
Die Pferde tragen geknotete Stricke anstelle von Zaumzeug
und hölzerne, beinharte Sättel mit viel zu schmalen Steigbü-
geln. Hatte uns der Weg anfangs an wilden, palmenbestande-
nen Plantagen vorbeigeführt, schlängelt sich der Pfad schon
bald durch dorniges Unterholz. Ich glaube, keiner von uns ist
da ohne ein Dutzend Kratzer davongekommen. Wirklich
gefährlich aber sind die Schlammlöcher. Mehr als einmal rutschen die Pferde aus und bleiben stecken: Eines von ihnen verliert den Halt, kippt zur Seite. Es schlägt erschrocken mit den
Beinen, und wir müssen höllisch aufpassen, daß es uns nicht
mit den Hufen trifft. Eine Verletzung, ein Beinbruch, das können wir uns hier nicht leisten.
Wir müssen Steilhänge hinauf und hinunter, durch Bäche und
über umgestürzte Stämme. Dornen bohren sich in die Hände
und in den Kopf, als ein Pferd unversehens durchzugehen
droht und Roß und Reiter sich zwischen Dornengestrüpp wie-
derfinden.
Vorbei geht es an den überwucherten Ruinen einer mayaischen
Ansiedlung. Zwei Pyramiden liegen unter der Erde begraben.
Stelen stecken tief im Boden wie halbentwurzelte Bäume.
Wie die Pferde das aushalten, ist uns ein Rätsel. Wasserbeutel
schlagen wieder gegen die Knie. Ruckartig müssen wir den
Kopf einziehen. Dicht an den Pferdehals gepreßt ducken wir
uns unter körperdicken Ästen hindurch. Hier hausen Brüllaf-

fen und Schlangen, Moskitos und Wespen. Am Wegesrand hat jemand ein kleines Kreuz aufgestellt. Davor wölbt sich ein Hügel wie von einem frischen Grab. Später erfahren wir, daß an dieser Stelle erst vor kurzem ein Forschungsreisender aus den USA gestorben ist. An Herzversagen.

Dann endlich, nach stundenlangem Ritt, erreichen wir Dos Pilas. Schwitzend, müde, erschöpft rutschen wir aus den harten Sätteln.

Wir entrollen unser Kartenmaterial und orientieren uns zwischen den Ruinen. In der Mitte des 7. Jahrhunderts hatte hier der Gründer einer neuen Dynastie glanzvoll regiert. Sein Name ist uns überliefert: »Tok'Chan K'awil«, was »Feuerstein-Himmel-Gott K« bedeutet. Aus der Emblaim-Glyphe kann man schließen, daß er dem Adel von Tikal angehört hatte, vermutlich sogar dem Herrscherhaus, und eventuell der Bruder des Königs von Tikal gewesen war. Als großer Krieger und geschickter Machtstratege war er weit über die Grenzen seines Landes hinaus bekannt und gefürchtet. Sein Imperium expandierte zu erstaunlicher Größe, während Tikal sich im Sog des Niederganges befand.

Ehrgeizig und machthungrig hatte »Feuerstein-Himmel« 644/ 645 den Thron bestiegen und ging unverzüglich zum Angriff über. Die Folge war eine tiefgreifende Verschüchterung der umliegenden Stadtstaaten. Im Jahre 679 nimmt er »Schild-Schädel« von Tikal gefangen. Dort hatte offenbar der kriegerische Einfall Caracols nicht zum Erlöschen der alten Königsdynastie geführt. Geschieht es aus Rache darüber, daß »Feuerstein-Himmel« bei der Thronfolge übervorteilt wurde?

Dieses Wissen ist neu. Doch warum werden uns erst jetzt so viele Details der Historie der Maya bekannt?

Arthur Demarest sieht man den Professor und Direktor des *Petexbatún Regional Archaeological Project* nicht an. Wenn auf jemanden der Vergleich mit Indiana Jones zutrifft, dann am ehesten auf ihn. Er trägt eine khakifarbene Hose, ein helles

Hemd, einen Hut mit Lederband, unter dem ein stoppeliger Bart ansetzt. Er scheut sich nicht, tief im Dreck des Waldes zu wühlen. Für die Wissenschaft, versteht sich.

Dr. Demarest erinnert sich noch genau daran, wie er und sein Team die überraschende Entdeckung machten. Schüsse hallten von fern durch den Dschungel, weil die guatemaltekische Armee wieder einmal auf revolutionäre Guerilla-Kämpfer gestoßen war. »Aber die Arbeiter ignorierten diese Störung. Sie waren gerade dabei, einen der Glanzpunkte, eines der größten Mysterien der Archäologie, auszugraben.«[4] Was war geschehen?

»In den letzten vier Jahren habe ich ein Team von 40 Wissenschaftlern und mehr als 100 Arbeitern geleitet. Sie waren diejenigen, die eine Hieroglyphentreppe in der alten Mayastadt Dos Pilas fanden. Nun haben wir die beachtenswerte Geschichte von Dos Pilas und dem Königreich ›Petexbatún‹ zusammengesetzt, eine Geschichte, von der ich glaube, daß sie helfen wird zu verstehen, warum die Maya untergingen.«

Der Professor aus Nashville in den USA erzählt mit freudigem Gebaren, wie spektakulär der Fund am Hauptplatz des Ortes war: Fünf bearbeitete Stufen, über sechs Meter lang, jede mit zwei Reihen Hieroglyphen besetzt, verbargen sich da vor den Ausgräbern, die mit Pinseln die erdigen, verschmutzten Ornamente freizulegen begannen. Vor ihnen lagen die Brocken einer gefrorenen Sprache im jahrhundertewährenden Tiefschlaf. Waren sie wiederzuerwecken? Oder würden sie für immer ein Rätsel bleiben? Das sind die Momente, in denen es Forschern nicht schnell genug gehen kann: »Stephen Housten und David Stuart hockten sich neben mich«, berichtet Arthur Demarest, »und ihre Hände glitten über den Stein, als hofften sie auf eine direkte, fühlbare Kommunikation mit der alten Mayaschrift.« Innerhalb kürzester Zeit erkannten sie, daß die Schriftzeichen etwa 1300 Jahre alt sein müßten und das Leben des ersten Herrschers von Dos Pilas erzählten. David Stuart, den ich Monate später in Deutschland anläßlich eines Maya-Symposiums treffen sollte, faßt zusammen:

»Der Text beginnt seine Erzählung bei dem 60. Geburtstag des ersten Königs, als er einen rituellen Tanz vollführte. Wenn du die Stufen darunter liest, so geben die Glyphen eine historische Abfolge seiner Regierungszeit wieder.«[4]
Und diese Regierungszeit verlief ruhmreich und wahrhaft königlich.

Rache, Krieg und Chaos

Wie es zu dem Exodus im Herzen des Maya-Landes kam, ist eine Frage, die Wissenschaftler und Laien seit Anbeginn der Maya-Forschung beschäftigt. Ganze Theorienpakete wurden dazu entwickelt und wieder verworfen. Ein Teilaspekt mag sich in Dos Pilas offenbaren, aber auch in Caracol und Tikal. Denn das, was einst mit dem Kriegszug gegen Uaxactún begonnen hatte, der »Krieg der Sterne«, wuchs sich allmählich zu selbstmörderischen Ausmaßen aus. Denn die Herrscher verlangten nun immer neue Opfer, Opfer im tiefen Sinne des Wortes, für Götter und Ahnen.
Wer heute Sieger war, konnte morgen schon Besiegter sein, so wie uns das Schicksal Tikals dies plastisch vor Augen führt. Mit dem Sieg Caracols hatte sich die politische Situation dramatisch zu ändern begonnen. Deshalb stellt die aggressive Eroberungsstrategie Caracols einen, wenn auch nicht den einzigen, Dreh- und Angelpunkt für den Aufstieg und den Fall einer ganzen Kultur dar. Nicht gleich, nicht postwendend, aber die Saat des Unterganges begann zu sprießen, Rachepläne wurden geschmiedet und verwirklicht, auch wenn zwischenzeitlich eine großartige Epoche, die Spätklassik, ihren glanzvollen Höhepunkt erleben sollte. Werden und Vergehen liegen in der Welt des Urwalds eng beieinander.
Im Jahre 698 n.Chr. wird »Schild-Gott K« der zweite Herrscher von Dos Pilas. Rasch mehrt er Ansehen, Größe und

Wohlstand des Reiches von Petexbatún. Sein Grab wurde 1991 in Dos Pilas unter einer eingefallenen Pyramide entdeckt. Auch sein Nachfolger erweitert sein Territorium durch Heirat und Krieg. 735 nimmt er den Herrscher der Nachbarstadt Seibal gefangen. Er knüpft weitere Allianzen, und zum Ende seiner Herrschaft hinterläßt er mit über 4000 km² eines der ausgedehntesten Staatsgebilde, die je ein Maya gesehen hat.

Doch auch die Gott-Könige anderer Stadtstaaten waren nicht untätig gewesen im Spiel der Ränke und Kriege. Vor allem trug die weitschauende Politik des ersten Herrschers von Dos Pilas Früchte.

Dieser hatte einen geschickten, langfristig angelegten Gegenschlag in Richtung Caracol vorbereitet, indem er seine Tochter »Wac-Chanil-Ahau« (»Sechs Himmelsherr«) mit einer »Fünften Kolonne« mitten ins Feindesland, nach Naranjo, entsendet hatte. Dort heiratete sie in den örtlichen Adel ein. Ihr Sohn »Rauch-Hörnchen« entfacht schließlich einen Widerstandskrieg gegen Caracol. Wie vor langer Zeit der legendäre »Rauch-Frosch« von Tikal im Kriegsornat Tlalocs den »Sternenkrieg« gegen Uaxactún ausgerufen hatte, so treffen wir auch »Rauch-Hörnchen« Jahrhunderte später in einer nur oberflächlich veränderten spätklassischen Tlaloc-Tracht auf seinen Kriegszügen an. Mit seinen nicht minder erfolgreichen Schlachten hatte »Rauch-Hörnchen« schon als junger König das gesamte Gebiet um den Yaxhá-See in seiner Gewalt und damit vermutlich eine Handelsroute unter Kontrolle, die hinüber in die Petexbatún-Region verlief. Und er machte zahlreiche Gefangene in benachbarten Städten.

Schele und Freidel glauben den Grund für das Vorgehen von »Rauch-Hörnchen« erkannt zu haben:

»Mit seinen erfolgreichen militärischen Feldzügen griff er genauso nachhaltig in die Geschicke der betroffenen Polis (Stadtstaat, Anm. d. Verf.) ein, wie es vor ihm sein verhaßter

Erbfeind Caracol getan hatte, und nach erfolgter Eroberung hielt er seine Opfer mit raffinierten Mitteln im Zustand der Ohnmacht.«[4]

Denn die Sozialordnung der Maya war sehr wesentlich abhängig vom regierenden König. Solange er lebte, durfte kein anderer die Erbfolge antreten. In seinem verwaisten Land war das Chaos somit die Folge.

Bleibt die Frage, warum nie ein Versuch unternommen wurde, gefangene Könige zu befreien. Weder in Naranjo, noch in Caracol, noch später in Quiriguá, noch in Palenque oder anderswo wird je von einer solchen naheliegenden Möglichkeit, die »Sozialordnung wiederherzustellen«, berichtet.

Tikals zweiter Aufstieg

Auch die Ahauob von Tikal waren nicht untätig gewesen. Ab Mitte des 7. Jahrhunderts hatten neue große Bauprojekte in der Stadt begonnen, die signalisierten, daß Tikal seine Niederlage zu überwinden begann. Der Nachfolger von »Schild-Schädel«, der dem ersten Herrscher von Dos Pilas vorübergehend oder endgültig in die Gefangenschaft folgen mußte, wurde »Ah-Cacaw«. Er setzte das Bauprogramm seines Vaters fort und begann unverzüglich damit, auf der Nordakropolis Tikals ein einmaliges, nie zuvor dagewesenes städtearchitektonisches Gesicht zu prägen. Alte Tempel ließ er rituell bestatten und darüber neue errichten und einweihen. Sich in den Himmel erhebende Pyramiden reckten sich zum Ende der Bauperiode steil empor. Hohe Tempelaufbauten wachten nun über den Gräbern von »Ah-Cacaws« Vorfahren.

Als Grabmonument für ihn selbst war eine neunstufige Pyramidenkonstruktion vorgesehen, auf deren Spitze sich der »Tempel des Großen Jaguars« befindet. Hier wird dem Diesseits und Jenseits über die Taten des Königs von Tikal berichtet.

»Ah-Cacaws« militärisch-strategisches Ziel war Calakmul, der ehemalige Verbündete Caracols und spätere Partner von Dos Pilas. In einem Triumphzug brachte er den gefangenen Herrscher von Calakmul, »Jaguartatze«, heim nach Tikal. Das Prestige von Tikal war sichtbar für alle wiederhergestellt. Der Schutz-Gott der Stadt, der Jaguar, stand der Metropole im Herzen des Petén wieder kraftvoll bei.

Wie reagierte Caracol, die Großmacht hinter den Maya-Mountains, auf diese Balkanisierung, auf diese gefährliche Renaissance Tikals und Naranjos? Noch wissen wir es nicht. Fest steht nur, daß bislang keine bedeutenden Aufzeichnungen nach dem Ende der Herrschaft Kans II. für über 70 Jahre in Caracol anzutreffen sind. Dies legt die Vermutung nahe, daß sich Caracol aus irgendeinem wichtigen Grund von der internationalen Bühne verabschiedet hatte und »sich tot stellte«.

Hatte Caracol ein ähnliches Schicksal ereilt wie zuvor Tikal? Warum reagierte Caracol nicht, als Tikal seinen Verbündeten Calakmul überfiel? Warum wurde Caracol nicht aktiv, als in Naranjo ein junger Herrscher den alten Ruhm seines Reiches restaurierte?

Ähnlich wie vielleicht die kleinstaatlerische Aufspaltung des Deutschen Reiches in Dutzende von König- und Fürstentümer, muß auch die Lage im späten Klassikum gewesen sein: verwirrend und unübersichtlich.

Da hat Caracol Tikal besiegt und Calakmul Naranjo. Ein Ahau der Königsdynastie von Tikal flieht möglicherweise nach Dos Pilas und gründet dort ein neues, rasch expandierendes Reich. Dieser Herrscher, »Feuerstein-Himmel«, entsendet seine Tochter »Wac-Chanil« nach Naranjo, um dort die untergegangene Dynastie neu zu beleben. Er selbst nimmt König »Schild-Schädel« von Tikal, möglicherweise seinen eigenen Bruder, gefangen. Ob er ihn – ohne Parallele zwar, aber denkbar – wieder laufen ließ, da sein Grab in Tikal gefunden wurde, sei dahingestellt. Wir wissen jedoch, daß zum einen die Allianz zwischen Dos Pilas und Calakmul nicht sehr dauerhaft gewesen sein kann; denn als Tikal Gefangene in Calakmul macht, steht Dos Pilas nicht auf der Seite seines ehemaligen Bündnispartners. Andererseits läßt Tikals »Ah-Cacaw«, der Sohn des von Dos Pilas gefangengenommenen »Schild-Schädels«, auf einem Dokument den Tod des zweiten Herrschers von Dos Pilas verzeichnen. Dies ist eine hohe Ehre. Einem Freund würde man sie erweisen, einem Feind nicht. War es zu einer späten Versöhnung der Väter oder der Söhne gekommen? War die unsichtbare Achse Dos Pilas–Naranjo um eine Verbindung Dos Pilas–Tikal erweitert und Caracol somit in die Defensive gedrängt worden?

Nikolai Grube und der britische Archäologe Simon Martin[5] sind zu der Ansicht gelangt, daß die Wirrnisse im Mayaland mit der Rolle von Calakmul im Zusammenhang stehen könnten. Calakmuls Einfluß sei lange Zeit unterschätzt worden. Neben Tikal sei dieser Staat die zweite Maya-Supermacht gewesen. Die Dynastie-Daten kleinerer Königtümer zeigen, daß Calakmuls Herrscher eine Art Großkönig gewesen sein muß, von dem selbst Ahau-Dynastien wie die von Caracol, Naranjo und Dos Pilas abhängig waren. Das Forscherteam behauptet, zu Beginn der Spätklassik habe es keinen unabhängigen Kleinstaat mehr gegeben. Die zahlreichen Kriegszüge könnten dann Stellvertreterkriege gewesen sein. Analog verwendet Grube auch Begriffe wie »Kalter Krieg«, »Gleichgewicht des Schreckens« und »Schutzmächte«. Selbst einen »Prager Frühling« konnte er ausmachen, als Naranjo, ursprünglich ein Vasallenstaat Calakmuls, aus der Allianz auszubrechen versuchte. Das Ergebnis kennen wir: Calakmul und Caracol zogen gegen Naranjo und metzelten die dortige Königsdynastie grausam nieder.

Das Hochrüstungs-Gleichgewicht zwischen Tikal und Calakmul blieb lange stabil. Als Tikal jedoch Calakmuls Großkönig in die Gefangenschaft verschleppte und nach und nach die Vasallenstaaten eroberte, wurde das Machtgefüge nachhaltig erschüttert. Ein politisches Vakuum entstand. Für Tikal war dieser »Brocken« zu groß. Weder die politischen noch die wirtschaftlichen Strukturen noch die Verwaltung Tikals waren für ein solches Großreich ausgelegt. Kleinstaaten verselbständigten sich, die »Balkanisierung« ergriff das Land und der Untergang des mächtigen Tikals sei die Folge gewesen.

Manches an dieser Theorie mag stimmen. Aber wieso konnte sich keiner der ehemaligen großen Verbündeten behaupten: Caracol, ein gut organisierter und militärisch starker Staat nicht, Dos Pilas nicht, auch nicht Staaten wie Copán, Palenque oder die kürzlich entdeckte Maya-Großstadt Nazcaán nicht?

Wenn Königreiche zerfallen

Zeitgleich zu diesen Ereignissen baute ein weiteres Königreich seine Macht aus. »Schild-Jaguar« (»Itzam Balam«) hatte im Jahre 681 n.Chr. die Königs-Priesterwürde von Yaxchilán erhalten. Seine Regierungszeit ging erst 742 dem Ende zu, als der Herrscher nach 61 Regierungsjahren 90jährig starb.[6] Noch mit über 80 Jahren hatte er erfolgreich an der Spitze seines Heeres gekämpft und nahm neue Bauprojekte in Angriff.

Auch sein Vater, »Sechs-Tun-Vogel-Jaguar« (»Yaxun Balam III«), der 629 n.Chr. inthronisiert worden war, hatte über 50 Jahre segensreich in Yaxchilán gewirkt. Beide Ahauob gehörten einer alten einheimischen Dynastie an, die sich bis in die frühklassische Epoche, in das Jahr 320 n.Chr. zurückführen läßt. Wohlstand und Macht kennzeichneten die Metropole am Usumacinta, die westlich der Petexbatún-Region liegt. Bündnispolitik mit dem benachbarten Piedras Negras, aber auch mit Tikal und Bonampak, Handelsvorteile und Kriegsglück mögen dazu beigetragen haben.

Doch schon wenige Jahrzehnte später tritt zu den Machtkämpfen zwischen den Territorien noch der Machtkampf im Inneren des Staates. Das letzte inschriftlich erwähnte Datum aus

Yaxchilán liegt aus der Regierungszeit »Tab-Schädel III« vor. Es ist das Jahr 808 n.Chr. Der Untergang des Herrscherhauses von Yaxchilán fällt zusammen mit dem Beginn des Endklassikums.

Ab Mitte des 8. Jahrhunderts spitzt sich auch die Situation im reichen Copán (Honduras), der südlichsten Maya-Metropole, mehr und mehr zu. Der Herrscher wird gefangengenommen und von der Nachbarstadt hingerichtet. In der folgenden Zeit ist ein erstaunlicher Autoritätsverlust des Königtums und ein Machtzuwachs der Adelsfamilien zu verzeichnen. Robert Sharer stellt folgende These auf:
»Die staatliche Autorität scheint in dieser kritischen Zeit nur durch Teilung der Macht unter die Oberhäupter der höchsten Adelsfamilien in bisher nicht gekanntem Maße aufrechterhalten worden zu sein.«[7]
Der Versuch des jungen Herrschers »Yax Pak«, eine Renaissance des alten Königtums zu beschwören, war vergeblich. Der Einfluß des Adels vergrößerte sich. William Fash sieht hierin sogar einen Prozeß der »Demonarchisierung«. Und die Probleme, die »Yax Pak« geerbt hatte, wurden auch nicht kleiner. Das Copán-Tal litt wahrscheinlich an Überbevölkerung, die Bevölkerungsdichte betrug 3000 Einwohner/km². Der Raubbau an der Natur, so nimmt man an, rächte sich nun bitter. Fruchtbare Felder waren mit Palästen und Plätzen, mit Tempeln und Treppen überbaut worden. In ihrer Not versuchten die Bauern, Ackerflächen in den Berghängen zu gewinnen. Wald wurde gerodet. Die Folge war unaufhaltsame Erosion, Verminderung des benötigten Brennstoffes und Baumaterials Holz, schließlich sogar Nahrungsmittelknappheit und Unterernährung der gesamten Bevölkerung.[8,9]
Ein weiteres Reich beginnt zu verfallen. Fast vermeint man das höhnische Lachen der neun Herren Xibalbas, der Unterwelt, durch die Mauern der Stadt hallen zu hören.
»U' Kit Tok'« wird der letzte König von Copán. Ein Monu-

Das »Gigantenhaupt« von Itzamal. (Catherwood 1839/40).

ment, das ihn zusammen mit »Yax-Pac« zeigt, bleibt unvollendet liegen. Sang- und klanglos verabschiedet sich eines der vier bedeutendsten Maya-Reiche der Klassik aus der Geschichte. Mitten in der Arbeit bricht mit pompejischer Plötzlichkeit die heilige Schöpfung der Maya zusammen. Die Natur übernimmt für lange Jahrhunderte wieder die Regentschaft über Fluß und Tal und Hügel und überdeckt das Geheimnis der vieltausend Hieroglypen.

Ansatzweise wissen wir heute auch zu sagen, was aus den Königreichen von Petexbatún, Naranjo, Caracol und Tikal geworden ist.

In Dos Pilas übernimmt »Herrscher 4« 740 n.Chr. den Thron zu einer Zeit, als Dos Pilas auf einen grandiosen Höhepunkt seiner Geschichte zuzusteuern scheint. Doch im Jahre 760, nach 20jähriger Regierungszeit, wird der Monarch von seinen ehemaligen Untergebenen, den Ahauob von Tamarindito, gefangengenommen und den Göttern geopfert. Hieroglyphen in Tamarindito künden noch in unseren Tagen von diesem Sieg. Eine tragische Parallele zu den Ereignissen zwischen Copán und Quiriguá!

Dies muß sich für die gesamte Bevölkerung von Dos Pilas verheerend ausgewirkt haben. Hastig und in größter Not verbarrikadiert sich die Bevölkerung von Dos Pilas und zieht eine Schutzmauer quer über die Hieroglyphentreppe, das Monument ihrer früheren Triumphe, um den Angriffen der Feinde zu entgehen. 100 Jahre nach dem grandiosen Aufstieg muß das Königreich bereits vor dem nahenden Zusammenbruch gestanden haben. Mit dem Ende dieses Reiches sollte es zu einem rasanten Niedergang fast der gesamten Maya-Kultur des Petén kommen.

»Es ist«, meint David Stuart, »in der Tat ein Stück beißendster Pointiertheit in der Geschichte der Archäologie: Hier hast du die Zeugen des Aufstiegs eines Königreiches, aber daß dieser Wall genau darüber gebaut wurde, ist die Ironie des Endes.«

Zu einem Aufstand der Untertanen scheint es zu kommen, in dessen Verlauf die königliche Metropole belagert wird. Selbst Steine aus dem Prunkpalast des Herrschers werden in größter Not herausgerissen, um sich zu schützen. Ein zweiter Wall wird am Zentralplatz errichtet und mit Palisaden verstärkt. Doch schließlich wird die Stadt von den Angreifern genommen; wer nicht fliehen kann, wird blutig niedergemetzelt. Dos Pilas wird nach dieser furchtbaren Schlacht nie wieder bewohnt.

Trotzdem gelingt es offenbar Angehörigen der Königsdynastie zu entkommen. Ihr Fluchtpunkt ist Aguateca.[2]

Als wir über 1200 Jahre nach dieser Tragödie den steilen, über 70 Meter hohen Uferberg nach Aguateca hinaufsteigen, können wir uns gut vorstellen, warum die fliehenden Maya – nicht nur ihres Hab und Gutes, sondern auch ihres Priester-Königs beraubt – sich hierher zurückzogen und einen fünften Herrscher zum König weihten.

Hoch über den Flußschleifen des Petexbatún gelegen, kann man selbst heute von dem Hochplateau aus weit das alte Staatsgebiet überschauen. Damals gab es hier kaum Urwald. Brandrodungsfeldbau hatte Ackerboden geschaffen, der nur durch Büsche und einzelne Bäume bestanden war.

Die letzte Hauptstadt des Petexbatún war durch seine natürliche Lage ideal für eine defensive Verteidigung geschaffen. Eine schroff und tief abfallende Schlucht, die nur über schmale Stege hinweg begangen werden konnte, schützte Tempel und königliche Residenz vor angreifenden Gegnern. Mehrere Palisadenwälle sollten zusätzlich Sicherheit erzeugen; sie zogen sich z. T. bis hinunter zum Wasser. Aber selbst in dieser Bastion scheint es nach dem Jahr 790 zu einer Katastrophe gekommen zu sein. Auch das so stark befestigte Aguateca wird überrannt.

Was wurde aus Naranjo?

Es ist uns heute lediglich bekannt, daß nach »Rauch-Hörnchens« Tod in Naranjo sein Sohn »Rauch-Batab« am 22.

November 755 die Macht in dem Kleinstaat übernimmt. Doch bald danach herrscht nur noch Schweigen. Naranjo wird von seinen Bewohnern ebenso verlassen wie Dos Pilas.

Wie entwickelte sich die Geschichte Caracols? Das weitere Schicksal Caracols ist bislang kaum bekannt. Abrupt muß auch das Ende dieses Stadtstaates gewesen sein. A. und D. Chase denken an kriegerische Überfälle, da sie Anzeichen von Bränden an den Gebäuden entdeckten, einen nicht mehr bestatteten Körper eines sechsjährigen Kindes fanden, hilflos daliegend auf dem Boden einer Pyramide, und zunehmende kriegerische Motivik an späten Bauten und den Keramiken. Inschriftlich wird das Jahr 859 noch einmal erwähnt. Die einstige Metropole wird anschließend aufgegeben. Damit tritt auch diese großartige Stadt für lange Zeit in das Dunkel der Geschichte zurück.

Bliebe Tikal, die kaum mit Worten beschreibbare phantastische Großstadt an der reichen Handelsroute mit ihren heiligen, hoch aufragenden Palästen und Pyramiden. Im Jahre 734 übernimmt der Sohn von »Ah-Cacaw« den Thron der Stadt. Später werden die epigraphischen Daten dürftiger. Der letzte Herrscher Tikals errichtete noch einmal, über 130 Jahre später (869 n.Chr.), eine letzte Stele, die ihn in der Zeit der Endklassik bei einem Aussä-Ritual zeigt. Umgestürzte Stelen, zusammenbrechende Häuser und zerschundene Tempel zeugen schon wenig später davon, daß auch über Tikal eine lange Nacht hereinbrach. Die Seele der Maya entwich aus Haus und Hof, Tempel und Tor – oder, wie sie damals sehr poetisch gesagt hätten: »Der weiße Blütenwind flog davon.«

Palenque trat schon früher aus der Geschichte aus. »Kan-Hok-Xul«, der zweite Sohn des großen Pacal, wird hochbetagt von dem König von Toniná gefangengenommen. »6-Cimi-Pacal« besteigt 799 als letzter Priester in Palenque den Thron. Spätere inschriftliche Erwähnungen sind nicht zu finden. 810 n.Chr. verzeichnen wir das letzte Datum in Calakmul, Naranjo und Quiriguá; um 825 bricht bereits der Staat Copán endgültig zusammen, Caracol folgt um 860 n.Chr. Toninás Herrschaft endet ebenfalls aus unbekannten Gründen zu Beginn des 10. Jahrhunderts.

Während also ein Königreich nach dem anderen im südlichen Tiefland abstirbt, erstarkt eine andere Region: Yucatán. Stämme, die mit den Eroberern von Seibal verwandt gewesen sein könnten, stoßen in dieses Gebiet vor und schaffen ein neues Imperium: das von Chichén Itzá.

Blumen im Herbstwind der Zeit

Zwei interessante Entwicklungen liegen rückblickend vor. Es verschwinden zum einen Millionen Menschen fast spurlos. Altertumsforscher vermuteten bislang einen unmittelbaren Zusammenhang mit der Bevölkerungszunahme in Städten wie Uxmal, Sayil, Labná und Kabah zwischen dem 9. und 10. Jahrhundert. Doch deutet auf der anderen Seite nur wenig darauf hin, daß Teile der ehemaligen Bewohner der Dschungelstädte in die klimatisch trockeneren Wälder Yucatáns hineinzogen.

Lange Zeit klafften Wissenslücken über die späte Blüte der nördlichen Mayastaaten, aber die Forschungen der letzten Jahre haben auch hier das Bild vervollständigen können. Um die jüngsten Ergebnisse in Erfahrung zu bringen, steuerten wir die Puuc-Region an.

Vor uns liegt Sayil. Die barock anmutende Architektur mit ihren verspielt wirkenden Figuren und ihrer faszinierenden klaren Geometrie hinterläßt bei jedem, der diese Stadt besucht hat, einen tiefen, fast musikalischen Eindruck. Sayil ist ein absoluter Höhepunkt des künstlerischen Schaffens der Maya. Das auffälligste Merkmal des Stils im Puuc-Gebiet sind die Relieffriese, die gelblichen Fassaden mit dem rüsselnasigen Regengottmotiv, die »Triumphbögen«, der Mauerverputz, die Rundsäulen, die wie abgeschälte Bäume schwerelos-schwebend steinerne Scheinstockwerke stützen und das Fehlen von Hieroglypheninschriften auf Gebäuden und Stelen.

Wir weichen vom Weg ab, um die neuesten Grabungen zu besichtigen, die Prof. Sabloff abseits der großen und prunkvollen Gebäude durchführt. Da schießt pfeilgeschwind eine glitschig scheinende Schlange auf uns zu. Kaum daß wir zusammenzucken, ist das Reptil schon unter losem Gestein verschwunden. Das ist noch einmal gutgegangen. Denn selbst bei großer Umsicht, festem Auftreten mit den Stiefeln oder einfachem Händeklatschen vor dem Betreten eines dunklen Raumes übersieht man eben doch schnell einmal ein solches »Biest«. Den Göttern der Maya sei gedankt, daß wir stets unbeschadet blieben!

Wenig später treffen wir auf einen Archäologentrupp. Schnell ist der Kontakt hergestellt, und wir fragen neugierig, was ihre Forschungen ergeben haben. Es bestätigt sich, wie sie sagen, was sich seit Mitte der 80er Jahre abzeichnete: Sayil war nur kurze Zeit – und zwar während der endklassischen Epoche – besiedelt.

Hatte man früher die Meinung vertreten, der Ort und das nahe liegende Kabah und Labná seien in erster Linie Zeremonialzentren mit wenig Bevölkerung gewesen, zeigen die Grabungen nun sehr deutlich, daß etwa 10000 Einwohner im Gebiet der Stadt lebten. Wir wollen natürlich wissen, wie dies ermittelt wurde. Einer der Archäologen zeigt uns eine Datensammlung über Wohnraumzählungen. Dann führt er uns einige Schritte den Weg zurück. Nicht weit entfernt vom Hauptweg fällt unser Blick auf eine dunkle, gähnende Höhlung. Es ist ein alter »chultun«, eine bauchige, unterirdische Zisterne, in der die Maya während der Regenzeit Wasser sammelten. Statistischen Erhebungen durch die Wissenschaftlerin Patricia McAnany über die vorhandenen Wasserreserven stimmen gut mit der bereits zuvor unabhängig ermittelten Personenschätzung überein. Jeremy A. Sabloff veröffentlichte inzwischen jedoch Befunde, wonach um 900 n.Chr. die Tragfähigkeit des fruchtbaren Bodens fast erschöpft gewesen sein muß. Er sieht darin einen Anhaltspunkt für den schnellen Niedergang der Stadt im folgenden Jahrhundert.

Die religiöse Basis, die soziopolitische Struktur, die uns aus der klassischen Ära des südlichen Tieflandes geläufig ist, manifestierte sich auch während der gesamten Existenz Sayils. In diesem Bereich hatte sich kein offensichtlicher Wandel vollzogen. Eine Invasion durch Chontal-Maya kann somit weder als Hintergrund für den Bevölkerungsanstieg noch für den Untergang der Stadt angenommen werden. Kriegerische Aktivitäten allgemein als eine Hauptursache anzunehmen, wie dies für Dos Pilas wohl seine Berechtigung haben wird, ist eine eher untaugliche Idee. Gerade in dem Puuc-Land lagen die Städte sehr eng beieinander. Oft nur getrennt durch wenige Kilometer. Gepflasterte, breite und helle Straßen, »sacbes«, verbanden beispielsweise Uxmal und Kabah. Für konkrete militärische Aktionen fehlen die Belege aus dieser Zeit.

Dies stellt sich anders für das entferntere Chichén Itzá dar. Aus dem Juni des Jahres 842 existiert eine Darstellung im »Grab des Hohepriesters von Chichén Itzá«, die zeigt, wie Ritualhandlungen an Gefangenen ausgeführt werden. Zu diesem Zeitpunkt hatten bereits die neuen Mächtigen des Landes, die Itzá, die Herrschaft an sich gezogen. Der Tempel, der auf einer gewaltigen Pyramide errichtet wurde, unter der sich – wie in Teotihuacán – eine Kulthöhle befindet, ist mit dem Abbild ihres Gottes, der »Gefiederten Schlange«, mit Quetzalcoatl, geschmückt.

Wer waren jene, die Chichén Itzá erbauten? Nahm man bis vor kurzem an, die Itzá seien aus dem mächtigen Tula im Hochland von Mexiko gekommen, so deutet heute vieles darauf hin, daß zwar intensive diplomatische, wirtschaftliche und religiöse Verbindungen dorthin geknüpft wurden. Aber Chichén Itzá war deswegen nicht eine Art expandierender, abhängiger Vasallen-Staat. Zu der umstürzenden Neubewertung Chichén

Itzás gelangten die Archäologen, als die Radiokarbondatierung und der Merkmalkatalog signifikanter Parameter (z.B. Säulenhöfe, Keramiken) neu und intensiv bestimmt wurden. Vormals war Chichén Itzá als typisch postklassisch eingestuft worden, nunmehr kommt man nicht umhin, es bereits der Endklassik zugehörig zu bezeichnen[9]. Die neuesten Annahmen gehen sogar davon aus, die Maya hätten – genau umgekehrt, als lange Zeit geglaubt wurde – einen erheblichen Einfluß auf Zentralmexiko ausgeübt, und die Tolteken in Tula hätten den »modernen« Maya-Stil kopiert.

Das mächtige Chichén Itzá wird erst um 1200 n.Chr. aufgegeben, ein Ereignis, das den Übergang vom Endklassikum zum Nachklassikum nachhaltig markiert.

Keineswegs haben wir also einen ganz plötzlichen Untergang der Maya-Zivilisation zu verzeichnen. Man könnte eher von einer raschen »Verlagerung« der Kultur in andere Regionen Mesoamerikas sprechen. Die Frage bleibt gleichwohl: Was war der Auslöser für den Auszug der Maya aus ihren heiligen Stammlanden?

8

Chichén Itzá und das Rätsel
vom Ende der Zeit

»Dies ist der Bericht von den Dingen, die sich zutrugen
und die sie taten. Alles ist schon geschehen. Sie
sprechen mit ihren eigenen Worten, und deshalb wird
der Sinn von vielen manchmal nicht verstanden. Aber
genauso, wie es geschah, so steht es geschrieben. Später
einmal wird alles genau erklärt, und das wird wohl
nicht von Übel sein.«

– »Chilam Balam« von Chumayel –
(Hl. Überlieferung der Yucatán-Maya)

*Millionen von Menschen verschwanden zu
Beginn des 9. Jahrhunderts spurlos. Aber dies
war nicht das erste Mal, daß so etwas in Mittelamerika
passierte – und es sollte nicht das letzte Mal bleiben.
Wohin gingen die Kulturträger des olmekischen Hori-
zontes? Wo blieben die Gründer Teotihuacáns? Was
wurde aus den Miradorianern? Warum zogen die Itzá-
Maya zurück in den Petén? Fragen, auf die es bislang
keine Antworten gab. Und doch scheint ein Plan hinter
dem Katastrophenszenarium zu stehen.*

Wenn Wissenschaftler irren

Am Beispiel von Caracol und Tikal, Copán und Quiriguá, Dos Pilas und Aguateca haben wir bereits gesehen, daß die Vielzahl von Beute- und Kriegszügen eine Schlüsselstellung für den Zerfall der Maya-Kultur einnimmt;[1] und am Beispiel von Copán erkannten wir auch, daß Bevölkerungsdruck im Verbund mit ökologischen Problemen wie Abholzung und Erosion, Überbauung fruchtbaren Bodens und Überbeanspruchung der Felder weitere auslösende Faktoren für Ab- und Auswanderung, aber auch Kriegsführung waren. Für Konfliktpotential sorgten wohl auch die »Märkte«:

- der Arbeitsmarkt, weil gute Bauleute gleichzeitig in vielen Städten eingesetzt werden sollten,
- der Wohnungsmarkt, weil die Städte überlastet waren mit der Schaffung von Wohnraum,
- der Warenmarkt, weil der, der den Handel kontrollierte, immense ökonomische Macht erlangte,
- der Rohstoffmarkt, weil die Ressourcen knapp waren und keine neuen Quellen erschlossen werden konnten.

Die Frage ist: Reichen diese Faktoren aus, um das kulturell letztlich doch abrupte Ende in einem weiten Gebiet zu erklären?
Freilich konnten Don und Prudence Rice[2] von den Universitäten in Virginia und in Florida eindrucksvoll belegen, welche Langzeitfolgen die Rodung von Regenwald haben kann. Der fruchtbare Humusboden, der in diesen Gebieten nur sehr dünn ist, wird durch Wasser, Sonne und Wind einer schnellen Erosion ausgesetzt. Nährstoffe werden radikal ausgeschwemmt. Die Maya des Klassikums aber hätten, so die beiden Wissenschaftler, auf eine Regenerierung nicht warten können, da die Bevölkerung wuchs und Brachzeiten nicht mehr eingehalten werden konnten. Den ausgelaugten Böden wurde das Letzte

abverlangt, was in katastrophalem Maße zur fortschreitenden Erosion beitrug. Hungerkatastrophen waren die Folge. Die erschreckenden Landschaftsveränderungen unserer Tage im Amazonasgebiet und anderen von tropischen Wäldern bedeckten Gebieten zeigen die verheerenden, die zerstörerischen Kräfte einer Natur, die von dem Menschen aus dem Gleichgewicht gebracht wird. Ist der Zusammenbruch der klassischen Maya-Gesellschaft somit ein lehrreiches Beispiel für die Welt von heute?

Ja und nein. Ja, weil offensichtlich in einigen Bereichen Mesoamerikas tatsächlich eine fortschreitende Erosion zum Ende des Klassikums zu verzeichnen war und die Bevölkerung, wie in Copán vermutlich geschehen, die angestammte Heimat zu verlassen begann. Untersuchungen von F. und J. Saul an Skeletten in Seibal ergaben sogar Hinweise auf mögliche Unterernährung der Bevölkerung. Nein, weil amerikanische Bodenkundler bei Untersuchungen im Umfeld von Tikal überraschenderweise feststellen mußten, daß große Gebiete gefunden wurden, deren schwarze, humusbedeckten Oberböden darauf hindeuten, daß sie nicht bzw. wenig landwirtschaftlich genutzt wurden.[3]

Herbert Wilhelmy fragt mit Recht:

»Nach langer Entfaltungs- und Blütezeit soll dann plötzlich Bodenerschöpfung zum Zusammenbruch geführt haben? Wenn dem so wäre, müßte sich der nahende Untergang in den am frühesten besiedelten Teilen des Tieflandes mit den am längsten genutzten Böden zuerst bemerkbar gemacht haben. Das ist auch tatsächlich der Fall ... Aber gerade dort versagt die Bodenerschöpfungstheorie zur Erklärung des frühzeitigen Abzugs der Maya völlig. Das schon um 810 aufgegebene Quiriguá kann schwerlich unter einer Ertragsminderung seiner Böden gelitten haben, denn den tiefgelegenen Anbaugebieten dieses Zentrums wurden durch die Motaguahochwässer alljährlich neue Nährstoffe zugefügt.«[4]

Außerdem ergriffen die Maya durchaus wirkungsvolle Maßnahmen, um die Gefahr der Erosion zu bannen. Schlammfallen und Terrassen, wie sie in der Rio-Bec-Region und im nördlichen Belize angelegt wurden, zeugen davon. Und im feuchten Petén gibt es für merkliche Bodenabschwemmung und Erosionskerben ohnehin keine Anzeichen. Das Untergangsszenarium muß sich aus mehr und anderem als Bodenerschöpfung und Erosion zusammengesetzt haben, beides übrigens Faktoren, die in relativ kurzen Zeitspannen eintreten, sich aber nicht weit über 100 Jahre erstrecken.

Bedenken wir: Die Welt der Maya war eine statische Welt, ohne großartige Veränderungen. Saat und Ernte waren eingebettet in eine heilige Ordnung, in Kulthandlungen, die von Göttern und Zeichen der Götter (z.B. astronomischen Erscheinungen) abhingen. Angesichts einer solch festgefügten Ordnung erscheint es fraglich, ob wirklich die von Generation zu Generation weitergegebene Anbauweise und -form nachhaltig geändert wurde, überhaupt gravierend geändert werden konnte. Wenngleich sich die Vergangenheit einer direkten Beobachtung entzieht, läßt sich doch noch heute erkennen, wie beständig die Lebensnormen, die kosmisch-göttlichen und mythischen Strukturen der Religion der Maya waren und sind. Und dies, obwohl inzwischen seit Jahrhunderten fremde Einflüsse auf die Maya einwirken.

Der große Ethnologe Rafael Girard erklärt:

»Die Mayas unserer Zeit halten sich beim Maisanbau noch immer an die Methoden ihrer Vorfahren aus der Jahrtausende zurückliegenden Periode der einsetzenden Agrikultur. Ihre Agrarwirtschaft ist mit voneinander abhängigen, interfunktionellen religiösen und sozialen Formen verbunden, die in ihrer Essenz ebenfalls unverändert alle Zeiten überdauert haben: Sie folgen traditionellen, in den Mythen registrierten Richtlinien, die heute wie gestern das Gerüst der Maya-Kultur darstellen. Von der Erhaltung dieser Werte hängen Sicherheit, Wohlstand und selbst die Existenz der Eingeborenengemeinde ab.«[5]

Wer an ewige Wahrheiten glaubt, wird seine Ideen- und Tatgeschichte auch in großer Not nicht leugnen oder nachhaltig ändern. Mißerfolge bei der Ernte wären zudem ein unschlagbarer Beweis für die Verwerflichkeit des Tuns. Noch heute kommt in den Gebeten eine Weltsicht zum Ausdruck, die den Menschen nicht als »Beherrscher« der Natur sieht. Um die Welt zu vervollkommnen, bauten und bauen die Maya auf eine ewige Lebensgemeinschaft mit den Göttern und Ahnen. Dieses wechselseitige Garantiesystem aufzukündigen, hätte meiner Ansicht nach kein Priester und kein König gewagt, geschweige denn alle gleichzeitig. Die Macht der Religion war zu eng verbunden mit dem wirtschaftlichen Geschehen und beide mit den soziologischen Grundstrukturen der Gesellschaft. Wilhelmy versetzt den in Forscherkreisen hochgehandelten Theorien den Todesstoß, wenn er feststellt, daß auch aus naturwissenschaftlicher Sicht wenig oder nichts übrigbleibt, was einen Zusammenbruch des Ökosystems als Ursache annehmen ließe.

»Das Landschaftsbild der Gegenwart beweist, daß die Maya ihren Lebensraum nicht aus dem ökologischen Gleichgewicht gebracht, sondern ihren Nachfahren eine durchaus intakte Umwelt hinterlassen haben.«[6]

Wissenschaftliche Zufluchtsplätze

Maya-Forscher sehen heute freilich nicht nur ein Ereignis allein als ausschlaggebend an. In der Zeit synästhetischer Sichtweise, bei der bei Veränderung einer Komponente in einem System auch die Änderung anderer Faktoren angenommen wird, wo Chaosforschung davon ausgeht, daß der Flügelschlag eines Vogels über dem Atlantik letztlich einen Orkan verursachen könne, weil dies sozusagen »der Tropfen sei, der das Faß zum Überlaufen brächte«, ist dies nicht verwunderlich. Auch hier scheinen die Forscher Kinder ihrer Zeit zu sein.

Als einen weiteren Faktor zieht man also einen zunehmenden Bevölkerungsdruck heran, der sich u.a. in der Zunahme der Bauaktivitäten ausdrückt. Damit einher sei eine Art Landflucht gegangen. Das städtische Zentrum versprach offenbar mehr als das ländliche.

»Immer weniger Bauern hatten immer mehr Menschen zu ernähren. Damit der ungeheure Bedarf an Nahrungsmitteln gedeckt werden konnte, mußten die Maya den Ertrag pro Bauer erhöhen. Ein Weg, dies zu erreichen, war, das fruchtbare Land der Sümpfe urbar zu machen. Das reichte für eine Weile aus, aber schließlich war dieses Land wahrscheinlich ebenfalls erschöpft ... Letztlich schlugen sowohl die Abholzung des Regenwaldes als auch die Urbarmachung des Sumpflandes aus dem gleichen Grund fehl. Folglich konnte das Tiefland der Halbinsel Yucatán die dort lebenden Maya nicht mehr ernähren.«[6]

Doch auch diese Argumentation von J. Sabloff[6] ist nicht ganz schlüssig, wenn wir sie einer näheren Überprüfung unterziehen.

»Die Maya mußten den Ertrag pro Bauer erhöhen«, folgert Sabloff. Mit den gleichen Anbaumethoden, nämlich die Aussaat mit dem Pflanzstock und die Ernte mit der Hand, läßt sich dies auch bei mehr Boden, wie Sabloff nahelegt, kaum bewerkstelligen. Produktivitätssteigerung könnte bei gleicher Arbeitstechnik nur durch eine sehr arbeitsintensive menschliche Leistung erbracht werden bzw. durch Ersetzung menschlicher Arbeit durch technische Mittel. Die Kombination substituierbarer (austauschbarer) Produktionsfaktoren funktioniert eben nur, wenn auch ein Ersatz vorhanden ist. Dies läßt sich jedoch für die Maya jener Zeit nicht nachweisen. Landflucht verringerte den Arbeitskräftebestand in der Agrarwirtschaft, und neue Maschinen, Düngemethoden, Rationalisierungsmaßnahmen usw. sind ebenfalls nicht vorzufinden.

Einige Forscher[8] gehen davon aus, daß die Oberschicht der Maya die Bedrohung für ihre Kultur erkannte. In ihrer Not errichteten sie größere und immer gewaltigere Bauwerke, um die Götter zu verherrlichen, von denen sie sich Hilfe in dem heraufziehenden Unglück erhofften. Dies aber führte nur noch schneller zum Niedergang, da die Großbauprojekte Mittel und Menschen für Aufgaben abzogen, die in der Landwirtschaft dringend erforderlich gewesen wären. Gleichzeitig seien neue Eroberungskriege heraufbeschworen worden, die ein übriges taten.

Die Grundannahme hierbei ist ein irrationales Verhalten in hohem Maße. Dies ist nicht ganz auszuschließen in einem religiösen Weltverständnis, in dem die Maya lebten. Andererseits ist zu fragen, ob die »Verblendung« wirklich so weit reichte – und zwar in sämtlichen Staaten des südlichen Tieflandes gleichzeitig –, daß nicht der eine oder andere Staatsführer seine Lehren daraus gezogen hätte. Die Einsicht, daß geringere Anbauraten von Mais auch weniger Ernte bedeutete, dürfte nicht nur den Agrarexperten der damaligen Zeit einleuchtend gewesen sein. Die Bereitstellung bestimmter Lebensmittelmengen für die Untertanen war wohl seit frühester Zeit Aufgabe des Priester-Königs gewesen, der einen Teil seiner Legitimation ja aus einer »angemessenen« Verteilung ableitete. Ihm hätte es ein leichtes sein müssen, durch königliche Anordnung, durch diktatorische Maßnahmen, durch priesterlich-göttliche Weisung, die Arbeitskräftestruktur zu verändern und die Produktion in der Landwirtschaft wieder effizient zu machen. Wieweit Angebot und Nachfrage auf dem Markt einen solchen Prozeß steuern oder zumindestens beeinflussen konnten, ist bislang leider nur ungenügend untersucht worden.

Der Archäologe Joseph Tainter hat 1988 verschiedene Kulturen in der Zeit ihres Zusammenbruchs untersucht: Je komplexer eine Gesellschaft sei, desto mehr neige die kleine Schicht der Herrschenden zur alleinigen Nutznießung. Der Lebensstandard der Mehrheit sinke, und der Zusammenbruch der Gesellschaft sei die Folge. Seine Schlußfolgerung: »Einer Bevölkerung, die wenig von dem Staatsapparat, den sie versorgt, profitiert, bringt der Niedergang des komplexen Systems wirtschaftliche Vorteile.«[7]

In dieser Erkenntnis mag ein Stück Wahrheit liegen. Unterschätzen wir aber nicht die religiöse Motiviertheit des damaligen Gesellschaftssystems? Der Nutzen für die Untertanen lag zu einem wesentlichen Teil in der Verbindung des Herrschers mit der jenseitigen Welt. Das darf nicht übersehen werden. Auch wenn ein Säkularisierungsprozeß stattgefunden haben könnte, erklärt dies nicht, warum ein großer Teil der Bevölkerung Haus und Hof aufgab und in die Fremde fortzog.

Und noch etwas fällt auf. Nach und nach erst wurden die Städte des Tieflandes ab 800 n.Chr. dem Verfall preisgegeben. Die Produktion von Stelen ließ deutlich nach, bis sie schließlich ganz eingestellt wurde, Pyramiden wurden nicht mehr errichtet, Tempel verlassen, die Wohnstätten aufgegeben. Das Eigenartige ist, daß auch die Randzonen und ländlichen Gebiete in der Nähe der Städte nicht mehr bewohnt und bearbeitet wurden. Wieso eigentlich? Ausgerechnet jetzt, wo weniger Bevölkerung zu versorgen gewesen wäre, wo der Moloch eines administrativen Systems seine erdrückenden Tentakel verloren hatte, hätte sich der Boden erholen können und dem Rest der verbliebenen Menschen eine ausgezeichnete Lebensgrundlage sichern können. Gleiches gilt für Fischfang und Jagd. Und da die Nachfrage nach landwirtschaftlichen Produkten groß gewesen wäre, müßte das Bauerntum gestärkt aus dem Zusammenbruch der Staaten hervorgegangen sein. Sie hätten Tauschware verlangen und die Verteilung vornehmen können und so – wie vor langer Zeit – den Grundstock für ein neues soziopolitisches System schaffen können.

Archäologische Diskurse

Es gab viele monokausale Theorien über den Zusammenbruch der Maya-Reiche. Insektenplagen und Seuchen, Klimawandel, Orkane und Erdbeben, Bauernaufstände und Kriege wurden von den Archäologen als Ursachen auf dem Markt der Ideen unter dem Gütesiegel »Wissenschaft« gehandelt. Sie alle waren umstritten und wurden selbst in ihrer Kombination nicht akzeptiert. Am einleuchtendsten ist noch die Bündelung verschiedener Hauptströmungen.[8]

Doch sowohl für diese Bündelungstheorie als auch für die Einzeltheorien gilt: Keine kann einleuchtend erklären, warum ein Wiederaufleben, eine Wiederbesiedelung ausblieb. Wenn man heute durch das nur dünn besiedelte südliche Maya-Tiefland fährt, so hat man den Eindruck, daß dies bis in unsere Tage so geblieben ist.

Richard Wilk[8] und andere nachdenkliche Wissenschaftler, denen eine kritische Reflexion über sozio-kulturelle Einflüsse von Forschern auf ihr Forschungsgebiet zu eigen ist, die mithin die Gefahren sehen, die durch Zeitgeist und Lebensstil der jeweiligen Forschergeneration ausgehen, haben in den letzten Jahren eine scharfsinnige Analyse über die sich verändernden Perspektiven in der Maya-Archäologie vorgenommen. J. A. Sablotf gesteht schließlich:

»Zum Beispiel haben Maya-Archäologen vor noch gar nicht allzu langer Zeit die bäuerlichen Hausüberreste nicht ›gesehen‹, weil sie diese nicht für ›wichtig‹ hielten. Und sicherlich werden Archäologen in nicht allzu ferner Zukunft in Unverständnis über einige Hypothesen und Verfahren zeitgenössischer Wissenschaftler den Kopf schütteln.«[6]

Eine Verknüpfung jüngerer politischer Ereignisse in den USA und den gängigsten Erklärungsversuchen für den Zusammenbruch der klassischen Maya ergab eine unglaubliche Analogie. Während des Höhepunktes des Vietnamkrieges läßt sich ein erstaunliches Anwachsen der Veröffentlichungen über Mayakriege und Eroberungen als Ursache für den Exodus ausmachen. Mit Beginn des Truppenrückzugs und der Friedensaktivitäten unter der Nixon-Administration nehmen die Publikationen dieser Stoßrichtung wieder rapide ab. Statt dessen häufen sich nun Äußerungen über ökologische Katastrophen. Ebenfalls steigen die religiös motivierten Hypothesen an. Wilk kommt zu dem Schluß, daß »der archäologische Diskurs zwei Eigenschaften (habe): Er geht objektivem, überprüfbarem Wissen über die Vergangenheit nach. Gleichzeitig führt er eine informelle und oft verdeckte politische und philosophische Debatte über wichtige Fragen des zeitgenössischen Lebens ... Die Aufgabe ist es, die Art des Dialogs zu erkennen und Verantwortung dafür zu übernehmen.«[4]

Es wäre jedoch falsch, die wissenschaftliche Thesenbildung mit dieser Korrelation, dieser Wechselbeziehung von Untergangsannahmen und politischen, wirtschaftlichen, ökonomischen, religiösen u.a. Ereignissen insgesamt für absurd zu erklären. Daß aber durch bestimmte Zeitereignisse, die in der gesamten Gesellschaft diskutiert werden, auch Forscher dazu angeregt werden, in eine neue oder andere Richtung zu denken, ist möglicherweise hieraus zu folgern. Letztlich träfe dies auch für die Paläo-SETI-Hypothese zu, die ihren Durchbruch mit dem Beginn der bemannten Raumfahrt und dem Mondflug-Programm der Amerikaner hatte. Zwangsläufig übrigens, weil Raumfahrt zuvor als Science-fiction abqualifiziert wurde und nun erstmals mit aller Macht in das Bewußtsein der Menschen – und damit der Forscher – das trat, was bis dahin von »kompetenter Seite« für »verrückt«, für »utopisch« erklärt worden war: daß Lebewesen ihren Heimatplaneten verlassen und zu anderen Himmelskörpern aufbrechen könnten.

Kommen wir zurück zu unserem Ausgangsproblem: Was löste den Auszug der Maya aus ihren angestammten Gebieten aus? Wohin verschwanden Millionen Menschen? Eine Tatsache, über die sich selbst Hernán Cortés in einem Brief an Karl V. im Jahre 1526 wunderte. Warum entstanden während des Zusammenbruchs im Süden fast gleichzeitig neue große Zentren im Norden? Uxmal, Kabah, Sayil, Labná und Chichén Itzá weisen nicht nur in der Architektur und den Werkzeugen, sie weisen auch in Schrift, Religion und landwirtschaftlichen Verfahren große Ähnlichkeit mit den überkommenen Traditionen, Themen und Techniken auf.

Wir haben es im letzten Grunde gar nicht mit einem wirklichen Zusammenbruch, sondern lediglich mit einer Verlagerung der Bevölkerung und der politisch-ökonomischen Macht von Süden Richtung Norden zu tun. Charles Erasmus von der Universität von Kalifornien in Santa Barbara hat hierfür den Begriff von einem »nach oben gerichteten Zusammenbruch« geprägt. Er meint damit einerseits die geographische Situation: Aus dem Petén verlagerte sich die Kultur der Maya in die Puuc-Region und ihre angrenzenden Gebiete. Andererseits ist damit auch die politische Situation angesprochen: Die Maya-Gesellschaft erfuhr eine komplexer werdende Struktur.

Das Ende der Hochkultur im Herzland der Maya vollzog sich über einen Zeitraum von etwa 100 Jahren. Fast hat es den Anschein, als hätte man ein Licht nach dem anderen auf der geopolitischen Landkarte ausgeknipst. Waren um 870 n. Chr. in Tikal noch die meisten Häuser bewohnt, so war hier im Jahr 1000 fast kein Mensch mehr anzutreffen. Ähnlich erging es Uaxactún, Caracol und den anderen Metropolen. Gleichfalls ist zu erkennen, daß die massiven Gebäude der einfachen Bevölkerung noch für eine Weile als Unterkunft dienten. Abfallhaufen und Reste von Mahlzeiten zeigen die Benutzung an. Die Restbevölkerung wird auf ca. zehn bis 15 Prozent geschätzt.[9] Manche Tempel in Tikal blieben noch bis ins 12. Jahrhundert hinein religiöse Andachtsplätze und wurden wohl auch noch in der Zeit der Konquista von Pilgern besucht, denen allerdings das tiefere Verständnis für die heiligen Orte fehlte.

Der geplante Exodus

Rational läßt sich schwer begründen, wie es zum Auszug der Maya aus ihren von fernen Tagen her geheiligten Orten gekommen ist. Doch wo unser logisch-analytisches Denken versagt, gibt es vielleicht eine irrationale Lösungsmöglichkeit.[10,11] Rufen wir uns die Sichtweise der Maya in Erinnerung. Von ihren Grundfesten her war sie religiös bestimmt, die Welt war durchdrungen vom Willen der Götter, die Herren der Unterwelt stritten mit Schutz- und Helfergöttern der Oberwelt, die Zeit war gegliedert in Zyklen, und all dies wirkte unmittelbar auf die Menschen ein.

Daß überirdische Mächte oberste Priorität besaßen und ihren Anordnungen unbedingt gehorcht werden mußte, war nicht nur bei den Maya so. Schon bei den Israeliten stoßen wir auf ein ähnliches Weltbild, als sie auf Weisung Jahves ihren Wüstenzug unter Moses und Aaron ins »Gelobte Land« antraten, und dies war beispielsweise in jüngerer Zeit bei den Mormonen der Fall.

Die Bücher des Chilam-Balam von Chumayel, Mani und Tizimin berichten einhellig über den Auszug der Maya-Stämme. Die Wanderung verlief demnach in zwei Bewegungen. Ein Zug, die »Große Wanderung«, zog entlang der Westküste, der als »Kleine Wanderung« bezeichnete setzte sich in Richtung Ostküste in Marsch.

Die Wanderungen werden wörtlich mit »noh emal« und »dze emal« wiedergegeben, was das große und kleine »Herabkommen von oben« bedeutet, also von Mittag/Süden oder vom Himmel her.[7]

Meine These lautet: Der Zusammenbruch der Maya-Kultur ist zu einem Großteil auf eine »göttlich« inspirierte Weisung zurückzuführen. Die Maya – wie auch andere mesoamerikanische Völker – zogen nach einem langfristig angelegten Plan zu bestimmten Orten, die sie planmäßig auch wieder verließen, um dem übergeordneten Plan folgend neue Plätze anzuvisieren.

Dies ist eine provokante These. Doch ihr Schluß scheint zwingend. Blenden wir zurück zum Beginn unserer Reise durch Zeit und Raum Amerikas:

216

– Ganz am Anfang der Besiedlung des neuen Kontinentes steht bereits das große Fragezeichen darüber, was Menschen veranlaßt haben könnte, von Sibirien aus über Beringias Steppen- und Kältelandschaft, durch Gebirge und Wüsten und Tropen, durch mörderische Sümpfe, reißende Flußströme, steile Schluchten und sturmgepeitschte Hochebenen in unglaublich kurzer Zeit von Alaska bis nach Feuerland vorzustoßen. Folgten die Jäger und Sammler bereits einem Auftrag »von oben«, von den Götter-Astronauten?

– Was veranlaßte Proto-Maya trotz aller klimatischer Vorzüge, die das Hochland besaß, trotz der günstigen Anbaumöglichkeiten (Mais, Bohnen, Melonen, Kartoffeln), die Talfurche des Rio Motagua entlang ins feucht-schwüle, menschenfeindliche Tiefland zu ziehen und hier die Wurzeln für den nahezu unglaublichen Höhenflug einer Kultur zu legen?

– Wieso zogen die Vorfahren des »Volkes des Jaguars«, der Olmeken, an die Golfküste, trieben ihre Kultur auf einen Höhepunkt, um sich dann sang- und klanglos aus der Geschichte zu verabschieden?

– Warum wurden blühende Städte wie Nakbé und El Mirador schlagartig aufgegeben, nachdem sie Größe und Ruhm erlangt hatten?

– Wohin gingen die Erbauer Teotihuacáns, des religiösen und wirtschaftlichen Zentrums Mexikos?

– Ist es derselbe Grund, warum Jahrhunderte danach das gesamte prosperierende südliche Maya-Tiefland aufgegeben wird, warum später das mächtige Tula im Nirwana der Historie verschwindet und letztlich auch die Azteken ihren Zug in die Ebene von Mexico City angetreten haben? – Sie alle beseelt von einem göttlichen Auftrag?

Vieles deutet darauf hin. Beleuchten wir noch einmal unter dieser Perspektive den Niedergang der einzelnen Orte und Kulturen etwas genauer.

Frühe Spuren der Olmeken

Wie gestaltete sich der Untergang der Olmeken? Der Wissenschaftler Anton Schnell stellt fest: »Schon in der Zeit des Übergangs vom Mittel- zum Spätpräklassikum und verstärkt in den folgenden Jahrhunderten nahm der olmekische Einfluß in weiten Teilen Mesoamerikas mehr und mehr ab, ohne daß die genauen Gründe dafür bekannt wären ... Klimaveränderungen scheinen ... nicht aufgetreten zu sein, und die Behauptung, Seuchen hätten bei diesem Niedergang eine Rolle gespielt, läßt sich nicht beweisen.«[12]

Um 500 v.Chr. geben die Olmeken La Venta auf, nachdem sie vor 1600 v.Chr. in kleinen Dorfstrukturen mit der Entfaltung ihrer Kultur begonnen hatten. Der Herrschaftsanspruch der Priester-Könige legitimierte sich durch die Abstammung von übernatürlichen Wesen. Gewaltige Pyramiden und steinerne Köpfe, deren Rohmaterial (Andesit, Basalt, Travertin) man bis zu 130 Kilometer Luftlinie heranschleppte, wurden errichtet und nach astronomischen Gesichtspunkten ausgerichtet. Und dann? Ein plötzliches Ende. Warum?

Weiterhelfen könnte uns die Tatsache, daß Monumentalplastiken und Kleinfiguren bewußt Spuren der Zerstörung zugefügt wurden. Köpfe wurden abgeschlagen, Gesichtspartien ausgeschabt, Altäre vernichtet. Dies aber ist über die *gesamte* Epoche hinweg zu verfolgen, nicht nur zum Ende hin.[12] Nach ihrer Verstümmelung wurden die Häupter und Plastiken rituell entlang bestimmten Linien bestattet. Revolution, Invasion und religiöser Wandel scheiden somit als Ursache aus.

Die drei großen Zentren der Olmeken waren San Lorenzo, Tres Zapotes und La Venta. Das Ende der Orte erfolgte nacheinander. Die Aufgabe San Lorenzos (Formative Phase) ist vom Verlassen La Ventas (Mittlere Formative Stufe) jedoch durch Jahrhunderte getrennt, die La-Venta-Kultur ihrerseits von dem spätformativen Tres Zapotes abermals durch Hunderte von Jahren. Bestatteten die Olmeken planmäßig ihre sakralen Artefakte in rituellen Feiern, bevor sie ihre Städte für immer aufgaben und ebenfalls planmäßig weiterzogen?

Die olmekische Kultur war bereits von den Wellen des Vergessens überrollt worden, doch gelangte zivilisatorisches »Strandgut« bis nach Izapa an die Pazifikküste. Izapas reich verzierter Stil, seine Stelen und Altäre waren von den Maya auf- und übernommen worden, ebenso wie etliche religiöse Monumente, etwa die Vogelgottheit und der Jaguarkult. Ein neues Zentrum im Tiefland hieß nun El Mirador.
Wie war es nach der großartigen Expansion El Miradors zu dessen Niedergang gekommen? Der monumentale Tigre-Komplex entstand im 2. und 1. Jahrhundert v.Chr. in einer offenbar einzigen und ungewöhnlich kraftvollen Anstrengung. Doch schon um 150 n.Chr. lag die Stadt verlassen.
In einem der aufgefundenen Räume wurde eine große Anzahl von Scherben aufgespürt. Sie legen nahe, daß hier Rituale für das Zyklusende, einer Zeremonie zum Abschluß der heiligen 52-Jahre-Kalender-Runde, durchgeführt wurden. Aber die so strebsamen und einst mächtigen Ahauob von El Mirador unternahmen nicht den geringsten Versuch, erneut in Konkurrenz mit anderen Königreichen zu treten. Es wurde gemutmaßt, militärische Operationen benachbarter Städte, etwa des aufstrebenden Tikals, hätten El Miradors Untergang ausgelöst. Doch es gibt bis heute keine überzeugenden Belege für eine militärische Organisation oder Aktion. Auch die gefundene Wallanlage kann kaum dafür herangezogen werden. Sie grenzte lediglich, wie Bruce Dehlin bemerkt, das heilige Zeremonial- und Elitezentrum ab. Waren es nur soziale Konflikte zwischen Ober- und Unterschicht, die den Sturz El Miradors ins Namenlose bewirkten? Ein Aufstand gegen die Priester der Götter? Überzeugende Indizien liegen auch hierfür nicht vor.

Cerros. Tatkräftig hatten die Bewohner des kleinen politischen und religiösen Zentrums der späten Präklassik ein frühes

Königtum errichtet und mit ihm eine wunderbare Pyramiden-stadt. Eilig, hastig und überstürzt verließen König, Priester, Hofstaat und Volk die heiligen Städten. Begruben sie selbst in ritueller Weise Plätze und Gebäude, nachdem sie zuvor Schwelbrände gelegt hatten? Oder waren es feindliche Krieger, die aus Angst vor den Ahnen der Gegner eine »Beendigungs-zeremonie« zelebrierten? Nie wieder jedenfalls hat Cerros ein neues Königshaus gesehen.

Das Ende von Teotihuacán

Teotihuacán. Wie hauchte diese einst blühende Stadt ihr Leben aus? Der Untergang kam ohne die drohenden Anzeichen eines nahenden Verfalls. Im 7. Jahrhundert brannten plötzlich Gebäude der Stadt nieder. Doch Hinweise für eine militärische Intervention scheinen völlig zu fehlen; Mauern, die als Schutz gedient haben könnten, wurden im nordwestlichen Teil erst spät errichtet. War es auch hier ein angeblicher Bevölkerungsdruck, der eine ausreichende Versorgung mit Nahrungsmitteln nicht mehr gestattete? Dies könnte einen unmittelbaren und regulati-ven Rückgang zur Folge gehabt haben. Da aber Land bewässert wurde, das gegen Erosion und jahreszeitliche Schwankungen relativ abgesichert war, hätte noch immer eine große Bevölke-rung ernährt werden können. Trat eine Klimakatastrophe ein? Hierfür fehlen die Belege. Konnte das administrative System auf neuartige Probleme nicht angemessen reagieren? Niemand ver-mag derzeit diese Fragen zu beantworten.[14]
Auffällig ist, daß sowohl die zentralen Bezirke als auch die äußeren Siedlungsstätten verwüstet wurden. Batres war schon im 19. Jahrhundert auf eine Eigentümlichkeit gestoßen, die ihm zu denken gab. Völlig intakte Häuser waren mit zemen-tierten Steinen ausgefüllt worden. Auch Millon hat erkannt, daß das Kultzentrum offenbar systematisch zerstört wurde. Vernichteten die Priester die Tempel selbst? Rituelle Zerstö-

rung auch hier? Sichtbar wird dies beim Tempel des Quetzalcoatl, der Jahrhunderte vor der endgültigen Aufgabe der Stadt verbrannt wurde. Aber warum geschah dies?

Vielleicht kann uns eine Überlieferung weiterhelfen. Pater Bernardino de Sahagún zeichnete sie zwischen 1548 und 1585 auf. Die »Wissenden«, so heißt es in seinem Bericht, hätten Teotihuacán einst erbaut. Und weiter:

»Die wissenden Männer blieben nicht lang, sie gingen bald. Wieder einmal traten sie die Reise an und nahmen mit sich die Schriften, die Bücher, die Gemälde, sie trugen alle Kunst weg und auch die Metallformen. Und bei ihrem Weggang riefen sie alle zusammen, die sie zurückließen, und sagten zu ihnen: ›Unser Herr, der Beschützer von allem, der Wind, die Nacht, sagt, Ihr sollt bleiben. Wir gehen und lassen Euch hier. Unser Herr wird Euch dieses Land vererben, es ist Euer Lohn, Euer Schicksal. Unser Herr, der Gebieter über alles, geht, wir werden ihn begleiten. Er geht, er geht zurück, aber er wird kommen, um seine Pflicht zu tun, er wird kommen und Euch anerkennen. Wenn die Welt unterdrückt sein wird, wenn es das Ende der Welt ist, wird er kommen. Aber bis dahin sollt Ihr hier wohnen, sollt Ihr hier wachen ...‹

Und beschämt gaben die Huaxteken das Land auf. Sie nahmen ihr ganzes Volk mit sich. Alle, die sich in ihrer Sprache verständigen konnten, gingen zusammen, gingen gemeinsam ...

Und dann gingen die verschiedenen Völker, die Tolteken, die Mexica, die Nahua. Alle diese Völker trafen auf der Suche nach Land auf die Ebenen, die Wüsten. Der, den sie verehrten, begleitete sie, er sprach zu ihnen. Sie konnten sich nicht mehr erinnern, wie lange sie auf Wanderschaft waren, eine lange Zeit zogen sie durch die Wüste. Sie ließen sich an einem Ort in der Wüste nieder, in einem Tal unter den Felsspitzen, ein gefährlicher Ort. Und die Menschen weinten. Sie waren betrübt. Sie erlitten Übles, es gab nichts mehr zu essen, nichts mehr zu trinken ...«

Dieser Bericht ist eigenartig. Am Beginn und am Ende von Teotihuacán stehen die »wissenden Männer«. Wie eine biblische Wüstenwanderung, weg von den reichgefüllten Fleischtöpfen der Ägypter, erscheint uns der Auszug aus Teotihuacán. Begleitet – hier wie dort – werden die Wandernden von dem, »den sie verehren«, der zu ihnen spricht und der verkündet, wiederzukehren.

Wer waren diese Männer, die den »Platz der leuchtenden Schlange« und die »Straße der Sterne« in Teotihuacán anlegten und kosmische Geheimnisse in steinerne Archive einschrieben? Waren es Führer, die – im Sinne der Paläo-SETI-Theorie – von einer außerirdischen Intelligenz beeinflußt waren? Gab sie ihnen die Pläne für Gründung und Aufgabe der Städte?

In der Überlieferung werden noch einmal die Huaxteken erwähnt, die möglicherweise einen Teil ihres Wissens auf Teotihuacáns »wissende Gründerväter« zurückführen können. Freilich separierten sie sich schon lange zuvor von dem Urstamm der Maya. Um 2200 v.Chr. etwa begann ihr Irrweg durch Mesoamerika. Aus dem Hochland Guatemalas imigrierten sie nordwärts zum Rio Xacbal, weiter zum Usumacinta, dann führte sie ihr Weg westwärts und anschließend nördlich entlang der Golfküste, wo sie ihre Stammlande zwischen 1500 und 1000 v.Chr. erreichten. Warum eine Maya-sprechende Gemeinschaft, die sonst kaum kulturelle Merkmale der anderen Maya-Stämme aufweist, in Vera Cruz »landete«, ist nie beantwortet worden. Ich zitierte schon einmal W. Westphal, der in einer Abhandlung zum aktuellen Stand der Maya-Forschung sehr kritisch anmerkt: »Die Feststellung, die sich allein aus dem (bisherigen) Befund der Linguistik ergibt, daß die Huaxteken sozusagen von einem Ende Mesoamerikas zum anderen abgewandert sind, erklärt noch nicht, warum sie diese doch offensichtlich recht ungewöhnliche Wanderung unternahmen. Diese Frage hat bisher noch niemand beantwortet: Sie ist meines Wissens nicht einmal gestellt worden.«

Nun, ich tue dies hiermit! Warum unternahmen die Huaxteken diesen langen, ungewöhnlichen Zug, entgegen aller übrigen Wanderungsbewegungen? Was trieb sie voran? Warum finden sie Erwähnung im Zusammenhang mit Teotihuacán? Ist es nur eine fromme Legende, daß auch sie dort anwesend waren?

Es ist keineswegs auszuschließen, daß die Huaxteken, Nachbarn Teotihuacáns ohnehin, in einer der städtischen Siedlungsbezirke für »Ausländer« Abordnungen wohnen hatten, die sie beim Zusammenbruch der Stadt verlassen mußten.

Eigentümlich ist nicht nur das Verlassen, auch die durchgeplante Anlage der Stadtzentren war und ist immer wieder erstaunlich. Ob es das olmekische La Venta ist oder Teotihuacán, beide erhielten eine exakte astronomische Ausrichtung. Das ist kein Zufall. Und dies gilt im gleichen Maße für die Städte der Maya.

Der deutsche Geograph Walter Christaller[17] entwickelte die Theorie der »Zentralen Orte«. Am Beispiel von Calakmul läßt sich zeigen, daß das Siedlungs-Verteilungsmuster im Maya-Tiefland sich in einem Sechseck um das Zentrum Calakmul gruppiert. Gleiches gilt für Uxul, eine der Städte des »Sechsecks«, das seinerseits wieder ein sekundäres Sechseck, dem unter anderem El Mirador angehört, bildet. Christaller führt dies auf die Komponenten Marktoptimierung, Verkehrsoptimierung und Verwaltungsoptimierung zurück. Bedauerlicherweise hat er dabei aber das Alter der einzelnen Städte kaum berücksichtigt und konnte von der überragenden Bedeutung El Miradors, das er noch als drittrangiges Zentrum betrachtete, nichts ahnen. Gleichwohl bestätigt sich die gezielte Besiedlung dieses Raumes, in den auch die Gründung Nacbés fällt.[16] Die Frage ist: Wurde hier eine bewußte Siedlungspolitik betrieben oder fand eine zufällige Standortoptimierung statt? Da Orte wie El Mirador offensichtlich von allem Anfang an genau durchdacht waren, liegt die Vermutung nahe, dies sei absichtlich so geschehen. Wurde der Untergang der Städte ebenfalls planmäßig organisiert?

Dramatisch verlief schließlich der große Exodus im 9. Jahrhundert. Die beiden Altamerikanisten Freidel und Schele[3] weisen auf die Möglichkeit hin, daß die heiligen Maya-Orte so stark mit »außerordentlich gefährlichen Kräften« aufgeladen waren, daß »magische Kraftzentren« entstanden. Die »Wand zwischen Diesseits und Jenseits« sei für die Indianer durchlässig und dünn geworden, so daß die Maya ihre »Jenseitstore« in heilloser Angst selbst verschlossen und bestattet bzw. ihre Städte verlassen hätten, wenn eine Maya-Gemeinde der Ansicht war, die Kraft von Ort und König sei entschwunden. Aber warum verloren all diese Gemeinden gleichzeitig das Vertrauen in ihre Magie, die stärker denn je wirkte?

Erstaunlicherweise steht die Aufgabe der großen Maya-Zentren im südlichen Tiefland in zeitlich enger Verbindung zum 400-Jahre-Zyklus des zehnten Baktun. Und das bedeutete Ende und Erneuerung zugleich. Man könnte annehmen, überlegen Schele und Freidel, »das Ende dieser Periode mit seinen Verheißungen von Neubeginn müsse von den überlebenden Maya-Königen hoffnungsvoll und stürmisch gefeiert worden sein. Ironischerweise ist das Gegenteil der Fall, gerade so, als hätte jeder das Kalenderereignis diesmal für ein böses Omen gehalten.«

Der Glaube der Maya an die Vorbestimmung, der in ihrem komplizierten Kalendersystem aufscheint, könnte eine fatalistische Neigung, einen Schicksalsglauben ohne Ausweg gefördert haben. Die Folge wäre ein resignatives Verharren und Aufgeben gewesen, ähnlich wie dies zur ersten nachchristlichen Jahrtausendwende im Abendland geschah, als Kaiser, Papst und Volk die Wiederkunft Christi und den Weltuntergang erwarteten. Die Zivilisation der Maya also geprägt von fatalistischen Alpträumen? Von entschwundener Magie? Oder liegt nicht letztlich doch der Glaube an eine alte Prophezeiung, einen uralten göttlichen Auftrag zugrunde?

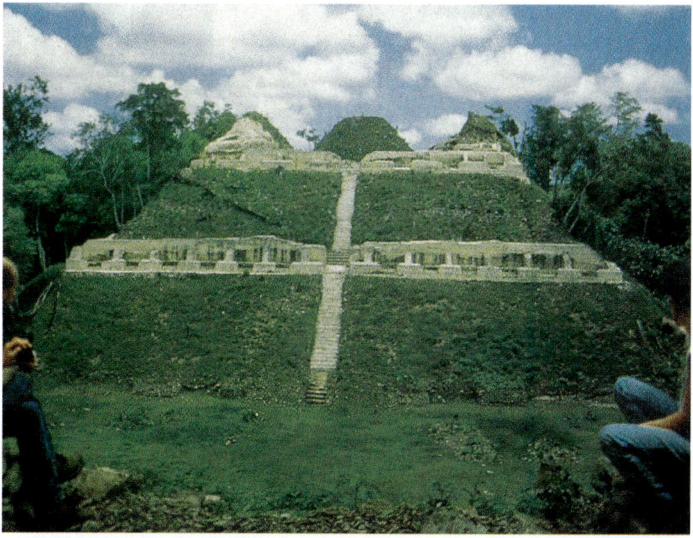

40

41

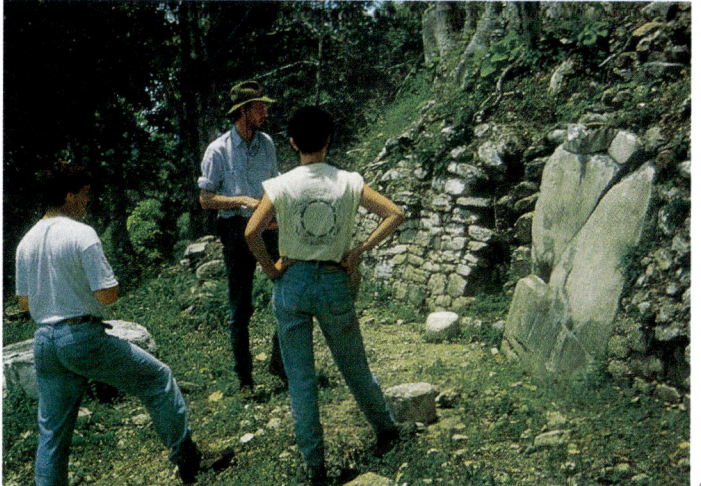

40 Die vor kurzem freigelegte Hauptpyramide von Caracol, der geheimnisvollen Königsstadt in Belize.

41 Der Autor zusammen mit Dr. Grube vor einer kaum noch lesbaren Hieroglyphenplatte.

42

43

42 Dos Pilas am Rio Petexbatún. Nach
mehrstündigem Ritt durch den unwegsamen Regenwald erreicht man das kleine
Forschungscamp der Archäologen.

43 Reliefbildnis des mächtigen Königs von
Dos Pilas.

44 Dos Pilas: 1991 entdeckten Wissenschaftler unter dem künstlichen Berg die
Gruft eines Maya-Herrschers.

44

45

46

45 Ein Heerführer präsentiert seinem König einen Gefangenen.

46 Der König von Copán als das Zentrum des Universums. Er stellte die Verbindung zu Göttern und Ahnen her.

47 »Sternenkrieger«, die im Zeichen der Venus kämpfen, zeigen farbige Gemälde in Bonampak, Mexiko.

47

48

48 Der »Rat der Götter«. Diese eigenarti-
    gen Figuren mit langgestreckten Köpfen
    wurden in den Ruinen der ersten meso-
    amerikanischen Hochkultur entdeckt.
    Stellten die Olmeken die »Weisen
    Wissenden« dar?

49 Riesenhafte Götterköpfe aus Stein
    errichteten die Olmeken. Dann zerkratz-
    ten sie die Gesichter, begruben die
    Statuen entlang kultischer Linien und
    gaben die Stadt auf.

49

50

50 Rio Petexbatún. Wo heute undurchdringlicher Pflanzenwuchs die Ebene bedeckt, hatten die Maya Felder angelegt. Der lokale Naturhaushalt ist hier nie zusammengebrochen.

51 Bevor Chichén Itzá plötzlich aufgegeben wurde, erlebte es eine glanzvolle Renaissance im Postklassikum.

52 Die Masken des rüsselnasigen Gottes »Chac« verzieren die Paläste der Puuc-Region.

51

52

53

54

53 Der azurblaue »Lago de Atitlan« ist
einer der schönsten Seen der Welt. Für
die Cakchiquel ist er ein heiliger Ort.

54 Die Nachfahren der klassischen Maya
besitzen Überlieferungen, Schriften und
Idole, die ihnen die Götter übergaben.
Keinem Weißen wurden sie bislang
gezeigt.

55, 56, 57 Hopi-Priester und Kachina-Pup-
pe (oben). Die Indianer erinnern
in ihren Mysterienspielen an die
Besucher aus dem All (Foto um
1900).

55

56

57

58 Die Azteken wurden
    von »Huitzilopochtli«
    auf eine lange Wander-
    schaft geschickt. Ein
    »Idol« gab ihnen
    genaue Anweisungen.

59 Orte entstanden oft in
    der Nähe von Höhlen.
    Wurden dort heilige
    Gegenstände vor den
    Spaniern versteckt?

60 Der Thronfolger von
    Yaxchilan (links) bei
    der Feier eines Peri-
    odenendes. Zwang der
    Plan Außerirdischer ihn
    zum Exodus?

Der Aufstieg der Itzá

Wo vor über anderthalb Jahrhunderten die beiden Forschungsreisenden Stephens und Catherwood über steinige
Pfade schritten, führt jetzt eine neue zweispurige Autobahn
von Merida kommend nach Chichén Itzá. Als wir sie 1992 das
erste Mal befuhren, waren wir weit und breit die einzigen, die
sie nutzten. Doch schon bald werden sich Autoschlangen auf
ihr entlangquälen. Chichén Itzá gehört schon heute zu den
unglücklichen archäologischen Stätten, durch die sich täglich
die Touristenströme ergießen. Grabschende Hände schrecken
vor alten Malereien nicht zurück, dämliche Disneyland-Men-
talität entweiht heilige Maya-Plätze, mit Badesandalen stol-
pern Neugierige rutschige Pyramiden auf- und abwärts und
beschweren sich dreist über die »schlechten« Wege. Soviel
Dummheit sollte man postwendend mit einem Bußgang nach
Dos Pilas bestrafen!
Chichén Itzá war politisch wie religiös und wirtschaftlich um
die letzte Jahrtausendwende von beherrschender Ausstrahlung. Traditionell meinten Archäologen, eine Gliederung in
Puuc-Kultur und anschließend Chichén-Itzá-Stil vornehmen
zu können. Diese Theorie ist – wie viele andere – nicht mehr zu
halten. Beide traten zumindest partiell gleichzeitig auf. Genaue-
re Erhebungen über die gegenseitigen Beziehungen liegen derzeit nicht vor. Auch ist nicht geklärt, in welchem Verhältnis
Chichén zu Zentralmexiko stand. Daß ein kultureller Aus-
tausch stattfand, scheint indessen außer Frage zu stehen.[17]
Was wissen wir heute über die Stadt und das Volk? Wer
regierte hier? Was wurde aus den Itzá?
Sowohl die archäologischen Fakten als auch die später aufge-
schriebenen »Chilám-Balám«-Bücher der Maya berichten
davon, daß eine Stammesgruppe, Itzá genannt, gegen Ende des
8. Jahrhunderts n. Chr. entlang der yucatekischen Küste wehr-
hafte Festungen anlegte. Eigentlich waren sie Händler, die
begehrte Ware über See nach Yucatán brachten. Aber sie ver-

Die Große Pyramide von Chichén Itzá Mitte des 19. Jahrhunderts (Catherwood 1839/40). Stark zerstört fanden die Forscher Treppenaufgänge vor, die von zwei Schlangen bewacht wurden. Daß die Schlangen Teil einer ausgeklügelten astronomischen Anlage waren, ahnte keiner von ihnen.

standen auch, mit Waffen umzugehen, wie die einheimische Bevölkerung schon bald zu spüren bekam.

Strategisch gut durchdacht, nahmen die Neuankömmlinge Isla Cerritos in Besitz und bauten die kleine Insel zu ihrem Haupthafen mit Docks, Molen, Landungsstegen und Deichen aus. Anthony Andrews, Tomás Gallareta Negron und Fernando Robles Castelanos[25] erkannten in mehreren Grabungsphasen nicht nur den hafentechnischen Aspekt, sondern auch den festungsartigen Charakter der Anlage. Und von hier aus starteten die Krieger in der vorübergehenden Maske des Händlers einen unvergleichlichen Siegeszug gegen die alteingesessenen Maya.

Izamal, ein alter Staat mit einer ebenso alten Ahau-Dynastie, war das erste Opfer. Dann wandten sich die Angreifer vermutlich Yaxuná zu, stießen aber auf erbitterten Widerstand und nußten eine neue Taktik einschlagen. Sie erreichten dabei einen riesigen Cenote, der später »Brunnen der Itzá« genannt werden sollte: »Chichén Itzá«.

In Yaxuná reagierte man sofort. Altehrwürdige Gebaude wurden abgerissen und das Material für neue Pyramiden und Paläste verwendet – Recycling auf Maya-Art. Gleichzeitig begab man sich daran, eine 100 Kilometer lange *sacbé,* einen aufgeschütteten Weg aus annähernd einer Dreiviertelmillion Kubikmeter Stein mit bis zu fünf Tonnen schweren Steinwalzen von jeweils vier Meter Länge, schnurgerade voranzutreiben.[18] Am Zielpunkt der Straße lag die mächtigste Polis (Stadtstaat) der Ostküste: Cobá.

Steht man heute auf der großen Nohoch-Mul-Pyramide in Cobá, so reicht der Blick kaum aus, um das Areal der ehemaligen Großstadt auch nur annähernd abzuschätzen. 70 Quadratkilometer betrug ihre Ausdehnung. Geprägt wurde die Metropole stilistisch stark von der Petén-Region, doch politisch erstreckte sich das Reich von Cobá, doppelt so groß wie Tikals Territorium, über mindestens 4000 Quadratkilometer hinaus auf die Yucatán-Halbinsel.[19,20]

Doch die Itzá warteten nur auf einen günstigen Zeitpunkt. Kaum hatten sie sich konsolidiert, griffen sie – ungeachtet des mächtigen Bundesgenossen – erneut das 20 Kilometer entfernte Yaxuná an. Die Itzá siegten. Und damit begann der Abstieg der alten Territorialmächte Yucatáns: Dzibilchaltún und Uxmal. Lediglich Cobá leistete weiterhin Widerstand, wenngleich auch sein Einfluß zu schwinden drohte.

Chichén Itzá aber strebte unverhohlen weiter nach Macht – und erreichte sie! Auffällig ist, daß sich anscheinend in Chichén Itzá eine neue politische Organisationsform herauszubilden begann. Einzelne Ahau-Herrscher traten zu Gunsten einer Führungsgruppe zurück. Während der Weiheriten, die bis dato nur dem prunkvoll ausgestatteten Priester-König vorbehalten gewesen waren, treten gleichberechtigt mehrere Aristokraten auf. Abgebildet finden wir diese Szenen auf Türstürzen und Wänden.[21] Brüder »im Geiste« oder auch leibliche regierten den Staat gemeinsam in einer »mul tepal«, einer Kollektivherrschaft, einer Oligarchie. Dabei werden auch Frauen im Zusammenhang mit Regierungsgeschäften dargestellt.

Die Itzá selbst scheinen trotz ihrer Andersartigkeit doch Maya und keine Tolteken gewesen zu sein, wie man dies noch vor nicht allzu langer Zeit annahm. Manche vermuten ihre ursprüngliche Heimat im östlichen Usumancinta-Gebiet. Obwohl die Planung der Hauptstadt eine kosmopolitische Weltsicht verrät, die für Impulse aus allen bekannten Gegenden aufgeschlossen war,[22] wurde die neue Hauptstadt offenbar doch von einer weitgehend einheitlichen Gruppe bewohnt. Rasch scheinen die kriegerischen Händler, die in alten Maya-Handschriften als »Schwindler und Schurken« bezeichnet werden und als »jene, die unsere Sprache nur gebrochen sprechen«, mit einheimischen Adelshäusern Zweckbündnisse eingegangen zu sein.[5] Ein Gewinn für beiden Seiten. Am Ende der Entwicklung stand eine gesamt-mesoamerikanische Metropole, zu vergleichen vielleicht mit dem alten Glanz und der Wirkung Teotihuacáns.

228

Da Cobá jedoch nicht daran dachte, seine Hegemonialansprüche zugunsten der Neuen aufzugeben, kam es in der zweiten Hälfte des 9. Jahrhunderts zu gewaltigen Schlachten und Kriegszügen. Auf den Reliefs und Wandgemälden Chichén Itzás treten uns Besiegte und Sieger gleichermaßen gegenüber: In langen Prozessionsreihen werden Gefangene vorübergeführt, in harte Fesseln gebunden, jedoch in Prachtornat gekleidet.

Wie läßt sich die große Machtkonzentration und der schnelle Erfolg der Itzá erklären, zu einer Zeit, in der sich andernorts die größten und kraftvollsten Maya-Staaten scheinbar in ein dunkles Nichts aufgelöst hatten? Zwei kontroverse Positionen stehen sich derzeit gegenüber. Die eine Gruppe sieht ein weltkriegsähnliches Gemetzel, aus dem die Itzá als Sieger hervorgingen; ihre Gefangenen wurden den Göttern geopfert, die Städte ihrer Kriegsgegner geschliffen oder okkupiert. Eine konträre Haltung nehmen andere Wissenschaftler ein. Zwar gehen auch sie von einem weiträumigen Kriegsgeschehen aus, doch glauben sie an eine Konföderation; adlige Gefangene erhielten, salopp gesagt, eine »Gehirnwäsche« und wurden zu Mitgliedern eines immer größer werdenden Bündnisses.[3] Das tödliche Ballspiel als Nachvollzug des Kampfes der göttlichen Zwillinge in der Unterwelt, wie es für die klassische Maya-Epoche so typisch war, wäre somit zum Teil nur rituell ausgeführt worden, und die unterlegene Mannschaft mußte nicht zwangsläufig geopfert werden. Gleichwohl deutet die Schädelgerüstplattform mit aus Stein geschlagenen grausigen Totenköpfen darauf hin, daß überwundene Gegner nicht immer nur Gutes zu erwarten hatten.

Die letzte Wanderung der Itzá

Chichén Itzá entwickelte sich schnell nicht nur zu einem militärischen Machtkonglomerat, es wurde vor allem auch religiöses Zentrum. Lange schon von seinen Bewohnern verlassen, war es sogar noch bis in spanische Zeit (1560) als Wallfahrts- und Gebetsstätte für die Maya von großer Bedeutung. Obwohl die alte Hauptstadt bereits dicht mit knorrigen Baumriesen und dornigem Gestrüpp überwachsen war, sorgten die Nachfahren stets für einen offenen Zugang zum heiligen Brunnen der Itzá.

Wer oder was wurde hier von den Maya geheiligt? Immer wieder treffen wir in Chichén Itzá auf den Jaguar und auf Kukulcan, die »Gefiederte Schlange«, den man weiter westlich Quetzalcoatl nannte. Die Verwandtschaft zur »Visions- und Himmelsschlange« ist unübersehbar. Gleichfalls treten Sonnenscheiben mit Schlangen an den Enden der Diagonalachsen in Erscheinung, Wolkenvoluten umgeben zentrale Personen. Sind es nur Ahnenkartuschen oder stellen die fliegenden Wesen in ihrer Mitte Sternengötter dar, die vielleicht Wesen von den Sternen waren? Die Schlange wird in Chichén mit der Vogelsymbolik verbunden, so daß Krochock eine Entsprechung zur höchsten Vogelgottheit der Klassik sieht, die schon am olmekischen Horizont auftaucht.

Die inschriftlichen Überlieferungen berichten, daß Kukulcan selbst in Chichén Itzá regiert habe. Wie real mag diese mythische Gestalt gewesen sein? War es ein Heerführer, der lediglich den Namen eines Gottes trug? Genauso wie in der toltekischen Hauptstadt Tula ein Herrscher mit Namen Quetzalcoatl[23] regierte, der bei seinem Weggang versprach, einst wiederzukommen?

Der fliegende Gott Quetzalcoatl/Kukulcan.

Das Ende Chichén Itzás ähnelt erneut dem schon bekannten Untergangsszenario. Denn wieder zerfällt eine Supermacht der Maya. Weder weiß man, wie lange Chichén Itzá eigentlich existierte, noch kennt man die Gründe für den Niedergang der exakt astronomisch konzipierten Stadt. Einige Indizien künden davon, daß die Metropole vielleicht um 1200 oder 1250 in den letzten Todeswehen lag. Die Orte der Puuc-Region waren zu diesem Zeitpunkt wohl ebenfalls schon in Vergessenheit geraten. Dringend geboten sind weitere Ausgrabungen und Projekte, die diesen markanten Zeitabschnitt analysieren.

Interessant ist der Hinweis Headricks[24] auf die heilige Höhle unter dem »Hohepriestertempel«, der aus der Anfangszeit Chichén Itzás stammt. Die Höhle könnte wie in Teotihuacán ein Anlaß für die besondere religiöse Stellung des Ortes gewesen sein. Sie weist sieben Kammern auf. Ihr Zugang, ein künstlicher Schacht, wurde von sieben Gräbern versperrt, in denen bleiche Gebeine, kostbare Jade, feinste Muscheln, Bergkristalle erlesener Güte sowie irdene Gefäße lagen.[25] Und von sieben Ursprungshöhlen berichten eigenartigerweise auch die aztekischen Mythen (Crónica Mexicayotl): »Und der Felsen dort in Quinehuayan wird Chicomoztoc genannt, welcher Höhlen hat auf sieben Seiten; und von dort kamen die Mexica ...«[26]

Mayapán oder Wenn der grüne Quetzal fliegt

Als Chichén Itzás Macht zerfiel und seine Bevölkerung aus bislang ebenfalls ungeklärten Gründen »abhanden kam«, wuchs im nördlichen Yucatán eine neue Zentralgewalt heran, die sich anschickte, das entstandene Machtvakuum zu füllen. Fast ist man versucht zu sagen: »Wie könnte es auch anders sein?« Die Cocom, die Mayapán zu ihrer Residenz erkoren, führten ihre Abstammung in gerader Linie auf die Herrscher von Chichén Itzá zurück. »Hunac Ceel« wird als mythischer Gründervater genannt; er soll mit übernatürlichen Kräften ausgestattet gewesen sein.

Im Stadtkern von Mayapán lag eine rechteckige Pyramide, die von allen vier Seiten durch Treppen begehbar war und im Grunde eine kleinformatige Kopie des Castillos von Chichén Itzá darstellte. Auch Stelen sind wieder anzutreffen, die noch immer die höchste Vogel-Gottheit zeigen.

Mayapán gründete eine Art Konföderation, die jedoch gewaltsam zusammengehalten werden mußte. Die Herrscher kontrollierten schließlich mehrere mit lokalen Regierungen ausgestattete Provinzen. Bereits ein Blick auf die Bauweise der Hauptstadt verrät, wes kriegerischen Geistes die Stadtväter waren. 12 000 Menschen teilten sich nur vier Quadratkilometer Wohnfläche, eingegrenzt in engen, hohen Mauern. Eine Periode von Kriegen und Überfällen war angebrochen. Um sich der Loyalität der besiegten Provinzen zu vergewissern, mußten Angehörige der jeweiligen Adelshäuser in Mayapán leben. Deutlicher gesagt: Mayapán hielt sich Geiseln. Man sieht: Die »lebenden Schutzschilde« des Saddam Hussein während des Golfkrieges haben eine lange Tradition.

Dennoch gab es eine Reihe von freien Küstenstädten, von Tulum über Xelhá bis hin nach Lamanai und Santa Rita in Belize. Der Fernhandel florierte, und Kontakte bestanden nach Honduras, zur Golfküste und ins Hochland.

Lange Zeit sahen traditionell denkende Archäologen die postklassische Periode als eine dekadente Phase an. Die Bauweise hatte sich geändert, Keramik war zur »Massenware verkommen«, die Religion dem »Verfall« preisgegeben. Aber auch diese Sichtweise war geprägt durch eine bestimmte Schulung. Heute haben sich die Wissenschaftler durchgesetzt, die Massenproduktion als fortschrittliche Technik erkennen, die eine Versorgung der Unterschicht begünstigt; die Religion war nicht mehr auf den Priester-König konzentriert und zentralisiert, sie rückte wieder zurück in den familiären Kreis, sie wurde »popularisiert«.[27] Die Bauweise schließlich war ökonomischer geworden, indem man mit leichteren Materialien ähnliche Effekte erzielte. Diana und Arlen Chase kommen zu dem Ergebnis:

»Die Betrachtung der klassischen Periode der Maya aus einer postklassischen Perspektive ergibt Hinweise auf Kontinuität, die Gemeinsamkeiten in der sozialen Organisation, der Struktur von Siedlungen wie auch in einigen Aspekten des Rituals erkennen lassen. Die Maya der späten Postklassik erweisen sich damit nicht als dekadente Idolanbeter ..., sondern eher als Menschen, die mit einem gut durchdachten, öffentlich praktizierten System von Kalender-Ritualen vertraut werden, das den Lauf der Zeit gliederte.«[2]

Mayapáns wirtschaftliche und politische Größe lag in der Zeit zwischen 1250 bis 1450 n.Chr. Dann gibt es einen denkwürdigen Einbruch. Die Bevölkerungsdichte geht schlagartig zurück, die Stadt wird zerstört. Der neuen Waffentechnik von Pfeil und Bogen und den aufreibenden Kämpfen um die Vormachtstellung im Adel scheinen selbst die Mauern Mayapáns nicht standgehalten zu haben. Die Folge des jähen Endes war eine Zersplitterung der geopolitischen Karte in viele Kleinstaaten.

Dies war die Situation, als die spanischen Eroberer im 16. Jahrhundert, von der Insel Cozumel her kommend, Mexiko betraten. Wären die Spanier einige Jahrzehnte später zu ihrem grausamen Siegeszug aufgebrochen, sie wären vermutlich mit einer neuen, starken Kraft konfrontiert worden.

Die Übriggebliebenen vom ruhmvollen Volk der Itzá waren unterdessen zu ihrer letzten großen Wanderung angetreten. Es zog sie zurück in die mythischen Regionen Tikals. Wieder hatten sie sich auf das alte Ahautum besonnen und »Can-Ek« zu ihrem König gemacht. Auf ihn stießen Cortés' Truppen im Jahre 1525 in der Petén-Region. Fast 100 Jahre später, 1618, treffen erneut Spanier, diesmal zwei Missionare, Fuensalida und Orbita, auf die Itzá. »Can-Ek« (II ?) schickte die Franziskanermönche jedoch wieder fort. Nach den Prophezeiungen der Maya war die Zeit noch nicht gekommen, sich von den alten Göttern loszusagen.

Erst im Jahre 1695 traf Pater Andrés de Avendano y Layola zusammen mit einer Gruppe Maya erneut zur Missionierung des Petén-Gebietes ein. 300 Jahre später gehen wir früh am Morgen den Hügel zum Dom von Flores hinauf. Umgeben ist die Insel von den blauen Wassern des Petén-Itzá-Sees. Unser Blick geht hinüber zum Ufer des nahen Festlandes. Dort irgendwo hatte Pater Andrés, ebenfalls an einem kühlen Morgen, ein letztes großartiges Schauspiel der alten Maya-Herrlichkeit miterleben können.

Kurz nach Sonnenaufgang glitten blumengeschmückt Kanus über den See auf die Schar unentwegter Christen zu. In festlichem Ornat näherte sich unter Trommelschlägen und Flötenklängen an der Spitze einer keilförmigen Schiffsarmada eine hochgewachsene, stattliche Gestalt. Seine Hautfarbe war etwas heller und seine Gesichtszüge edel und schön. »Can-Ek«, König der Itzá und Nachfolger des Herrschers, mit dem die Conquistadoren zusammengetroffen waren, war zu ihnen über den See gekommen. Eine goldene Krone und goldene Federn schmückten sein Haupt, Goldscheiben und Schnüre aus Gold dienten als Ohrschmuck, und goldene Ringe und Reifen verzierten seine Finger und Arme. Ein weißer Umhang lag um seine breiten Schultern, der von einer blauen Kante umsäumt war. Als göttlichen Priester kennzeichnete ihn eine schwarze Schärpe um die Hüfte.

Würdevoll entstieg der König dem Boot. Dann hob er den steinernen Königsstab, der von Federn gekrönt war, empor. Er gebot, daß die Spanier ihm folgen sollten. »Can-Ek« empfing die Fremden als Ehrengäste, womit seine Priesterschaft nicht im geringsten einverstanden war, die in den Mönchen Feinde sahen, die es zu opfern gegolten hätte. Aber so erhielten die Missionare Gelegenheit, ihr Anliegen vorzutragen. Der König war weise genug, sie ausreden zu lassen. Und höflich genug, sie

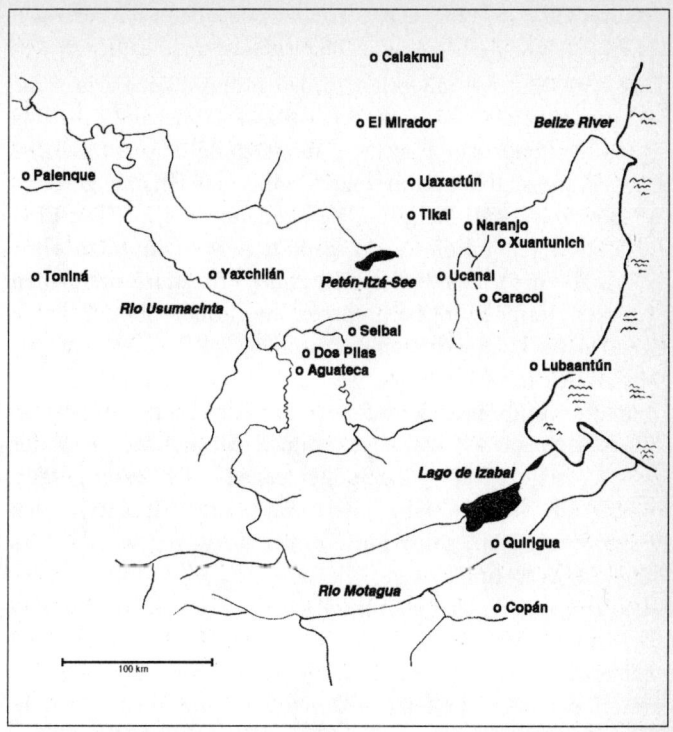

Das Petén-Gebiet im Maya-Tiefland

auf ein späteres Mal zu vertrösten, denn auch er war zu der Ansicht gelangt, die Zeit für einen neuen Glauben sei noch immer nicht angebrochen. So zogen die Missionare unverrichteter Dinge von dannen.

Wer einen göttlichen Auftrag auszuführen hat, ist zäh. Im selben Jahr noch stieß Pater Andrés erneut zum See vor. 500 Indianer in voller Kriegsbemalung empfingen ihn. Der Priester war nicht untätig gewesen. Er hatte vor, die Indianer mit ihren eigenen »Waffen« zu schlagen. Der Pater konnte ihre Sprache sprechen und – was noch wichtiger war – er war tief in ihre Prophezeiung eingedrungen. Listenreich stellte er sich als einer

jener »bärtigen Männer aus dem Osten« vor, der die Weis-
sagungen erfüllen würde.

Der letzte Maya-Ahau geleitete den Franziskaner und seine
Begleiter in seine Residenz nach Tayasal. Dort hatten die Itzá
einen »Weltenbaum« errichtet, und nach des Paters Beschreibung befand sich in unmittelbarer Nähe auch ein nachgeform-
ter Himmelsvogel. Tagelang verhandelte er mit »Can-Ek«.
Schließlich willigte dieser ein, getauft zu werden, nicht ohne
jedoch zuvor probehalber ein Kind der Prozedur unterziehen
zu lassen, da er wohl befürchtete, ihm könne bei der Taufe
irgend etwas Ungewöhnliches zustoßen.

Der Mönch freute sich über seinen Erfolg. Doch nicht lange.
Denn die Anführer anderer Stämme aus der Umgebung waren
mißtrauisch nach Tayasal gekommen. Sie konnte der Pater
nicht mit seinen Auslegungen überzeugen, oder besser gesagt:
»über's Ohr hauen«. Überhastet mußten die Missionare den
Rückzug antreten, sonst hätte ihnen ein wenig würdevolles
Schicksal gedroht.

Doch die Spanier kamen zurück. Diesmal mit Unterstützung
des Militärs. Am 13. März 1697 brach der Widerstand der Itzá
nach nur kurzer Gegenwehr zusammen. Plündernd bemächtig-
ten sich die Sieger des letzten Königreiches der Maya und nahmen uns eine unwiderrufliche Chance, das unmittelbare Erbe
einer großen Vergangenheit hautnah kennenzulernen. Das
Wort des neuen Gottes war zum Wort des Untergangs der alten
Götter geworden. Der lange Weg der antiken Maya – an diesem Märztag vor drei Jahrhunderten ging er zu Ende. Wie ein
seltener, wunderschöner Quetzal entschwand ein faszinieren-
des Zeitalter für immer vom Angesicht der Erde.

9

Die verhüllte Kraft des Himmels

»Unsere Auffassungen von der Gegenwart können
manchmal Einblicke in die Vergangenheit geben, und
auch umgekehrt vermögen Kulturen der Vergangenheit
Licht auf die Gegenwart zu werfen.«

– Jeremy A. Sabloff –

Als die Fremden von den Sternen die Maya und
Hopi, Zuni und Azteken wieder verließen, waren
sie zu Freunden geworden. Sie hinterließen rätselvolle
Gegenstände: das heilige Bündel, zerstörerische Waffen, Bildtafeln, mysteriöse Stangen, eigenartige Idole.
Wo sind sie geblieben? Welche Botschaft enthalten sie?
Haben wir eine Chance, sie zu finden und zu entschlüsseln? Die Antwort lautet: »Ja.« Wir haben einige wahrscheinliche Aufbewahrungsorte entdeckt. Erweisen
wir uns würdig, werden wir den Code enträtseln können.

Damit die Welt wieder ganz sei

Stundenlang waren wir durch eine hügelige, teils bewaldete, teils mit Mais, Kürbissen und Bohnen bestandene Hochebene gefahren. Der Bus, in dem wir saßen, hätte einem deutschen Verkehrspolizisten vor Schreck das Herz in die Hose fallen lassen. Aber in Guatemala ist dies kaum der Rede wert. Zu acht quetschen wir uns in ein lärmendes, krachendes Vehikel auf einer Bank zusammen, die für vier Personen ausgerichtet ist. Es rüttelt, es schaukelt, es riecht penetrant nach Auspuffgasen. Über uns im Gepäcknetz hocken zwei Hühner, in bunte Tücher eingewickelt. Nur die Köpfe schauen heraus. Dabei sind sie so still und ruhig, daß man glauben könnte, sie machten eine solche Fahrt jede Woche.

Vor uns öffnet sich das Tal. Tief hinab geht der Blick auf einen dunkelblauen See. Drüben, auf der anderen Seite, erheben sich die mächtigen Vulkane San Pedro, Tolimán und Atitlán, die noch heute von Zeit zu Zeit aktiv sind. Ein Aufatmen geht selbst durch die Reihen der Indios neben uns: Dies ist »ihr« See, der heilige See der Maya, der Lago de Atitlán.

Christianisierung, Europäisierung und Dezimierung der ehemaligen Urbevölkerung Mesoamerikas haben nicht verhindern können, daß sie einmal im Jahr, am Ostersamstag, aus allen Regionen Guatemalas hier zusammenströmen. Es ist ein unglaublicher, ein bunter, ein lebendiger Wirrwarr, der sich an diesem einen Tag an den Ufern des Sees entfaltet. Bis spät in die Nacht hinein wird gefeiert, an den überall entzündeten Feuern gebraten, gegrillt und gekocht, getanzt und gelacht – und wird insgeheim den uralten Göttern gehuldigt, die weder die katholische Kirche noch die in jüngster Zeit aggressiv missionierenden nordamerikanischen Sekten aus dem Bewußtsein der Indianer haben vertreiben können.

Noch heute gibt es in dem Ort Atitlán ein auseinandernehmbares Idol, das zur Osterzeit aus seinem Versteck geholt und zusammengesetzt wird, damit »die Welt wieder ganz sei«. Von einem ähnlichen Gegenstand berichtet schon das »Popol Vuh«. Dieser wurde von den Urvätern bei der Religions- und Stammesgründung hinterlegt, als sie das Land eines Tages – genauso wie die Weisen von Teotihuacán – verließen:

»Zu den Unsrigen kehren wir zurück. Schon erscheint ›Unser-Herr-der-Hirsch‹: am Himmel steht er. Heimkehren werden wir, unser Werk ist getan, unsere Tage haben sich erfüllt, gehen müssen wir. Haltet uns im Gedächtnis, vergeßt uns nicht.«

Und dann übergibt Balam-Quitzé, der Anführer der seltsamen Erzväter, das Erkennungszeichen: »Das hier wird euch beistehen, wenn ihr mich anruft. Das hier ist das Zeichen des Bundes. Jetzt aber habe ich schweren Herzens zu gehen.«

In dem heiligen Buch heißt es weiter: »So sprach er und hinterließ als Zeichen seiner Erdentage das Bündel ... Niemand wußte, was es war. Eine Rolle aus vielen Tüchern war es. Aber es war unmöglich, es zu öffnen. Keine Naht war zu sehen. Niemand hatte gesehen, wie es eingewickelt wurde.

Das war ihr Abschied. Über die Höhen des Berges Hacavitz entschwanden sie ... Nur ihre Weisungen blieben und das Bündel. Das wurde heilig gehalten. Ein Zeichen der Väter war es. Und vor ihm verbrannten sie Weihrauch, ihrer Väter gedenkend.«[1]

Genannt wurde das mysteriöse Bündel »Psióm K'ak'al«, »Verhüllte Kraft«. Welche geheime Kräfteballung mag hier verehrt worden sein – und wird es noch in unseren Tagen?

Während wir den Frauen zuschauen, wie sie in ihren kräftigrot und starkblau leuchtenden Kleidern tönerne Krüge auf einem kleinen Markt einhandeln, fragen wir uns, welchen Weg der geheimnisvolle Originalgegenstand wohl genommen hat.

Ob es diese Indios noch wissen oder ahnen? Was würden wir vorfinden am Ende der Suche? Uralte Tücher, ein steinernes Idol, beschriftete Blätter? Die Gründerväter starben nicht, so heißt es in den heiligen Überlieferungen; sie entschwanden in den strahlend blauen Himmel über Guatemala wie einst der biblische Patriarch Henoch. Würde das Bündel uns vielleicht einen Hinweis darauf geben, daß jene recht haben, die Eingriffe außerirdischer Gesandter in die Geschichte und Geschicke unserer Welt vermuten? Ich weiß es nicht. Doch spannend wäre es allemal, das rästelhafte Artefakt aufzufinden. Was immer es sein mag ...

Der Zug der Hopi

Erinnern wir uns: Auch die Hopi- und Zuni-Indianer[2] erhielten von den Kachinas, den weisen Lehrern, seltsame Gegenstände, die sie im Zentrum ihrer Pueblos vergraben sollten. Warum geschah dies? Die Lösung und Bestätigung unserer Vermutungen lagen Äonen in ihren Überlieferungen verborgen. Denn die Geschichte der Hopi ist die Geschichte eines Volkes, das einst einen heiligen Auftrag erhielt.

Másaw, der Schutzgeist, überbrachte den Hopi zu Beginn der vierten Weltenepoche den »Göttlichen Plan«, den die Clans exakt einzuhalten hatten. Sie sollten als Strafe für ihren Ungehorsam gegenüber ihrem Schöpfer, der die große Stadt Táotoóma zerstört und ihr ganzes Volk zerstreut hatte, quer durch Amerika ziehen, bevor sie an den Ort gelangen würden, an dem sie endgültig bleiben könnten.

»Und dann, bevor er sein Gesicht von ihnen abwandte und unsichtbar wurde, erklärte Másaw, daß jeder Clan Wanderungen in die vier Richtungen machen müsse, bevor alle in ihrer gemeinsamen ständigen Heimat ankämen. Sie müßten bis an die Enden des Landes gehen, nach Westen, Süden, Osten und Norden, bis an das fernste páso, wo sich Land und Meer berühren, in jede Richtung. Nur wenn die Clans diese vier Bewegungen, Runden oder Schritte ihrer Wanderung vollendet hätten, könnten sie wieder zusammenkommen und eine Ordnung bilden gemäß dem weltweiten Schöpfungsplan.

So ist es gewesen. Einige Clans gingen nach Süden, andere nach Norden, sie kehrten auf ihren Pfaden wieder um, wandten sich dann nach Osten und nach Westen und kehrten wieder zurück. Alle ihre Pfade bildeten ein großes Kreuz, dessen Zentrum, Túwanasavi (Zentrum des Weltalls), im heutigen Hopiland im Südwesten der USA lag ...«[3]

Häuptling Weißer Bär erzählt uns Teile des Wanderungsberichtes, wie ihn die Hopi des Bären-Clans seit Jahrhunderten weitergegeben haben:

»Sie kamen aus dem Hochland in die dichtbewaldeten Ebenen und brauchten sehr lange, um die Wälder zu durchqueren. Ihr Atem wurde kurz, und ihre Kinder starben oft nach der Geburt an der Hitze.«[2]

An den langen Weg durch den Dschungel, auf dem sie in ständigem Kontakt mit dem Kachina Éototo standen, einem ihrer Lehrmeister, der mit einem fliegenden Objekt zu ihnen gekommen war, erinnere noch heute eine Zeremonie der Hopi:

»Es dauerte sehr lange, bis die heiße Zone hinter ihnen lag ... Sie wanderten weiter nordwärts und fanden Seen und Flüsse, zu denen ihnen ihre Gottheit Éototo den Weg zeigte.

Nach vielen Jahren kamen sie an eine Wand aus Eis und konnten nicht weiter nach Norden gehen ... Nun konnten sie umkehren und nach wohnlicheren Gegenden suchen ... Zuerst mußten sie in Richtung der aufgehenden Sonne durch Gebiete wandern, von denen das Wasser noch nicht sehr lange abgeflossen war ... Ihre Gottheit sagte ihnen, dies sei Paásso, das Ende der Reise nach Osten. ›Nun müßt ihr umkehren‹, sagte Éototo, ›und in der entgegengesetzten Richtung auf die untergehende Sonne zuwandern.‹ Sie gehorchten und gingen westwärts ... Und dann sagte Éototo: ›Ihr habt nun eure Wanderung vollendet. Jetzt könnt ihr wählen, wo ihr wohnen möchtet.‹«

An einem Platz in einer unwirtlichen Gegend im Nordosten Arizonas angelangt, gründeten die Hopi schließlich ihr erstes Dorf. Die Indianer erinnern sich sehr gut an weitere Details ihrer langen Wanderung. Mehrmals kam es vor, daß ein Clan auf Ruinen verlassener Dörfer stieß, die bereits von anderen Sippen auf Anweisung der Kachinas gegründet und aufgegeben worden waren. Dann betrachteten sie die Tonscherbenhügel. Waren sie in einem rechten Bogen ausgelegt, so war der Clan in diese Richtung gezogen, lag er links, so wußten sie, daß der Weg ihrer Vorgänger dorthin gegangen war. Bis auf den heutigen Tag machen die Hopi aufgrund solcher Hinweise und von Felszeichnungen mit ihren Symbolen Anrechte auf die entsprechenden Gegenden geltend.

Auch entsinnen sie sich daran, daß bei ihrem Zug durch den Dschungel Indianer zurückgeblieben waren:

»Noch dauerten die Wanderungen an. Einige Clans vergaßen mit der Zeit die Anordnungen Másaws, siedelten in tropischen Gebieten, wo das Leben bequem war, und bauten schöne Städte aus Stein, die wieder vergehen und zu Ruinen zerbröckeln mußten. Andere Clans vollendeten nicht alle vier Wanderungen, bevor sie sich in ihren endgültigen Heimen niederließen, und diese verloren daher ihre religiöse Macht und ihre Stellung.«[3]

Übrigens erzählen die Hopi-Clans übereinstimmend von einer geheimnisvollen »Roten Stadt« im Süden, Palátkwapi genannt. Die Kachinas selbst hätten die Stadt erbaut. In drei Teilen sei sie angelegt worden, und unterhalb der Stadtbezirke befand sich ein Fluß. Auf einer mehrstöckigen Pyramide seien die Hopi in die Geheimnisse des Universums eingeweiht worden: über die Planetensysteme und ihre Gesetzmäßigkeiten, den Aufbau der Natur, die pflanzlichen Arzneien und die Geschichte der drei Welten. Verlassen wurde die Stadt, als ein kriegerischer Clan Palátkwapi angriff.

Weißer Bär ist der Ansicht, bei dieser Stadt könne es sich möglicherweise um Palenque gehandelt haben. Eine solche Aussage läßt sich derzeit jedoch kaum überprüfen, es sei denn, man würde auf eine eindeutige Clan-Symbolik stoßen.

Interessant ist, was die Hopi über das »Volk des Tiefen Brunnens« berichten. Dieses sei in Begleitung der Gottheit Panaiyoikyasi gewesen. Auf Zeichnungen wird dieser Gott mit erhobenen Armen dargestellt, wie er über den Köpfen schwebt. Frank

Waters faßt die Aussagen der Dorfältesten 1963 über diesen ominösen Gott so zusammen:

»Panaiyoikyasi besaß neben seiner wohltätigen Macht auch eine große, zerstörerische Kraft. Einige Leute sagen, daß sie von seiner Macht, die Erde mit dem Himmel zu verbinden, herrührt, da diese sich bei Stürmen magnetisch anziehen. Andere Leute meinen, die Kraft bestehe in einem unsichtbaren, giftigen Gas. Daher wurde sein Bildnis mit dem Gesicht nach unten in die Gruft gelegt, denn wenn es mit dem Gesicht nach oben zurückgelassen worden wäre, dann würde eine Zeit kommen, in der die zwei mächtigsten Völker der Erde sich mit dieser schrecklichen, zerstörerischen Kraft gegenüberständen. Zusätzlich zu dieser Sicherung war noch Panaiyoikyasis rechter Arm gebrochen worden, damit das Volk der Hopi niemals diese zerstörerische Kraft benutzen könnte.«[3]

Was mag die Indianer hier wohl auf ihrer Wanderung schwebend »begleitet« haben? Eine atomare, biologische oder chemische Waffe? Die Hopi berichten, daß die Clans Bildnisse dieses Objektes als »Ecksteine« in den verlassenen Dörfern vergraben hätten. Vier davon sollen sich noch in der Nähe von Oraibi, auf den höchsten Erhebungen, befinden. Ob Anfang der 60er Jahre eine symbolische Figur in Vernon in Arizona wiedergefunden wurde, ist nicht ganz gewiß. Der Ausgrabungsleiter, Dr. Paul S. Martin, hält das 22 Zentimeter große Bildwerk aus Sandstein, dem ein Arm fehlt, jedenfalls »für eine der wichtigsten Entdekkungen der Archäologie des Südwestens in diesem Jahrhundert«. Der Fund ist mindestens 700 Jahre alt und würde eindrucksvoll die Überlieferungen der Hopi bestätigen.

Die vier geheimnisvollen Tafeln der Hopi

Aufregend wäre auch der Fund der vier heiligen Tafeln, die den Hopi von den Kachinas Másaw und Söqömhonaw gegeben wurden. Auf ihnen stand in einer Symbolsprache die Wanderung vorgezeichnet. In einem Brief des in die geheimen Überlieferungen eingeweihten traditionellen Hopi-Sprechers Thomas Banyacya Sr., den er an einen deutschen Freund schrieb, erklärt er, bezogen auf die Indianer:

»Um sein Land und Leben zu schützen, fertigte er einen Satz von heiligen Steintafeln an, in die er alle Lehren, Anweisungen, Prophezeiungen und Warnungen hineinhauchte.« (Datum vom 12.01.1961, wiedergegeben von A. Buschenreiter in seinem Buch »Unser Ende ist euer Untergang«.)

Eine Tafel verwahrte der Feuer-Clan. Sie war quadratisch, nur etwa zehn Zentimeter groß und aus dunklem Stein. Eine Ecke war abgebrochen. Diese besitze ihr verlorener weißer Bruder Pahána, sagen die Hopi. Másaw hatte ihnen die Platte mit folgenden Worten übergeben:

»Wenn der Feuer-Clan in seine endgültige Heimat gewandert ist, wird die Zeit kommen, da ihn ein fremdes Volk überwältigt. Die Mitglieder des Clans werden gezwungen sein, ihr Land und Leben nach dem Willen der neuen Herrscher einzurichten, oder man wird sie wie Verbrecher behandeln und bestrafen. Sie sollen aber keinen Widerstand leisten, sondern auf die Person warten, die sie befreit.«[3]

Das Bewußtsein um diese Weissagung führte dazu, daß die Hopi bei ihren ersten Kontakten mit den Weißen die Eroberer keineswegs vergöttlichten. Da sie ihnen nur Glasperlen und nicht das fehlende Tafelstück gaben, erkannten sie auch enttäuscht die Wahrheit: Nicht der verlorengegangene »weiße Bruder« kam, es waren ihre künftigen Unterdrücker. Merkwürdig ist, daß das Datum für die Ankunft identisch ist mit jenem, an dem die Azteken Quetzalcoatl zurückerwarteten.

Die drei anderen bearbeiteten Steine erhielt der Bären-Clan. Die erste Tafel zeigt ein eigenartiges Muster, das wie eine Luftaufnahme der Felder um ihr zukünftiges Heimatdorf aussieht. Auf der Rückseite sind zwei Bären-Fußspuren eingraviert. Tafel zwei läßt vier menschliche Gestalten[1] (die religiösen Führer) mit ausgestreckten Armen erkennen, zwei Schlangen (als

244

Symbol für die beiden Grenzflüsse), mehrere kleinere Tiere und Maispflanzen. Auf der Rückseite ist der Häuptling des Bären-Clans eingraviert.

Schließlich die dritte Bären-Clan-Tafel: Auf der Vorderseite liegen sechs Männer, die sich in zwei Rechtecken befinden. Es sind die obersten Führer der Clans, eingegrenzt von den Demarkationslinien des Landes. Sonne, Mond und Sterne befinden sich links auf dem Stein. Die Rückseite läßt ebenfalls die Sonne, den Mond, die Sterne, Wolken, Mais, Bärenspuren, die Schlange und den Geist des Schöpfers erkennen.

Wo stehen diese Zeugnisse längst vergangener Zeiten heute? Um die Wende vom 19. zum 20. Jahrhundert wurden sie alle vier noch bei den jeweiligen Clans verwahrt. Um 1900 jedoch strebte der Führer des Bären-Clans, Loloma, die Zusammenarbeit mit der US-Regierung an. Es kam zu einem Zerwürfnis zwischen Traditionalisten und Fortschrittlichen.

So verschwand die Tafel, die auf ihrer Rückseite die Bärenspuren trägt. Sie soll von einer Frau des Spinnen-Clans gestohlen worden sein, die in den Bären-Clan eingeheiratet hatte. Daß wir wissen, wie die Tafel ungefähr aussah, verdanken wir den Beschreibungen mehrerer Bären-Clan-Führer, die sie während der Soyálzeremonie benutzt hatten. Angeblich soll sich die Tafel noch im Besitz des Spinnen-Clans in Hotevilla befinden.

Die zweite steinerne Platte, die verschwand, war die des Feuer-Clans. Einer der beiden Hopi-Führer, Yukioma, der Traditionalist, hatte sie Anfang des Jahrhunderts nach Washington zu Präsident Taft mitgenommen. Auf dem Rückweg wurde er von Studenten überfallen, die auf die Indianerschule von Carlisle in Pennsylvania gingen. Sie raubten ihm die heilige Tafel. 1942 tauchte sie noch einmal in Phoenix kurz auf, als einige Hopi wegen Wehrdienstverweigerung vor Gericht erscheinen mußten. Unklar ist, ob sie sich jetzt im Besitz des Feuer-Clan-Führers befindet. Die Hopi sagen, man werde sie zu gegebener Zeit aufspalten. Dann würden Zeichnungen in ihrem Innern freigegeben, die eine Offenbarung darüber enthielten, wer die Hopi wirklich seien.

Verbürgt ist, daß der Dorfhäuptling Tawákwaptiwa (von der fortschrittlicheren Seite) noch die beiden verbliebenen Tafeln zu Beginn seiner Amtszeit in seinem Besitz hatte. Nach seinem Tod am 30. April 1960 war eine von ihnen nicht mehr auffindbar. Die vierte jedoch wurde der Indianerin Myna Lansas, die dem Papageien-Clan angehört, übergeben. Frank Waters, der das »Buch der Hopi« schrieb, berichtet, er selbst habe die Tafel im Dezember 1960 bei dieser Indianerin gesehen:

»Die Tafel war ungefähr 25 Zentimeter lang, 20 Zentimeter breit und etwa 4 Zentimeter dick. Die Gesteinsart ähnelte einem mattgrauen Marmor mit rosafarbenen Flecken. Die Tafel wog etwa 3 ½ Kilogramm. Die Zeichnungen entsprechen der Beschreibung, aber es gab keine Anhaltspunkte dafür, wie alt die Tafel oder die Zeichnung sein mochten.«

Einiges deutet darauf hin, daß sich derzeit zumindest eine der verschollenen Tafeln, wenn nicht sogar mehrere, im Besitz der Mormonen befindet. Diese Sekte, deren eigener Staat Utah an das Hopi- und Anasazi-Gebiet grenzt, missioniert seit etwa einem Jahrhundert die Indianer in den Reservaten. Es gelang, einige namenhafte Führer dazu zu bewegen, ihrem überlieferten Glauben abzuschwören und den Mormonen beizutreten. Behauptet wird, die Tafeln seien nach dem Tode der Besitzer in die gewaltige unterirdische Bibliothek von Salt Lake City gebracht worden.

Erinnern wir uns: 1872 will der Mormonengründer Joseph Smith von einer engelsgleichen Erscheinung ein Buch auf goldenen Platten überreicht bekommen haben. Die Beschreibung dieses Kontaktes hat in vielen Details verblüffende Ähnlichkeit mit modernen »Entführungsfällen« durch UFO-Insassen (vgl. J. Fiebag, »Die Anderen«, München 1993). Weit zurückliegende Ereignisse seien, so Smith, in dem Buch aufgezeichnet gewesen. Angeblich wurde von dem verschwundenen dreizehnten Stamme der Juden berichtet, der mit Schiffen im Süden

Amerikas anlandete und eine lange Wanderung auf dem neuen Kontinent vollziehen mußte. Die Mormonen mögen in den Berichten der Hopi wesensverwandte Überlieferungen sehen. So nur ließe sich auch die mögliche Aneignung der Tafeln »rechtfertigen«.

Was würde eine wissenschaftliche Untersuchung der Relikte aus der Wanderungszeit der Hopi ergeben? Die Überlieferungen berichten, daß zwei Brüder (Stämme, Völker) die Wanderung antraten. In ferner »Zukunft« käme der ältere Bruder zurück zu dem jüngeren Bruder. Doch er habe dann seine Hautfarbe verändert, sie sei weiß geworden. Er solle jedoch die Fähigkeit besitzen, Dinge aufzuschreiben. Daher wird er der einzige sein, der die heiligen Steintafeln entziffern kann. Carolyn Tawangyawma, die religiöse Führerin aus der traditionellen Gemeinde von Hotevilla, erklärte 1982, eine geheime Botschaft befände sich auf der Tafel, die nur der Weiße Bruder entziffern könne.

Liegen in ihrem steinernen Inneren vielleicht tatsächlich Aufzeichnungen über den ganzen Hintergrund des großen Planes der Kachinas und »des Schöpfers«? Wenn wir bedenken, wieviel Informationen wir bereits heute auf einem fingernagelgroßen Mikrochip speichern können, so ist diese Vorstellung in der Tat faszinierend.

Und daß an den Überlieferungen der Hopi etwas »dran« ist, haben archäologische Grabungen immer wieder bestätigt. Wie genau die Hopi ihre Traditionen und Erzählungen weitergeben, können wir auch daran ermessen, daß während der beeindruckenden nächtlichen Kachina-Zeremonie der Darsteller des »Kókopilaukachina« ein Lied in einer so alten Sprache singt, daß kein Hopi heute auch nur irgendein Wort davon verstehen würde. Dennoch wird es getreulich wiedergegeben. Ein lohnendes Feld könnte sich hier für Sprachwissenschaftler eröffnen. Was würden sie wohl entschlüsseln?

Wanderung zum Mittelpunkt der Welt

Bestätigung finden die Wanderungslegenden der Hopi bei vielen anderen Indianerstämmen Nordamerikas: beispielsweise bei den Zuni, den Pueblo-Indianern und den Navajo. Der amerikanische Religionswissenschaftler Sam Gill, der sich lange Zeit mit dem Glauben und Denken der Zuni auseinandergesetzt hat, faßt zusammen:

»Die Zuni erhielten den Befehl, sich aufzumachen und nach dem ›Mittelpunkt der Welt‹ zu suchen. Viele Jahre lang zogen sie hierhin und dorthin, immer auf der Suche nach diesem Mittelpunkt. Da sie in einzelnen Gruppen reisten, befahlen ihnen die Götter, zur besseren Kenntlichkeit, sich Namen zu geben ... Jedes Mal, wenn sich die Zuni niederließen, zerstörte ein Unglück ihr Dorf und zwang sie weiterzuziehen und zeigte ihnen so, daß ihre Suche nach dem ›Mittelpunkt‹ noch nicht beendet sei.«[4]

Schließlich erreichen sie den vorbestimmten Platz und errichten ihre Siedlungen. Diese werden so gebaut, daß sie die Ordnung des Kosmos widerspiegeln und ein siebenfaches Orientierungssystem innerhalb von Raum und Zeit darstellen. Eine fast holographische Weltsicht verbirgt sich in diesen Strukturen, denn ein Ort »ist zugleich Gesamtsumme, Mischung oder Symbol aller Einzelglieder. Der Mittelpunkt ist einer von sieben Orten, der sich von den anderen sechs unterscheidet und zugleich auf sie bezieht ... Er ist der Ort, mit dem alle anderen zusammenhängen und zu dem sie alle in Wechselbeziehungen stehen ... Folglich ist der Mittelpunkt zugleich der eingeschlossene heilige Ort, das Dorf (dessen Name ›Mittelpunkt‹ bedeutet) und der Kosmos als Ganzes.«[4]

Auch der Stamm der Navajo informiert sehr genau darüber, wie lange er an einzelnen Orten war, daß sich Gruppen abspalteten und verlorengingen und wieder andere Stämme sich ihnen anschlossen:

»Als die Leute des Tábaahá ... und die Leute des Hashtl'ishnii

... einander begegneten, waren sie überglücklich, einander zu sehen. Sie trugen einander Geschichten über ihre Lebensart und Überlieferung vor. Und sie erkannten viele Übereinstimmungen zwischen sich. Ihre Sprachen waren ähnlich. Ihre Namen hatten fast die gleichen Bedeutungen. In ihrem Kopfschmuck und allem anderen Schmuck unterschieden sie sich kaum.«

Diese Schilderung ist erstaunlich, beinhaltet sie doch zahlreiche Details, die nach einer langen Trennung einer ursprünglich einheitlichen Volksgruppe auftreten. Es wird festgehalten, daß die Sprachen nicht völlig identisch waren, aber doch sehr ähnlich, daß auch die Symbolsprache verstanden wurde, obschon sie nicht absolut gleich war. Andererseits werden von den Navajo auch Begegnungen erzählt, die von Stämmen berichten, die fremden Kulturkreisen entstammten und andere Überlieferungen besaßen.

Manchmal treffen sie sogar auf zivilisatorisch schon früher erschlossenes Land.

»Auch ist gesagt, daß vierzehn Jahre nach der Ankunft der *Hashk'aa hadzohó dine'é*, der wachsende Navajostamm zum *Kin nteel*, zu dem Ort des Breiten Hauses im Chaco Canyon, weitergezogen sei und sich dort in den Ruinen eingerichtet habe.«[5]

Keineswegs okkupierten die Navajo die großartigen Bauten der Anasazi-Kultur für ihre eigene Geschichte, wie dies häufig andernorts geschah. Sie trennen ganz klar ihre eigenen Leistungen von denen anderer ab.

Doch wo mögen die Anasazi geblieben sein? Der Astrophysiker Dr. Karl Grün[6], der sich mit dem erstaunlichen astronomischen Wissen der Anasazi-Kultur auseinandergesetzt hat, vermutet einen Auszug des rätselhaften Volkes in den Süden, hinein nach Mexiko:

»Gegen Ende des 12. Jahrhunderts begann der Zerfall der Anasazi-Kultur. Es war aber kein langsamer Zerfall. Die Pueblos wurden, so hat es oftmals den Anschein, plötzlich über Nacht

Große, dunkle Gestalten wurden von verschiedenen Zeugen bei UFO-Landungen beobachtet. Sie wirken humanoid, weisen aber Merkmale auf, die nicht menschlicher Natur sind. Oft werden ihre überdimensionalen Augen erwähnt (links). Auch die Anasazi zeichneten vor fast 1000 Jahren »göttliche Wesen«, die eine verblüffende Ähnlichkeit mit diesen Beschreibungen haben (rechts).

aufgegeben. Was war der Grund, daß die Anasazi Mesa Verde oder Chaco Canyon verließen? Lag es daran, daß der Handel nach Mittelamerika zum Erliegen kam? Oder wird auch hier die Kausalität umgedreht? Denn der Türkishandel blühte auch noch nach dem Niedergang der Anasazi, und der Verbrauch an dem Edelstein nahm in Mesoamerika im 13. Jahrhundert noch zu. Selbst heute kann der Tourist sich vor einem Überangebot an türkisbeschmückten Armreifen, Uhrbändern und diversem anderen Schmuck nicht erwehren.

Oder lag der Grund in einer möglichen Überbevölkerung, die zu einer Nahrungsknappheit führte? Oder zwangen die vom Norden einfallenden Stämme der Athapascans (Apachen und Navajo) die Anasazi zu einem Verlassen ihrer Kulturzentren? Die Anasazi waren ein friedliches Volk. Anzeichen von Kampf oder Verwüstung findet man überdies bei keinem einzigen Großhaus!

Eine andere Theorie besagt, daß die Anasazi niemals verschwanden. Sie hatten sich lediglich in die heutigen Indianerstämme der Acoma, Hopi und Zuni gespalten. Doch war das Grund genug, daß die monumentalen Großhäuser aufgegeben werden mußten und mit ihnen das Wissen um Architektur, Landwirtschaft und künstliche Bewässerung?

Noch etwas paßt so ganz und gar nicht: Als die Anasazi zwischen 1286 und 1300 mit ihrem Hab und Gut fortzogen, wurden die Türen der Wohnungen sorgfältig verschlossen, als hoffe man, eines Tages zurückzukehren zu den heiligen Plätzen der Ahnen, wo in Höhlennischen die gefiederte Schlange Awanyu den Stein regiert. Quetzalcoatl auf Anasazi!

Wie tief verwurzelt die Erfahrung der großen Wanderungsbewegungen bis heute im Denken der Indianer vernetzt ist, zeigen Sprachuntersuchungen bei den Navajo. Bewegungen werden in der Navajo-Sprache in allen Einzelheiten charakterisiert, der Navajo lebt gedanklich und sprachlich in einem bewegten Universum.«[7]

Der Alte der Tage

Schon 1892 wies der Völkerkundler Mallery Garrick[8] in einer Abhandlung auf die Wandersagen der indianischen Völker hin. Ihm fielen verblüffende ethnographische Parallelen zwischen Israeliten und Indianern auf. So wie die Vorfahren zahlreicher Indianerstämme einer mysteriösen Stange nachzogen, die als Wegweiser voranging oder vorangetragen wurde, folgten die Israeliten der *Lade Gottes* durch die Wüste.

Die Übereinstimmungen mit dem biblischen Zug der Israeliten ist in der Tat mehr als verblüffend. Unter der Führung von Moses zieht das sich formierende Volk Israel aus ägyptischer Gefangenschaft aus, hinein in ein Ödland. Die Irrfahrt sollte 40 Jahre lang dauern. Dies ist auf den ersten Blick unverständlich, denn vom Roten Meer bis Jerusalem sind es ganze 300 Kilometer, eine Strecke, die in einigen Wochen, allenfalls einigen Monaten bequem zurückzulegen ist. Das aber war ganz offensichtlich nicht die Absicht derjenigen, die den Plan in Angriff genommen hatten, aus zerstreuten Sippen eine Nation zu schaffen, ein Volk, das dazu »auserwählt« worden war, den Samen einer höheren Kultur in sich zu entwickeln und auszubreiten. Die alten Reiche – Ägypten und Babylon – waren dafür offensichtlich zu »verbraucht«.

Doch niemand, der aus Ägypten aufgebrochen war – selbst Moses nicht –, erreichte das *Gelobte Land*. Sie alle starben unterwegs, und erst ihre Kinder und Enkel betraten das verheißene Gebiet. Der Grund ist hier eindeutig: Es sollte ein völlig neues Volk geschaffen werden, mit neuen Gesetzen, neuen Vorschriften, einer neuen Religion. Während der 40jährigen Wanderschaft erhalten die Israeliten die Zehn Gebote, die einmal die Grundlage der Menschenrechte werden sollten, sie erhalten Hygieneanweisungen u. ä., und schließlich werden sie auf den Ein-Gott-Glauben eingeschworen.

Die Israeliten führten – wie die fernen Indianer – ein geheimnisvolles Idol, einen rätselhaften Gott mit sich, der ihnen den Weg zeigte, zu ihnen sprach und Nahrung gab. Gemeint ist die Heilige Bundeslade, die vier Eigentümlichkeiten aufwies:

– Die Priester durften sich dem Objekt nur mit Schutzkleidung nähern, die aus dicken Brustpanzern, Kopfbedeckungen und eingewobenen Metallfäden u. ä. bestand.

– Wurden diese Regeln nicht befolgt, kam es zu tödlichen Unfällen. Die Beschreibung in der Bibel ähnelt den Vorgängen bei radioaktiver Verstrahlung und elektrischer Hochspannung (vgl. 1. Buch Samuel, 6).

– Durch einen »Gnadenthron« wurde die Kommunikation zwischen Gott und Moses aufrechterhalten.

– Eine Rauchsäule hob und senkte sich, wenn die »Kinder Israels« weiterziehen sollten, und ging ihnen richtungsweisend voran.

Dr. Rostislav Furduj[9] von der Universität Kiew hat eine Rekonstruktion dieser mysteriösen Anlage vorgenommen und ist zu dem Schluß gelangt, daß es sich hier um ein radiotechnisches Gerät gehandelt haben muß.

Diese Bundeslade diente gleichfalls dazu, einen anderen heiligen Gegenstand zu transportieren. Es war der »Alte der Tage«, wie er im »Sohar«, einer jüdischen Geheimüberlieferung genannt wird. Der britische Ingenieur und Sprachwissenschaftler George Sassoon und der Biologe Rodney Dale[10] haben die ausführlichen Angaben über dieses Artefakt aufgezeichnet und technisch umgesetzt. Das Ergebnis: Sie erhielten ein geschlossenes ökologisches Lebenssystem, das auf der Zucht der Clorella-Alge basierte und Nahrung produzierte. Die Israeliten bezeichneten das Produkt als »Manna«. Die Pflanzen-Produktion wurde durch eine starke Lichtquelle, ähnlich einem Laserlicht, Wasser, das am Morgen aus dem Tau kondensiert wurde und Nährstoffzuführung angeregt. Viele der Ende der 70er Jahre rekonstruierten Maschinenteile sind heute tatsächlich in ähnlicher Form in der Industrie anzutreffen. Die Überlieferungen lassen ferner den Schluß zu, daß extraterrestrische Intelligenzen diese Maschine den Israeliten zu Beginn ihrer Wüstenwanderung übergaben, um sie so mit Nahrung zu versorgen. (In dem Buch »Die Entdeckung des Grals« haben mein Bruder Johannes Fiebag und ich ausführlich die Geschichte und den Verbleib dieses Gegenstandes aufgerollt.[13])

Das geheime Idol der Azteken

Ob hier, ob da: Die alten Überlieferungen haben so starke Ähnlichkeiten, daß ein gezieltes Eingreifen von »außen« nicht mehr von der Hand zu weisen ist.

Der spanische Chronist Fray Diego Durán[11] berichtet von der legendären Wanderung der Mexica (später nannten sich die Mexica selbst Azteken).[12] Warum waren sie aus ihrer Heimat aufgebrochen, um in der Mitte des 12. Jahrhunderts ins Tal von Mexiko vorzustoßen und im Jahr 1345 seßhaft zu werden? Pater Durán schreibt, sie wären von vier »Teomamas«, was wörtlich »Träger Gottes« bedeutet, geführt worden:

»Sie hatten ein Idol bei sich, genannt Huitzilopochtli, das von vier Hütern getragen wurde, die ihm dienten; zu ihnen sprach er insgeheim über die Ereignisse ihrer Wanderschaft und verkündete ihnen alles, was sich ereignen würde. Und dieses Idol war so hoch geachtet und verehrt, daß niemand außer den Hütern es wagte, sich ihm zu nähern oder es zu berühren. Es wurde aufbewahrt in einem Schrein aus Schilf ... Und die Priester erhoben dieses Idol zu einem Gott und taten ihrem Volk die Gesetze kund, die es zu befolgen und einzuhalten hatte ...«

Und der Dominikanermönch Durán fügt hinzu: »Und dies taten sie an jedem Ort, wo sie ihr Lager aufschlugen, gemäß dem Brauch der Kinder Israels, da sie durch die Wüste wanderten.«[12]

Zogen die Mexica/Azteken aus, angetrieben von einem sprechenden göttlichen »Idol«, um der ungewissen Zukunftsverheißung ihres Gottes zu gehorchen? Dieser hatte ihnen prophezeit:

»... denn wir werden uns niederlassen und seßhaft werden, und wir werden alle Völker der Welt erobern; und wahrhaftig, ich sage Euch, ich will Euch zu Herren und Königen machen über alles auf dieser Welt; und Ihr werdet herrschen und unzählige Lehensleute haben, die Euch Tribut entrichten und Euch zahllose und sehr kostbare Steine darbringen werden, dazu Gold, die Federn des Quetzalvogels, Smaragde, Korallen und Amethyste ... dies alles werdet Ihr erleben, denn dies ist in Wahrheit mein Auftrag, und dafür bin ich hierher gesandt worden.« (»Crónica Mexicayotl«)

Durán bemerkt sehr richtig die Parallele zu den Israeliten, die auch dadurch deutlich wird, daß die Mexica/Azteken nach Ankunft im Hochtal von Mexiko noch Jahrhunderte auf einem vorgezeichneten Wege umherzogen, um sich dann nur 60 Kilometer entfernt von ihrem ersten Wohnsitz endgültig niederzulassen. Den Israeliten war dieses Schicksal auf der kleinen Sinai-Halbinsel »nur« 40 Jahre vergönnt, wenn wir der biblischen Überlieferung glauben. Was ereignete sich hier wie dort? Warum, so müssen wir erneut und nachdrücklich fragen, wurden die blühenden Städte dem Verfall preisgegeben, um in ferne Lande zu ziehen?

Als die Spanier die Hauptstadt der Azteken angriffen, schafften die verzweifelten Untertanen Moctezumas ihre heiligste Reliquie auf das Schlachtfeld: die »Feuerschlange« des Gottes Huitzilopochtli. In alten Zeiten war sie feuerwerfend, vernichtend, todbringend in die Feinde gefahren. Diesmal aber versagte die seltsame Waffe. Wo sie nach dem Sieg der Spanier geblieben ist, weiß niemand zu sagen. Schade. Es wäre sicher interessant, diesen antiken »Laserstrahler« in modernen Laboratorien analysieren zu lassen ...

Genauso wichtig wäre es, den Originaltext des heiligen Maya-Buches, des »Popol Vuh«, aufzustöbern. Vermutlich ist er noch im Besitz einer der Adelsfamilien der Quiché:

»Noch gibt es das Erste Buch, wie es einst geschrieben, aber verborgen ist es dem Suchenden, dem Forschenden. Mächtig fürwahr die Beschreibung, die Kunde, wie alles geschaffen wurde, Himmel und Erde; wie die vier Weltenden, die vier Seiten bestimmt und die Male gesetzt wurden ... Vier Weltecken ... machten Tzakól und Bitól ..., die Mutter und der Vater von Leben und Schöpfung: die den Atem schufen und das Herz,

Gebärerin und Hüter des erleuchteten Geschlechtes, der Licht-
töchter, der Lichtsöhne; die Denker und Weisen über allem Sein
im Himmel und auf Erden, in den Seen, in den Meeren.«[1]
Zogen hier wie da ganze Völkerschaften, einem geheimnisvollen Signal folgend, aus ihren angestammten Landen, um wieder und wieder das »Gelobte Land«, das »Land der göttlichen
Verheißung und Vorsehung«, zu erreichen? Wer waren diese
Götter? Waren es außerirdische, menschenähnlich erscheinende Intelligenzen aus dem All? Und wenn ja, wozu dann dies
alles?
Vielleicht, um neue Horizonte zu erschließen, Erstarrtes zu
durchbrechen, Gesellschaft und Kultur voranzutreiben?

Die Außerirdischen und wir

Mit Bestimmtheit werden wir diese tiefgreifendsten Fragen, die
Menschen auf diesem Planeten jemals beschäftigt haben, erst
beantworten können, wenn es uns gelingt, eine Kommunikation zu den vorläufig noch hypothetischen Extraterrestriern
aufzunehmen.
Trotz erheblicher finanzieller Probleme läuft zur Zeit eines der
interessantesten Projekte der Menschheit: die Suche nach
außerirdischem Leben im All (SETI). Mit gewaltigen Radiote-
leskopen horchen Astronomen Stunde um Stunde in den Kosmos hinaus, in der Hoffnung, Signale von fremden Sternenzivilisationen zu empfangen, sich quasi in ein »intergalaktisches
Ferngespräch« einschalten zu können.
Gleichzeitig sucht die »Kommission 51« der »Internationalen
Astronomischen Union« (IAU) in Zusammenarbeit mit Astronomen, Astrophysikern, Biologen, Geologen, Chemikern und
Physikern nach Möglichkeiten, erdferne Kulturen aufzuspüren
und zu kontaktieren. Die wissenschaftliche Relevanz dieses
Anliegens ist somit deutlicher denn je geworden.
Andererseits besteht die Frage, warum die »Sternengötter«

unserer Vorfahren plötzlich verschwunden sind, warum sie nicht von sich aus – wie sie es früher taten – mit den Menschen in Verbindung treten. Wenn sie tatsächlich mit UFOs die Erde beobachten, warum setzen sie dann keine eindeutigen Zeichen?

Die Antwort könnte sein, daß man unseren Planeten ganz bewußt von einer galaktischen Kommunikation fernhält. Dr. John Ball wies bereits 1973[14] darauf hin, daß die Erde gewissermaßen »unter Quarantäne« gestellt worden sei, so lange, bis die darauf sich entwickelnde Intelligenz reif genug wäre, in den »Galaktischen Club« aufgenommen zu werden – oder sich selbst vernichtet hat. Dies entspräche dem Prinzip des Selbstschutzes.

Prof. Walter Newman von der Princeton-Universität und Prof. Carl Sagan von der Cornell-Universität[15] entwickelten eine andere Hypothese, wonach es universelle Hindernisse gegen einen kosmischen Imperialismus geben könnte. Sie nehmen an, daß vielleicht ein »Codex Galactica« existiert, um jüngere planetare Gesellschaften anzuleiten und zu beschützen. Hochentwickelte Zivilisationen mit einer langen Geschichte müßten demnach gelernt haben, wie man sich anderen Kulturen gegenüber wohlwollend verhält und heranwachsende Gesellschaften behandelt.

Dr. Edward Harrison von der Cambridge University[16] vereinte die beiden Positionen und entwickelte sie weiter. Er meint, es müsse ein »biogalaktisches« Gesetz existieren, wonach intelligente, aber destruktiv-aggressive Lebensformen dazu tendieren, sich im Sonnensystem ihrer Geburt selbst auszulöschen. Sie wären also niemals dazu in der Lage, die Galaxis zu kolonisieren. Er folgerte daraus, daß dieser Selektionsprozeß eine Art Verbot des Direktkontakts mit Zivilisationen nach sich zieht, die noch planetengebunden sind wie beispielsweise die unsrige. Dieses Embargo würde sich dahingehend auswirken, daß solche Zivilisationen weder ermutigt noch unterstützt werden dürfen, ihr Sonnensystem vorzeitig zu verlassen. Sie müssen erst ihre Fähigkeit zeigen, friedlich untereinander und auch mit außerirdischen Wesen verkehren zu können. Es gibt wohl kaum einen besseren Weg, diese Unfähigkeit nachzuweisen, als abzuwarten, ob sich die erwachende planetare Gesellschaft selbst zerstört oder nicht.

Die Überlieferungen der Völker früherer Zeiten und die heutigen Berichte über UFO-Erscheinungen legen jedoch den fast zwingenden Schluß nahe, daß Eingriffe in die Geschichte der Menschheit stattgefunden haben und noch immer Kontakte stattfinden. Wie läßt sich dies mit den obigen Überlegungen vereinbaren?

Prof. Deardorff[1] zieht einen sehr logischen Schluß, wenn er annimmt, daß im Hinblick auf das Embargo ein »Loch« existieren müsse. Nehmen wir an, eine extraterrestrische Zivilisation habe die menschliche Gesellschaft über eine längere Zeitperiode hinweg ohne unser Wissen beobachtet und die menschliche Psychologie dabei hinreichend gut erforscht. Schrittweise würde die Menschheit nun an ein bestimmtes Niveau herangeführt und innerlich allmählich auf einen Kontakt vorbereitet werden. Diese Methode hätte auch für die Außerirdischen den Vorteil, daß sie keine ad-hoc-Entscheidungen darüber treffen müßten, ob und wann wir exakt den Zeitpunkt erreicht haben, den Kontakt herzustellen.

Sollten detailliertere Informationen an uns weitergegeben werden, könnten die Außerirdischen direkt mit einigen ausgewählten Personen kommunizieren. Aber auch hier würde für sie die Notwendigkeit bestehen, das Embargo trotz dieser »Kommunikations-Durchlässe« weitgehend aufrechtzuerhalten. Hier hätten wir eine gute Erklärung für die Rolle der Propheten im Altertum und die UFO-Entführungsfälle unserer Tage. Die entsprechenden Personen scheinen dabei Erlebnisse zu haben, bei denen sie ihrer Auffassung nach von »außerirdischen Intelligenzen« gefangengenommen, untersucht und zum Teil mit einer Botschaft wieder freigelassen werden. Die Informationen, die an die Kontaktpersonen gegeben würden, könnten

durchaus vage Beschreibungen der extraterrestrischen Technologie enthalten, die sich für uns wie Magie oder Science-fiction lesen würden und erst von späteren Generationen ent-
schlüsselt würden, so wie wir jetzt damit beginnen, alte
Mythen, Legenden und Erzählungen auf technische Aspekte
hin zu untersuchen.

Ein zweiter Weg, durch die »Löcher des Embargos« schauen zu
können, wäre die Wiederauffindung eines eindeutig außerirdischen Reliktes. Die gezielte Suche danach kann zwangsläufig
erst ab einem bestimmten zivilisatorisch-wissenschaftlichen
Horizont erfolgen. Zuvor wären es Gegenstände religiös-
mystischer Verehrung:

- das Heilige Bündel der Quiché-Maya,
- das tragbare Idol und die »Feuerschlange« der Azteken,
- die Bundeslade der Israeliten,
- mysteriöse Stangen verschiedener Indianerstämme,
- geheimnisvolle, zerstörerische Waffen bei Zuni, Hopi und
  Navajos.

Sie mögen aus Angst vergraben worden sein, in Tempeln oder
Höhlen geheiligt, unter Pyramiden oder in tiefen Schächten in
einer Art Zeitkapsel für spätere Jahrhunderte aufbewahrt wer-
den, bis der eigentliche Sinn des Objektes verstanden wird.
Haben wir den Zeitpunkt erreicht, an dem die heilige Tafel der
Hopi aufgebrochen wird? Ist die Zeit reif für die Öffnung des
»Bündels« der Maya und reif für die Suche in und unter den
Pyramiden Mexikos?
Vieles gilt es in den geheimnisvollen Ländern der Hopi, Azte-
ken, Olmeken, Tolteken und der Maya zu entdecken. Ihre
Bewohner sind bislang unverstandene Völker geblieben. Erst
langsam und zögernd hebt sich der Schleier, der über ihrer Her-
kunft, ihrer Hochblüte und ihrem heutigen Dasein liegt.
Wie wichtig insbesondere eine systematische Erforschung des
gesamten Kulturgebietes der Maya ist, zeigt die Entdeckung

»Nadzcaans« im Jahre 1993.[18] Eine riesige Stadt, größer vermutlich als Chichén Itzá, lag bislang trotz Luftbildarchäologie und modernsten Forschungsmethoden unberührt und versteckt im südlichen Campeche. Die Hauptpyramide hat eine Basis von 160 mal 210 Metern und eine Höhe von 50 Metern. Sie bildet somit den größten Baukomplex in diesem mexikanischen Bundesstaat. Zwölf reliefierte Stelen mit Inschriften wurden bereits freigelegt, Plattformen und Mauerreste. Keramiken lassen darauf schließen, daß die Stadt in der Periode der Protoklassik (zwischen 0 und 300 n. Chr.) schon besiedelt war.

Wenn eine ganze Stadt bis heute unentdeckt bleiben kann, was mag dann noch alles unter dem gierig verschlingenden Grün des Dschungels verborgen sein? Nadzcaan, »Dort, wo man dem Himmel nahe ist«, ist kein Einzelfall. Städte und Höhlen, uralte Gräber und Heiligtümer werden in dieser Stunde freigelegt, unbekannte Hieroglyphen übersetzt, und wir dringen immer weiter in die religiöse Symbolwelt der Maya, aber auch anderer indigener Völker ein.

Ich bin sehr zuversichtlich, daß neue Entdeckungen und wissenschaftliche Methodik uns näher an das Ziel führen werden, einen eindeutigen Beweis zu finden dafür, daß extraterrestrische Besucher Eingriffe in unsere Kultur vorgenommen haben, um die kulturelle und zivilisatorische Evolution gezielt voranzubringen.

Wir stehen heute erst am Anfang unserer Fragen. Die nächsten Jahre werden vielleicht andere Antworten bringen, als sie konservative Wissenschaftler erwarten würden. Die, die Mut und Zivilcourage haben, werden kühn und unerschrocken auch bislang unbegangene Wege beschreiten, um sich den geschichtlichen Abläufen auf unserem Planeten anzunähern. »Denn die Suche nach der Wahrheit ist jedem erlaubt, gleichviel, wo diese verborgen ist«, so hat schon im 16. Jahrhundert der österreichische Gelehrte John Weyer engstirnigen Zeitgenossen in ihr »wissenschaftliches« Stammbuch geschrieben.

Die Zukunft wird zeigen, was von unseren jetzigen Annahmen richtig ist und was falsch:

– Kamen die ersten Amerikaner wirklich über die ausgetrocknete Beringstraße?
– Wurden die Vorfahren der Maya tatsächlich aus purem Zufall seßhaft und begannen durch einen ähnlichen Zufall mit landwirtschaftlichen Tätigkeiten?
– Wie sind die Völker Mesoamerikas zu ihrem astronomisch-mathematischen Wissen gelangt: allein durch jahrhundertelange Beobachtungen?
– Gründeten die Olmeken, Teotihuacanos, Maya und Tolteken ihre phantastischen Städte, nur um sie dann wegen Überbevölkerung oder Krieg wieder zu verlassen?
– Oder folgten sie einem Auftrag, den Anweisungen von Mächten, die durch die gesamte Menschheitsgeschichte hindurch schlaglichtartig an entscheidenden Punkten anzutreffen sind und hinter denen man außerirdische Intelligenzen vermuten könnte?

»Mein Freund«, schreibt Goethe in seinem »Faust«, »die Zeiten der Vergangenheit sind uns ein Buch mit sieben Siegeln.« Vorsichtig und bedächtig gelingt es uns derzeit, das eine oder andere Siegel ein wenig zur Seite zu schieben. Schemenhaft zeichnen sich darunter die feinen Verwerfungslinien der Geschichte ab, die wir langsam zu verstehen beginnen. Großartig und manchmal grauenvoll, erhaben oder niedrig scheinen Licht und Magie hindurch, unbekannte Kräfte und menschliche Schicksale.
Wollen wir wetten, daß uns die kommenden Jahre ungewöhnliche Entdeckungen offenbaren werden und uns noch so manche archäologische und prä-astronautische Sensation aus der Wunderwelt der Maya und ihrer frühen Nachbarn erreichen wird?
Es sieht ganz danach aus, als stünden uns in dieser Hinsicht aufregende Zeiten bevor.

Epilog oder Das Phänomen

1992 veröffentlichten Dr. Johannes Fiebag und ich das Buch »Himmelszeichen«. Wir spürten darin dem faszinierenden Geheimnis der sogenannten »Marienerscheinungen« nach, die erstaunlicherweise verblüffende Parallelen zu dem UFO-Phänomen zeigen: knallende und summende Geräusche, Hitzewahrnehmung, elektromagnetische Wechselwirkungen, Blitze, Lichtstrahlen, seltsame leichtflüchtige Substanzen, »tanzende Sterne«, Lichtobjekte (die physikalisch meßbare Spuren auf dem Boden hinterlassen), Angstzustände des Beobachters (die bis zur Paralyse führen können), Zeitverlust und Lichtgestalten wurden weltweit in dem einen wie dem anderen Phänomenbereich registriert. Anhand umfangreicher Studien und Fallbeispiele gelangten wir zu der Ansicht, daß beides lediglich verschiedene Facetten eines identischen Grundphänomens sein müßten.

Vieles deutet darauf hin, daß hinter diesen Ereignissen eine Intelligenz steht, und vieles spricht in der Tat für eine extraterrestrische. Die beiden Forscher Jerome Clark und Scott Rogo führten 1978 einen interessanten Gedanken in die UFO-Forschung ein. Sie schreiben: »Wir wollen annehmen, daß sich irgendwo im Universum eine Intelligenz oder Kraft befindet – wir nennen sie in Ermangelung eines besseren Begriffs *Das Phänomen* –, die Projektionen verschiedener Art in unsere Welt sendet. Wir wissen nicht, wo die letztgültige Ursache dieser Projektionen oder dieser Intelligenz liegt.« Wenn *Das Phänomen* nun »Visionen« in unsere Welt sende, dann seien dies nicht einfach Träume oder Halluzinationen, denn diese hinterließen keine physikalischen Spuren oder könnten keine Menschen töten. Aber »*Das Phänomen* ist vielleicht ein Medium, durch das diese ›imagininären‹ Entitäten (z.B. UFOs) und Kräfte unter bestimmten Umständen ›Realität‹ annehmen können.«

Wir wissen heute, wie sich mit Hilfe von ausgefeiltester Computertechnik völlig imaginäre Welten erschaffen lassen, wie durch dreidimensionale Holographien dem menschlichen Gehirn Realität vorgespielt werden kann. Kombiniert man beides, so läßt sich für die Zukunft an eine Projektionsform denken, die über Relais selbst in die entferntesten Winkel unserer Galaxis vordringen könnte und dort mit seinem Probanden »quasi-real« vorhanden wäre. Langwierige Raumflüge würden dann erspart bleiben.

Dies würde einen nicht unwesentlichen Kritikpunkt an der Paläo-SETI-Hypthese klären können, nämlich die scheinbare Unvereinbarkeit zwischen dem anzunehmenden wissenschaftlich-technologischen Standard einer uns besuchenden außerirdischen Zivilisation und der tatsächlich durch Überlieferungen und aktuelle Beobachtungen beschriebenen Technologie:

Wieso entspricht das Abbild in Palenque unseren Vorstellungen von einer Raumkapsel? Wieso sieht die Figur auf der Stele von El Baul wie ein Astronaut *unserer* Tage aus? Wieso rekonstruieren wir »simple« Motoren und Galvanisierer?

J. Fiebag hat hierzu den Gedanken der *Mimikry-Hypothese* entwickelt (in seinen Büchern »Die Anderen«, Herbig 1993, und »Kontakt«, Langen Müller 1994), den wir gemeinsam in bezug auf die Marienerscheinungen verifiziert haben. »Mimikry« bezeichnet in der Biologie ein optimal angepaßtes, tarnendes Verhalten von Organismen. In unserem Zusammenhang bedeutet dies:

Außerirdische Intelligenzen, die uns zu besuchen fähig sind, besitzen einen so hohen technologischen Standard, daß sie ihr Erscheinen dem jeweiligen intellektuellen Niveau der Menschen unterschiedlicher Zeiten und Kulturen anpassen können. Gleichzeitig vermögen sie, künftigen Raumfahrt betreibenden Generationen – das heißt in diesem Falle uns, die wir beginnen, ihre Spuren zu entdecken und dadurch auf einen Kontakt vorbereitet werden – Hinweise auf ihre Existenz, ihre Besuchstätigkeit und ihre Möglichkeiten zu geben.

Das, was einer primitiveren Spezies anfangs wie Magie, Mystik und Wunder erscheinen muß, gelingt ihr, im Verlauf der geistigen Evolution als Technologie zu interpretieren und so langsam die wahre Natur des Phänomens, der dahinterstehenden Intelligenz zu erkennen. Gleichzeitig ist sie aber so gestaltet, daß die in früheren Zeiten lebenden Menschen sie ihrem eigenen Erkenntnishorizont zuzuordnen vermochten, das heißt, sie einfach als Manifestationen überlegener, im Regelfall göttlicher Mächte einordnen konnten (s. Cargo-Kulte).

Die biblischen und indischen Gotteserscheinungen, die mittelalterlichen »fliegenden Schilde«, die Luftschiffphänomene des 19. Jahrhunderts, die Marienerscheinungen und der UFO-Komplex stellen eine hervorragende Möglichkeit dar, das »durchlässige Embargo« zu praktizieren und die eigenen Pläne ungestört zu verfolgen. Sie wären Tarnprojektionen, die der jeweiligen Vorstellungswelt angepaßt sind.

Im Bereich des mesoamerikanischen Kulturkreises würde dies auch die verwirrenden Interpretationsversuche zu den »Visions-Schlangen« der Maya auflösen. Diese sollen von den priesterlichen Ahauob in Trance und durch Blutopfer imaginiert worden sein. Sie sollen den Weg symbolisieren, auf dem die Ahnen, aber auch die Götter aus Xibalba (der »Unterwelt« oder der Milchstraße) in unsere Welt gelangten. Umgeben sind sie dabei häufig von Blut- oder Wolkenvoluten. Rational muß sich jeder, der diese These vertritt, fragen lassen, wie es passieren kann, daß Hunderte von Menschen über ganze Epochen hinweg immer die gleichen Visionsvorstellungen entwickeln und sich mit gefiederten Schlangen unterhalten. Wir haben hier denselben Modus wie bei jeder christlichen Erscheinung vorliegen. Oft auch mit denselben Vorzeichen ausgelöst: tagelanges asketisches Fasten, Selbstentäußerung, Selbstgeißelung, Gebet etc. Und in beiden Fällen entspricht die »Vision« dem religiösen Erwartungshorizont. Es scheint sich um ein und dasselbe Phänomen zu handeln. Um *Das Phänomen*?

Die Hopi mögen dieser Sicht in ihren Überlieferungen schon

Am 28.3.755 hatte die Frau des Königs von Yax-chilán die Erscheinung einer sogenannten »Visionsschlange«. Aus dem geöffneten Rachen eines stilisierten Reptils tritt ein Ahne oder Gott hervor und spricht zu ihr. (Zeichnung nach Schele).

sehr nahe kommen. Als die Kachinas sie verließen, sagten sie zu ihnen: »Für uns ist die Zeit noch nicht gekommen, zu unseren weit entfernten Planeten und Sternen zurückzukehren. Aber es ist Zeit für uns, Euch zu verlassen. Wir werden mit Hilfe unserer Kräfte auf einen bestimmten, hohen Berg gehen, den Ihr erkennen werdet, und dort werden wir Eure Notrufe empfangen. Wann immer Ihr uns oder unsere Hilfe braucht ... Und nun etwas anderes. Wir sind Geistwesen und werden niemals mehr von Euch oder Eurem Volk gesehen werden. Aber Ihr sollt Euch an uns erinnern, und zwar dadurch, daß Ihr unsere Masken und Trachten zur rituell gebotenen Zeit anlegt.«

In diesen Äußerungen läge ein Widerspruch verborgen. Einerseits kamen, so berichten die Hopi recht genau, die Kachinas mit Raumschiffen zur Erde, andererseits seien sie lediglich Geistwesen. Wenn jedoch unsere Annahme stimmt, daß dies Phänomen aus materialisierten Projektionen besteht, löst sich dieses Problem auf, ja bestätigt sogar unsere Annahme.

Und was ist dann mit den Hinterlassenschaften der Außerirdi-

schen? Sind auch sie nur Projektionen? Suchen wir also verge-
bens nach ihnen?

Ich glaube nicht. Wenn ein durchlässiges Embargo existiert,
dann sind die Außerirdischen, die hinter all den Phänomenen
stehen, letztlich daran interessiert, daß wir ganz allmählich die
Wahrheit erkennen können. Wir können in Palenque ein
Raumschiff rekonstruieren und bei den Huaxteken einen Galvanisierer, wir können eine kosmische Botschaft in den Pyramiden von Teotihuacán entziffern und in Stonehenge, und
wenn es an der Zeit ist, werden wir auch eindeutige, unum-
stößliche Beweise finden: die Manna-Maschine der Israeliten
oder das Heilige Bündel der Maya.

Die Kachinas, so lautet ihre Mitteilung, sind noch immer
anwesend auf unserer Erde. Eine ganz ähnliche Botschaft
übermitteln die Marienerscheinungen. Beide geben den Auftrag, mit Nöten, Leiden und Sorgen sich an sie zu wenden.
Während einer Erscheinungsserie in Medjugorje (im ehemaligen Jugoslawien) wurden 1985 von dem Bostoner Mediziner
Professor Boguslav Lipinski Tests mit einem Elektroskop zur
Aufzeichnung ionisierender, radioaktiver Strahlung vorgenommen. In der freien Natur zeigt das Gerät normal 0 bis 15
mR/h (Millirad pro Stunde) an. Ein Mensch verträgt maximal
100 mR/Tag. Am 15. März, während des Gebets in der Pfarr-
kirche, wurden jedoch 100 000 mR/h angezeigt. Am 18. März
wurde die Untersuchung erneut durchgeführt. Um 17 Uhr lag
sie bei 1000 mR/h, um 18 Uhr bei 10 000 mR./h, um 19 Uhr
bei 20 000 mR/h. Ein Zusammenhang zur Zunahme der
Betenden und der Intensität des Gebetes wurde festgestellt. In
der leeren Kirche betrug die Messung übrigens 20 mR/h.

Um Radioaktivität kann es sich hier nicht handeln, sonst
wären alle Gläubigen sofort tot umgefallen. Aber irgendeine
Art von Strahlung wurde gemessen. Um was für eine Energie
handelte es sich hier? Und wo liegt der Empfänger?

Die Außerirdischen sind noch hier. Sie beobachten uns. Sie
»hören uns ab«. Real oder über Projektionen. Es dürfte an uns

selbst liegen, wann wir herangereift sind, die nächste Erkenntnisstufe zu überschreiten und den Beweis für ihr Hiersein zu finden. Indikator für eine weitere Öffnung des Embargos wird vermutlich unser geistiges, moralisches und ethisches Erscheinungsbild sein. Darauf weisen zumindest viele Überlieferungen – nicht zuletzt auch die der Hopi – hin.

Wir alle wissen, daß es global betrachtet mit dem politisch-ethischen Handeln derzeit nicht gerade zum besten steht. Kriege und Morde überziehen die Welt, dumpfer Rassismus und blutiger Terror lassen unseren Planeten nicht sehr einladend und seine Bewohner nicht sehr intelligent erscheinen.

Lassen Sie uns aber dennoch optimistisch sein, daß die dunklen geistigen Mauern einstürzen und Eiserne Vorhänge das Gewissen der Menschen nicht länger verhängen. Denn dann ist es vielleicht bald soweit, daß wir den Beweis in den Händen halten, daß extraterrestrische Intelligenzen – auf die eine oder andere Weise – hier waren und hier sind.

Anhang

Danksagung

Ich danke allen Freunden, Kollegen und Institutionen, ohne deren Hilfe dieses Buch nicht hätte geschrieben werden können.

Mein besonderer Dank gilt meiner Frau Claudia, die mich auf allen Reisen begleitet und mir stets hilfreich zur Seite gestanden hat, meinem Bruder Johannes, der wesentlich an Forschung, Planung und Durchführung des Buches beteiligt war, Walter Förster für die Reisevorbereitungen sowie die Korrektur und den Ausdruck des Manuskriptes, meinem Bruder Matthias, Michael Haase, Dr. Karl Grün, Wolfgang Siebenhaar, Dr. Wolfgang Feix, Dr. Nikolai Grube, Dr. Arlen und Dr. Diana Chase, Jacqueline Lewis und Fern Dame von der National Geographic Society, der Botschafterin Guatemalas in Deutschland, Lucrecia Rivera de Ampuero, der Geschäftsträgerin der Republik Guatemala in Bonn, Josefina Morales Figueroa, dem Amt für Denkmalschutz in Guatemala, den Mitarbeitern der Botschaft Mexikos in Deutschland, dem Archaeology Commissioner of Belmopan, John Morris, Dr. Walter Murawski, unserem Führer Claerence, Luis Sandoval, Dieter Holthaus, Pablo Suter, J. F. Blumrich, Reinhard Habeck, Peter Krassa, Erich v. Däniken, Willi und Ingrid Grömling, Margit Schulten, Christine Mende, Michael Heinze, Rudolf Eckhardt, Thorsten Sasse, Ulrich Dopatka, Willi Dünnenberger, Walter-Jörg Langbein, Hans-Werner Sachmann, Christian Kaese, Thorsten Sasse, Horst und Anke Dunkel, Jürgen Biester, Martin Schmidt, Kerstin und Ulrich Höckendorf, Joachim Springer, Marc Ihlemann.

Den Mitarbeitern des Herbig-Verlages, insbesondere dem Lektor Hermann Hemminger, sei Dank gesagt für die Gestaltung, den Druck und die Veröffentlichung des Buches.

Empfehlenswerte Organisationen und Zeitschriften

1. Organisationen, die sich mit der Erforschung des UFO-Phänomens oder Besuchen außerirdischer Intelligenzen in der Geschichte der Menschheit beschäftigen:

Ancient Astronaut Society (AAS)
Baselstr. 10
CH-4532 Feldbrunnen

Forschungsgesellschaft Kornkreise e.V. (FGK)
Sekretariat: Dipl.-Ing. Hans Herbert Beier
Udalrichstr. 5
D-64653 Lorsch

Gesellschaft zur Erforschung außerirdischer Spuren e. V. (GEAS)
Oliver Koch
Schwalbenflucht 17
D-27751 Delmenhorst

Gesellschaft zur Erforschung des UFO-Phänomens (GEP)
Postfach 2361
D-58673 Lüdenscheid

Interessengemeinschaft Prä-Astronautik e.V. (IPE)
Wintgenstr. 26
D-45239 Essen

Mutual UFO Network – Central European Section (MUFON-CES)
Gerhart-Hauptmann-Str. 5
D-83620 Feldkirchen-Westerham

2. Zeitschriften zum Thema (sämtliche Zeitschriften werden von Organisationen oder Privatpersonen im Eigenverlag hergestellt und vertrieben):

Ancient Skies
Organ der Ancient Astronaut Society (s.o.)
Themenbereiche: Paläo-SETI-Hypothese, neue Erkenntnisse und theoretische Ansätze, Literaturrezensionen

G.R.A.L. – Geheimnisse/Rätsel/Analysen/Lösungen
hrsg. von Michael Haase
Arckos-Verlag, Lepiusstr. 1, D-12163 Berlin
Themenbereiche: Kritisches Magazin mit Hauptaspekt Paläo-SETI,
Archäologie (u. a. Maya-Forschung), Astronautik, Astronomie

Journal für UFO-Forschung
Organ der GEP (s.o.)
Themenbereiche: UFO-Forschung, kritische Analysen einzelner Fälle,
umfassende Literaturrezensionen

Magazin für Grenzwissenschaften
hrsg. von Walter Kelch und Stefan Rickes
Niederstr. 31, D-56637 Plaidt
Themenbereiche: Paläo-SETI-Hypothese, UFO-Forschung, Astronomie

MUFON-CES-Berichte
hrsg. von MUFON-CES (s.o)
Tagungsbände der zentraleuropäischen Sektion von MUFON. Wissenschaftlich ausgerichtete und gut fundierte Beiträge zum gesamten UFO-Themenspektrum

SETI
hrsg. von IPE (s.o.)
Themenbereiche: Paläo-SETI-Hypothese und Querverbindungen zum
UFO-Phänomen

UFO-Kurier
hrsg. von Jochen Kopp
Kopp-Verlag, Hirschauer Str. 10, 72108 Rottenburg
UFO-Fälle, Interviews, Termine

UFO-Report
hrsg. von Wladislaw Raab
Klenzestr. 17, D-80469 München
Themenbereiche: aktuelle UFO-Meldungen, Buchrezensionen, Übersetzungen aus Arbeiten in russischer Sprache

Tips und Hinweise

Wer selbst einmal Maya-Orte abseits der Touristenrouten besuchen möchte, kann sich an folgende Adressen wenden:

Posada de Mateo, c/o Fanny's, 24 Calle 0-78, Zona 4, Ciudad de Guatemala, Tel.: 052/9-50 05 05
Archäologische Touren nach El Seibal, Dos Pilas, Tamarindo, Punta de Chamino, Aguateca, Altar de Sacrificios

Servicios turisticos del petén, Luis Sandoval (Gerente de Operaciones), 2 a Avenida 7-78 Zona 10, Guatemala, Tel.: 36 39 09 oder 34 78 87 oder 34 62 35-36; Fax: 34 62 37
Archäologische Touren nach Tikal, Uaxactún, El Mirador, Yaxchilan u. a.

Tourist Information Center, P. O. Box 752, Belize City, Belize, Tel.: (011-501)2-4 58 41
Maya-Ruinen-Tour (Xuantunich, Altun Ha, Lamanai, Esteban, Lubaantun, Punit), Dschungel-Tour (Vogel- und Pflanzenwelt)

In Mexiko findet man in den größeren Orten ohne Probleme Reiseagenturen, Autovermietungen, Informationsbüros. Oft bieten auch Hotels einen eigenen Service an.

Literatur

1   Das Rätsel der Götter

[1] Seeler, R.: »Streit und Versöhnung mit den Heiligenfiguren«. FAZ, 30.9.1992

[2] Navia, L. E.: »Prä-Astronautik und Wissenschaft«. In: Fiebag, J. und P. Fiebag (Hrsg.): »Aus den Tiefen des Alls«. Tübingen, Zürich, Paris 1985

[3] Gentes, L.: »Zur Frage der Tatsächlichkeit von Kontakten zu Außerirdischen in Altertum und Vorzeit: Ein neuer Weg zur Beweisführung anhand eines Vergleichsverfahrens zur Psychologie plötzlicher Kontakte sowie altindischer Schriften über Luft- und Raumfahrt«. MUFON-CES-Ergänzungsband, Feldkirchen-Westham 1978

[4] Laufer, B.: »The Prehistory of Aviation«. Field Museum of Natural History. Anthropological Series, Volume XVIII, No. 1, Chicago 1928

[5] Wilhelmy, H.: »Welt und Umwelt der Maya«. München 1989

[6] Prem, H., und U. Dyckerhoff: »Das Alte Mexiko«. München 1986

[7] Hellmut, N.: »Monster und Menschen in der Maya-Kunst«. Graz 1987

[8] Schele, L. und D. Freidel: »A Forest of Kings«. New York 1990

[9] Thompson, J. E. S.: »Sky Bearers, Color and Directions in Maya and Mexican Religion«. Contributions, No. 10, Pub. 436, CIW, Washington, D.C.

[10] Grove, D.: »The Olmec«. Washington, D. C., 1970

[11] Schaffer, A.-L.: »The Maya Posture of Royal Ease«. In: Greene Robertson, M. (Hrsg.): »Sixth Palenque Round Table 1986«. Norman 1991

[12] Bloomgarden, R.: »Tulum und Coba«. Mexico, D.C., 1982

[13] Däniken, E. v.: »Die Spuren der Außerirdischen«. München 1990

[14] Thompson, J. E. S.: »The Rise and Fall of Maya Civilization«. Norman 1954

[15] Sebloff, J.: »The New Archaeology and the Ancient Maya«. New York 1990

[16] Fiebag, J., und P.: »Wissenschaftshygiene und Paläo-SETI«. In: Ancient Skies, Vol. 15/IV, S. 3 – 7, Feldbrunnen/SO 1991

17 Proskouriakoff, T.: »Olmec Gods and Maya God-Glyphs«. In: M. Giardino u.a. (Hrsg.):»›Codex Wauchope‹: A Tribute Roll«, Tulane 1978

18 Morley, S.: »The Ancient Maya«. Palo Alto 1946

19 Kubler, G.: »Ancient American Gods and their Living Impersonators«. London 1984

20 Knorozov, Y.: »Maya Hieroglyphic Codices«. Albany 1982

21 Prokosch Kurath, G.: »Drama, Dance, and Music«. In: Nash, Manning (Hrsg.): »Handbook of Middle American Indians«. Vol. Six, Austin 1967

2 Begegnung mit einem Gott

1 Ruz Lhuiller, A.: »Das Pyramidengrab von Palenque«. In: Deuel, L.: »Kulturen vor Kolumbus«. München 1979

2 Däniken, E. v.: »Der Tag, an dem die Götter kamen«. München o.J.

3 Fiebag, J., und P. Fiebag (Hrsg.): »Aus den Tiefen des Alls«. Tübingen, Zürich, Paris 1985

4 Thót, L.: »Die technische Interpretation des Palenque-Reliefs«. In: Fiebag, J., und P. Fiebag (Hrsg): »Aus den Tiefen des Alls«. S. 151 – 167, Tübingen, Zürich, Paris 1985

5 Fiebag, J.: »Rätsel der Menschheit«. Luxemburg 1982

6 Schele, L., und D. Freidel: »Die unbekannte Welt der Maya«. München 1991

7 Ivanoff, P.: »Maya, Monumente großer Kulturen«. Luxemburg 1974

8 Stingel, M.: »Den Maya auf der Spur«. Leipzig 1971

9 Schele, L., und D. Freidel: »A Forest of Kings«. New York 1990

10 Sebloff, J.: »The Cities of Ancient Mexico«. Reconstructing a Lost World. New York 1989

11 Miller, M.-E.: »Copan, Honduras: Conference with a Perished City«. In: Benson (Hrsg.): City-States, a.a.O.

12 Fields, V. M.: »The Iconographic Heritage of the Maya Jester God«. In: Robertson, M. G (Hrsg.): »Palenque«. a.a.O.

13 Schele, L., und Miller, J.: »The Blood of Kings«. Fort Worth 1986

14 Reilly, F. K.: »Olmec Iconographic Influences on the Symbols of Maya Rulership: An Examination of Possible Sorces«. In: Robertson, M. G. (Hrsg.): »Palenque«. a.a.O.

[15] Hellmuth, N. M.: »Monster und Menschen in der Maya-Kunst«. Graz 1987

[16] Tedlock, D.: »Popol Vuh: The Definitive Edition of the Mayan Book of the Dawn of Life and the Glories of God and Kings«. New York 1985

[17] Krassa, P.: »Als die gelben Götter kamen«. Wien 1973

[18] Eckhardt, R.: »Neues von den Maya: Das Pacal-Paradoxon«. Vortrag auf dem One Day Meeting der Ancient Astronaut Society, Zürich 11.9.1993

[19] Blundell, N., und R. Boar: »Die größten UFO-Geheimnisse der Welt«. München 1993

[20] Doering, T.: »Spectacular New Tomb Discovered at Palenque«. In: Mexicon, Vol. XV, 3/1993, S. 46 f.

[21] vgl. Pfeiler C des Inschriftentempels, Pfeiler E des Gebäudes A, nördliche Türtafel des Sonnentempels

[22] Schele, L., und D. Freidel: »Die unbekannte Welt der Maya«. München 1991

[23] Berlin, H.: »The Palenque Triad. Journal de la Société des Americanistes«. n. s. 52: S. 91–99, Paris 1963

[24] Lounsbury, F. G.: »The Identities of the Mythological Figures in the ›Cross Group‹ of Inscriptions at Palenque«. In: »Fourth Palenque Round Table. 1980«, Vol. VI, Greene Robertson, M. (Hrsg.), S. 99 – 115, Austin 1980

[25] Dütting, D., und A. F. Aveni: »The 2 Cib 14 Mol Event in the Palenque Inscriptions«. Zeitschrift für Ethnologie 107, Braunschweig 1982

[26] Fiebag, J. u. P.: »Himmelszeichen«. München 1992

[27] Fiebag, P.: »Grab im Kreuztempel von Palenque entdeckt«. Beiträge zur Maya-Forschung III. In: Ancient Skies, Vol. 17, Nr. 5/1993

[28] Fiebag, J. und P. Fiebag: »Der Himmelsvogel der Maya«. Beiträge zur Maya-Forschung II. In: Ancient Skies, Vol. 17, Nr. 1/1993

[29] Schele, L.: »Architectural Development and Political History at Palenque«. In: Bendson, E. P. (Hrsg.): »City-States of the Maya. Art and Architecture, Maya-Conference 1986«. Rocky Mountain Institute for Pre-Columbian Studies 1986, S. 110 – 137

3 Auf der Straße der Sterne

1   Harleston, H.: »A Mathematical Analysis of Teotihuacán«. In: XLI International Congress of Americanists, Mexiko 1974

2   Sahagún: »Madrider Handschrift, folio 195r«. Zitiert nach: Prem, H. J., und U. Dyckerhoff: »Das alte Mexiko«. a.a.O.

3   Tompkins, P.: »Mysteries of the Mexican Pyramids«. London 1976

4   Arthur G.: »Teotihuacán«. In: Prem H. J., und U. Dyckerhoff (Hrsg.): »Das alte Mexiko«. a.a.O., S. 135 – 153

5   Feix, W.: »Eine Botschaft von Alpha Centauri?« In: Däniken, E.v. (Hrsg.): »Kosmische Spuren«, S. 187–204. München 1989

6   Mendelssohn, K.: »Physik in unserer Zeit«. Nr. 2, 1972

7   Mendelssohn, K.: »Das Rätsel der Pyramiden«. Bergisch-Gladbach.

8   Breuer, R.: »Kontakt mit den Sternen«. Frankfurt 1981

9   Sagan, C.: »The Cosmic Connection«. New York 1975

10 Hoyle, F., und Wickramasinghe, C.: »Die Lebenswolke«. Frankfurt 1979

11 Tompkins, P.: »Die Wiege der Sonne«. München 1980

12 Millon, R.: »Scientific American«. Nr. 216, S. 38, 1967

13 Millon, R.: »Science«. Nr. 170, S. 1977, 1970

14 »Enciclopedia de México«. Mexico City 1971

15 »La Grande Encyclopedie«. Larousse, Paris 1975

16 Stuart, G.S., Godfrey, M., und Glanzman, L.S.: »The Mighty Aztecs«. Washington 1981

17 Däniken, E. v.: »Der Tag, an dem die Götter kamen«. München o.J.

18 Sugiyama, S.: »Iconographic Interpretation of the Temple of Quetzalcoatl at Teotihuacán«. In: Mexikon 10/4, S. 68 – 74, Bonn 1989

19 Austin, A. L. u.a.: »The Temple of Quetzalcoatl at Teotihuacán. Its Possible Ideological Significance«. In: Ancient Mesoamerica, 2, 1991, S. 93 – 105, Cambridge 1991

20 Langley, J. C.: »Symbolic Notation of Teotihuaca. Element of Writing in a Mesoamerican Culture of the Classic Period«. BAR International Series 313, Oxford 1986

21 Castro, R. C., u.a.: »The Templo de Quetzalcoatl Project at Teotihuacán. A Preliminary Report«. In: Ancient Mesoamerica, 2/1991, S. 77 – 92, Cambridge 1991

4 Zeit und Zahl, Astrologie und Astronomie

1 Morley, S. G., und G. W. Brainerd: »The Ancient Maya«. Palo Alto 1956
2 Ricketson, O. G.: »The Culture of the Maya. I. Excavations at Uaxactun«. Washington 1933
3 Ricketson, O. G.: »Astronomical Observatories in the Maya Area«. Geogr. Review 18, 1928, S. 215 – 225
4 Aveni, A. F. (Hrsg.): »Archaeoastronomy«. In: Pre-Columbian America, Austin 1975
5 Hartung, A.: »Die Zeremonialzentren der Maya«. Graz 1971
6 Baudez, C. F.: »Archaeoastronomy at Copan: An Appraisal«. In: Indiana 11, Berlin 1987, S. 63 – 71
7 Closs, M. u.a.: »The Planet Venus and Temple 22 at Copán«. In: Indiana 9, Berlin 1984, S. 221 – 247
8 Aveni, A. F., Gibbs, S. L., und H. Hartung: »The Caracol Tower at Chichén Itzá. An Ancient Astronomical Observatory«. In: Science 188, S. 977 – 985, 1975
9 Trejo, J. G.: »Solar Observations in Ancient Mexico«. In: Archaeoastronomy. Supplement to Volume 21. Nr. 15, S. 17 – 36, Leicester 1990
10 Möller, E.: »Un Observatorio Megalítico en Jalisco?« In: México desconocido, 1990
11 Nahm, W.: Unveröffentlichter Vortrag, gehalten auf dem Maya-Symposium »Die Welt der Maya«. Hildesheim 1992
12 Murawski, W.: »The Mayan 260-Day-Calendar«. Unveröffentlichter Vortrag, Wien 1985
13 Murawski, W.: »The Mayan Tzokin or 260-day Almanac as an Eclipse Computer«. Unveröffentlichter Vortrag, gehalten auf dem 164th Meeting der American Astronomical Society, 1984
14 Murawski, W.: »How the Maya Knew the Length of the Year«. Unveröffentlichtes Manuskript, Staten Island 1982
15 Huff, S.: »Der Kalender der Maya leichtgemacht«. Ostfildern 1992
16 Coe, M. D.: »The Maya«. New York 1966
17 Thompson, J. E. S.: »Maya Hieroglyphic Writing«. Washington 1950
18 Thompson, J. E. S.: »Die Maya«. München 1976
19 Schele, L., und D. Freidel: »Die unbekannte Welt der Maya«. München 1991

5   Kuriositäten am Rande des Phantastischen

[1] Kaufman, T. S.: »Archaeological and Linguistic Correlations in Mayaland and Associated Arreas of Meso America«. World Archaeology 8 (1), S. 101 – 118, Henley-Thames 1976

[2] Tozzer, A. M.: »Maya Research«. Maya Research 1, S. 3 – 19, New Orleans 1934

[3] Westphal, W.: »Die Mayaforschung«. Frankfurt a. M. 1991

[4] Cortés, H.: »Die Eroberung Mexikos. Eigenhändige Berichte an Kaiser Karl V. 1520 – 1524«. Stuttgart und Wien 1984

[5] vgl. Fiebag, J. und P. Fiebag: »Aus den Tiefen des Alls«. Tübingen, Zürich, Paris 1985

[6] Prem, H. J.: »Geschichte Altamerikas«. München 1989

[7] Davies, N.: »Die versunkenen Königreiche Mexikos«. Frankfurt a.M. 1985

[8] Bowen, S. u.a.: »Mysteries of the Crystall Skulls Revealed«. Pacifica 1988

[9] Gann, T. W. F.: ohne Titel, Report to the Governor of British Honduras on the Rio Grande Ruins in British Honduras. Proceedings of the Society of Antiquarties of London. Vol. 20, S. 27 – 32, London 1903

[10] Gann, T. W. F.: »Exploration Carried on in British Honduras during 1908 – 09«. Annals of Archaeology, Vol. 4, S. 72 – 87, Liverpool 1911

[11] Gann, T. W. F.: »A Lost City of America's Oldest Civilisation: Lubaantun«. Illustrated London News, 26.7.1924

[12] »Discoveries and Adventures in Central America«. London 1928

[13] Merwin, R. E.: »Rio Grande«. Peabody Museum file, X-73, 1915

[14] Mündliche Aussage von Anna Mitchell-Hedges. In: Bleyleben, K. A. und Fr. v. Thun: »Das Rätsel von Lubaantun«. TV-Filmbericht, BR 1992

[15] Mitchell-Hedges, F. A.: »Danger My Ally«. Elek Books Ltd., 1954

[16] Mitchell-Hedges, F. A.: »Land of Wonder and Fear«. London 1931

[17] Hammond, N.: »Lubaantun«. Cambridge, Massachusetts, 1975

[18] Mercurio, E.: »Rätsel um den Kristall-Schädel von Lubaantun«. In: Däniken, E. v. (Hrsg.): »Kosmische Spuren«. München 1988

[19] Dorland, F.: »Der Kristallschädel von Lubaantun«. In: Antike Welt, Nov. 1975

[20] Bandeira, C. M.: »Der kosmische Ursprung altamerikanischer Kulturen«. In: Fiebag, J., und P. Fiebag (Hrsg.): »Aus den Tiefen des Alls«. Tübingen, Zürich, Paris 1985

6   Ahnen der Fremden

[1] Brown, D. M. (Hrsg.): »Untergegangene Kulturen. Geheimnisvolle Indianerkulturen«. Amsterdam 1993
[2] Sofaer, A., und R. M. Sinclair: »Changes in Solstice Marking at the Three-Slab Site«. New Mexico, USA. In: Archaeoastronomy, Nr. 15, S. 59 f., Cambridge 1990
[3] Bordner, K.: »Computer Graphics Unlock Mysteries of the Past«. In: Rensselaer, S. 4 – 7, 3/1989
[4] Sofaer, A. u.a.: »Computer Graphics Model of the Three-slab Site on Fajada Butte«. New Mexico, Bulletin of the American Astronomical Society, xxi, 1210, 1989
[5] Gill, S. D.: »Native American Religions: An Introduction«. Belmont 1982
[6] Blumrich, J. F.: »Kasskara und die sieben Welten«. Düsseldorf 1979
[7] Blumrich, J. F.: »Die Suche«. In: Fiebag J., u. P. Fiebag (Hrsg.): »Aus den Tiefen des Alls«. Tübingen, Zürich, Paris 1985
[8] Buschenreiter, A.: »Unser Ende ist euer Untergang«. Göttingen 1991
[9] Neumann, J.: »Revoltes des Indiens Tarahumars, 1626 – 1724«. Übersetzung vom Lateinischen ins Französische von Luis Gonzales R., Paris 1971
[10] Roel, B.: »La Historia de José Neumann sobre la sublevación de los Tarahumaras como fuente historiográfica«. In: Ibero-Americana Pragensia: »Anuario del Centro de Estudios Ibero-Americanos de la Universidad Carolina e Prage«, Ano X, 1976
[11] Dopatka, U.: »Lexikon der Prä-Astronautik«. Wien, Düsseldorf 1979
[12] Sasse, T.: »Tarahumara – Söhne der Götter«. Unveröffentlichte Abhandlung, Berlin 1993
[13] MacKenzie, D.: »Myth of Pre-Columbian America«. New York 1969
[14] Johnston, B.: »Und Manitu erschuf die Welt – Mythen und Visionen der Ojibwa«. München 1984

[15] Fiebag, J.: »Historische Kornkreise in Kanada«. In: FGK-Report 3/93, S. 18 – 22, Berlin 1993
[16] Fiebag, J.: »Die Anderen«. München 1993
[17] Rutkowski, C., und J. P. Timmerman: »Langenburg: A Classical Historical CE 2 and a Crop Circle Progenitor?« International UFO Report, 17/2, 4-11, Chicago 1992
[18] Waters, F.: »Das Buch der Hopi«. Düsseldorf 1980

7 Aufstieg und Fall der Maya

[1] Adams, R. E. W. (Hrsg.): »The Origins of Maya Civilization«. Albuquerque 1977
[2] Chase, D. Z., und A. F. Chase: »Die Maya der Postklassik«. In: Eggebrecht, A. u. E., und N. Grube (Hrsg.): »Die Welt der Maya«. Hildesheim 1992, S. 257 – 277
[3] Schele, L., und D. Freidel: »Die unbekannte Welt der Maya«. München 1991
[4] Demarest, A. A.: »The Violent Saga of a Maya Kingdom«. In: National Geographic, Vol. 183, No. 2, Washington, D.C., 1993
[5] Zick, M.: »Kalter Krieg auf Yukatán«. In: Bild der Wissenschaft, 12/1994, S. 78 ff
[6] Proskouriakoff, T.: »Historical Data in the Inscriptions of Yaxchilán«. Part 1/2, Estudios de Cultura Maya, Vol. 3 und 4, 1963/64
[7] Sharer, R. J.: »Die Welt der klassischen Maya«. In: Eggebrecht, A. u. E., und N. Grube (Hrsg.): »Die Welt der Maya«. Hildesheim 1992
[8] Fash, W.: »Classic Maya State Formation. A Case Study and its Implications«. Harvard 1983
[9] Fash, W., und L. Schele: »The Inscriptions of Copán and the Dissolution of Centralized Rule«. Vortrag auf dem 51. Meeting of the Society of American Archaeology: »The Maya Collapse: The Copán Case«. New Orleans 1986
[10] Lincoln, Ch. E.: »The Chronology of Chichén Itzá – A Review of the Literature«. In: Sabloff, J., und E. W. Andrews (Hrsg.): Late Lowland Maya Civilization, S. 141 – 196, Albuquerque, New Mexico, o.J.

1 Webster, D. L.: »Warfare and the Evolution of Maya Civilisation«. In: Adams, R. E. W. (Hrsg.): »The Origins of Maya Civilisation«, S. 335–372. Albuquerque 1977

2 Rice, D. S., und P. M. Rice: »Lessons from the Maya«. In: Latin American Research Review 19/3, S. 7 – 34, 1984

3 Olson, G. W.: »Effects of Activities of the Ancient Maya Upon Some of the Soils in Central America«. Mexicon 1, Nr. 2, S. 20–22, Berlin 1979

4 Wilhelmy, H.: »Welt und Umwelt der Maya«. München, Zürich 1989

5 Girard, R.: »Die ewigen Mayas«. Zürich 1969

6 Sabloff, J. A.: »Die Maya«. Heidelberg 1991

7 Tainter, J.: »The Collaps of Complex Societies«. Cambridge 1988

8 Wilk, R. R.: »The Ancient Maya and the Political Present«. In: Journal of Anthropological Research 41/3, S. 307-326, 1985

9 Adams, R. E. W.: »Insights into Maya Cultural Evolution from Comparative History«. Act. du XLII. Cong. des Américanistes Paris 1976, Vol. VIII, S. 127 – 133, Paris 1979

10 Termer, F.: »Geographische Betrachtungen über die Mayakultur«. Geographica Helvetica IV, S. 30 – 41, Bern 1949

11 Termer, F.: »Die Mayaforschung«. Nova Acta Leopoldina, N. F., 15, Nr. 105, Leipzig 1952

12 Schnell, A.: »Die Olmeken«. In: Prem, H., und U. Dyckerhoff (Hrsg.): »Das alte Mexiko«, S. 115–134. München 1986

13 Dehlin, B. H.: »A Colossus in Guatemala: The Preclassic City of El Mirador«. In: Archaeology, Vol. 37, No. 3, S. 18–25

14 Prem, H.: »Die Geschichte der mesoamerikanischen Kulturen«. In: Prem, H., und U. Dyckerhoff (Hrsg.): »Das alte Mexiko«, S. 66 – 113. München 1986

15 Champion, S.: »DuMont's Lexikon archäologischer Fachbegriffe und Techniken«. Köln 1982

16 Valdes, J. A.: persönliche Mitteilung 10.11.1992, Hildesheim

17 Andrews, A. P., u.a.: »The Obsidian Trade at Isla Cerritos«. Yucatán, Mexico. In: Journal of Field Archaeology 16, 189

18 Wilhelmy, H.: »Welt und Umwelt der Maya«. München 1989

19 Alonzo, G. Z.: »Coba«. Merida o. J.

[20] Andrewas, A., und F. C. Robles: »Chichén Itzá and Cobá: An Itzá-Maya Standoff in Early Postclassic Yucatán«. In: Chase, A., und P. M. Rice (Hrsg.): »The Lowland Maya Postclassic«. Austin 1985, S. 62 – 72

[21] Krochock, Ruth: »The Hieroglyphic Inscriptions and Iconography of Temple of the Four Lintels and Related Monuments, Chichén Itzá, Yukatán, Mexico«. A Master's thesis, Austin

[22] Kubler, G.: »The Art and Architecture of Ancient America: The Mexican, Maya and Andean Peoples«. 2nd ed. Harmondsworth

[23] Chan, R. P.: »Quetzalcoatl, Serpiente Emplumada«. Mexico, D. F., 1990

[24] Heyden, D.: »Caves, Gods, and Myths«. In: Benson, E. (Hrsg.): »Mesoamerican Sites and World-Views«, S. 1 – 37. Washington, D. C., 1981

[25] Marquina, I.: »Arquitectura prehispánica«. Mexico 1964

[26] »Crónica Mexicayotl«. Mexico City 1949

[27] Chase, D. Z., und A. F. Chase: »A Postclassic Perspective – Excavations at the Maya Site of Santa Rita Corozal«. Belize, Pre-Columbian Art Res. Inst., Monograph No. 4, San Francisco 1988

9   Die verhüllte Kraft des Himmels

[1] »Popol Vuh. Das Buch des Rates«. Aus dem Quiché übertr. v. W. Cordan, Köln 1987

[2] Blumrich, J. F.: »Kaskara«. Wien 1979

[3] Waters, F.: »Das Buch der Hopi«. Düsseldorf 1980

[4] Gill, S. D.: »Native American Religions: An Introduction«. Belmont 1982

[5] Zolbrod, P. G.: »Auf dem Weg des Regenbogens«. München 1988

[6] Grün, K.: »Das Volk der Alten«. Unveröffentlicher Vortrag auf dem AAS-One-Day-Meeting Zürich, Wien 1993

[7] Wyman, L. C.: »The Windways of the Navaho«. Colorado Springs 1962

[8] Garrick, M.: »Israeliten und Indianer, eine ethnographische Parallele«. Leipzig 1892

[9] Furduj, R.: »Eine radiotechnische Anlage in der antiken Welt«. In: Fiebag, P., und J. Fiebag: »Die Entdeckung des Grals«. München 1989

10 Sassoon, G., und R. Rale: »Die Manna-Maschine«. Rastatt 1979
11 Durán, F. D.: »Historia de Las Indias de Nueva España e Islas de la Tierra Firma«. Mexico City 1949
12 »Crónica Mexicayotl«. Mexico City 1867/1967
13 Fiebag, P., und J. Fiebag: »Die Entdeckung des Grals«. München 1989
14 Ball, J. A.: »The Zoo Hypothesis«. In: Icarus, 19, 347–349. 1973
15 Sagan, C., und W. I. Newman: »The Solipsist Approach to Extraterrestrial Intelligence«. Quarterly Journal of the Royal Astronomical Society, 24, S. 113–121, 1983
16 Herrison, E. R.: »Cosmology«. New York 1981
17 Deardorff, J. W., und J. Fiebag: »SETI und die Leaky-Embargo-Hypothese«. In: Däniken, E. v. (Hrsg.): »Neue kosmische Spuren«. München 1992
18 Cruz, F.: »Nadzcaan: Un nuevo sitio al Sur de Campeche«. In: Mexicon, Vol. XI, 5/93, S. 95–97, Berlin 1993

Nachtrag zu Kapitel 2

N. Hammond und T. Molleson (»Mexicon«, Vol. XVI, 1994) machen darauf aufmerksam, daß osteologische Befunde an Skeletten aus Christchurch, London, eine Differenz zwischen tatsächlichem Todesalter und ermitteltem Alter durch Knochenanalyse ausweisen. Sie ziehen daraus den Schluß, osteologische Befunde könnten künftig nicht mehr zur Kritik an epigraphisch gewonnenen biographischen Daten verwendet werden. Bevor ein so weitreichender Schluß Gültigkeit erlangen kann, muß jedoch weiteres Vergleichsmaterial analysiert werden. Im Analogieschluß auf Pacal zu verweisen, halte ich für verfrüht, da u.a. die Ursachen der jungen Knochenstruktur (Nahrung etc.) geprüft werden muß.

Zeittafel

| 5000 v. Chr. | Protoneolithikum, erste Maiskultur |
| 2500 | Neolithikum, erste Keramik |

Ältere Präklassik

1500	San Lorenzo (olmekisch)
1100	Erste Siedler in Copán
1000	Hochblüte der Olmeken
1000–400	Ankunft der Huaxteken

Mittlere Präklassik

900/500	Aufgabe von San Lorenzo
600	Erste Siedlung in Tikal
500	Fernhandel
400	Aufgabe von La Venta

Späte Präklassik

300	Izapa
200	Teotihuacán, Uaxactún
100	Bildung des Königtums
50	Hochblüte von El Mirador, Cerros
50 n. Chr.	Untergang von El Mirador und Cerros

Frühklassikum

150–300	Copán, Tikal, Yaxchilán wird Königreich
378	Eroberung Uaxactúns durch Tikal
431	Königsdynastie in Palenque
556–562	»Sternenkrieg« Caracols gegen Tikal

Spätklassikum

603	Geburt Pacals in Palenque
618	Kan II, König von Caracol
626–636	»Sternenkrieg« Caracols gegen Naranjo
635	Geburt Chan Bahlums in Palenque
645	»Feuerstein-Himmel«, König von Dos Pilas
650	Aufgabe von Teotihuacán
681	»Schild-Jaguar«, König von Yaxchilán

682	»Ah-Cacaw«, König in Tikal
683	Tod Pacals in Palenque
693	»Rauch-Hörnchen«, König in Naranjo
695	Tikal nimmt den König von Calakmul gefangen
702	Tod Chan Bahlums von Palenque
763	»Yax-Pac«, König in Copán
790–808	Letzte Inschrift in Aguateca, Palenque, Yaxchilán, Bonampak

Endklassikum

800	Erstarken der Yucatán-Region
810	Letztes Datum in Calakmul, Naranjo, Quiriguá
849–859	Letztes Datum in Xuantunich, Ucanal, Caracol
856	Gründung von Tula (Tolteken-Hauptstadt)
867	Chichén Itzá blüht auf
869–889	Letztes Datum in Tikal, Uaxactún, Seibal

Frühe Postklassik

1168	Zerstörung von Tula
1200	Chichén Itzá wird aufgegeben
1215	Ankunft der Azteken im Hochtal von Mexiko

Späte Postklassik

1250	Gründung Mayapáns
1370	Gründung von Tenochtitlan (Azteken)
1451	Untergang Mayapáns
1492	Kolumbus sichtet Amerika
1519	Cortés landet auf Cozumel/Mexiko
1521	Azteken werden besiegt
1618	Fuensalida und Orbita bei Can-Ek
1697	Das letzte Maya-Reich wird unterworfen

Geographische Begriffe

Register

290

*Die »Anderen«
sind mitten
unter uns*

JOHANNES FIEBAG
STERNEN
TORE
Sie sind hier

Außerirdische Präsenz
auf der Erde und
im Sonnensystem

Langen Müller

Mehr und mehr Men-
schen berichten von Kon-
frontationen mit fremdartigen Wesen, fühlen sich im
Zentrum von Ereignissen,
für die es keine Erklärung
zu geben scheint. Der Au-
tor zeigt, daß diese Wesen
seit Urzeiten unsere My-
then und Träume kontrol-
lieren, sie sind jetzt und
hier gegenwärtig.

Langen Müller